中国少数民族设计全集

The Design Collection
of Chinese Ethnic Minorities

裕固族

中国少数民族设计全集编纂委员会 编

山西人民出版社　人民美术出版社

图书在版编目（CIP）数据

中国少数民族设计全集. 裕固族／中国少数民族设计全集编纂委员会编；戴晋明等著. —太原：山西人民出版社，2019.9
ISBN 978-7-203-10977-8

Ⅰ. ①中… Ⅱ. ①中… ②戴… Ⅲ. ①裕固族－民族文化－研究－中国 Ⅳ. ① K28

中国版本图书馆 CIP 数据核字（2019）第 144598 号

中国少数民族设计全集. 裕固族

编　　者：	中国少数民族设计全集编纂委员会
著　　者：	戴晋明　等
责任编辑：	张小芳
复　　审：	吕绘元
终　　审：	阎卫斌
装帧设计：	谢　成

出 版 者：	山西人民出版社　人民美术出版社
地　　址：	太原市建设南路 21 号
邮　　编：	030012
发行营销：	0351-4922220　4955996　4956039　4922127（传真）
天猫官网：	https://sxrmcbs.tmall.com　电话：0351-4922159
E — mail：	sxskcb@163.com　发行部
	sxskcb@126.com　总编室
网　　址：	www.sxskcb.com

经 销 者：	山西出版传媒集团·山西人民出版社
承 印 者：	山西出版传媒集团·山西新华印业有限公司

开　　本：	889mm×1194mm　　1/16
印　　张：	16.5
字　　数：	195 千字
印　　数：	1—1 000 册
版　　次：	2019 年 9 月　第 1 版
印　　次：	2019 年 9 月　第 1 次印刷
书　　号：	ISBN 978-7-203-10977-8
定　　价：	240.00 元

如有印装质量问题请与本社联系调换

中国少数民族设计全集编纂委员会

总 主 编（按年龄排序）
张夫也　王立端　戴晋明　廖　军　王　琥　李豫闽　过伟敏　顾　平
王　强　李　岗

执行主编　王　琥
编务统筹　张明山

中国少数民族设计全集编辑工作委员会

主　　任　刘伟冬
编　　委　（排名不分先后）
王　琥　王　峰　王　强　王立端　王浩滢　白　波　过伟敏　许　星
许边疆　李　岗　李　丽　李豫闽　成光虎　肖　飞　余　强　汪传跃
罗　力　杨明朗　陈　述　陈见东　邱　珂　胡万明　顾　平　郑　静
郭立忠　姬　莹　张夫也　张泽国　张明山　张秋平　张耀引　梁盛平
樊　进　谢　玮　熊　伟　熊　微　熊建新　蔡克中　葛　芳　鞠　斐
魏　洁　廖　军　戴晋明

中国少数民族设计全集出版工作委员会

主　　任　胡彦威　周　伟
执行主任　姚　军　欧京海
编务统筹　阎卫斌　周小龙
编　　辑　（排名不分先后）
王新斐　史美珍　冯　昭　冯灵芝　吉　昊　吕绘元　刘小玲　任秀芳
孙　琳　孙宇欣　李广洁　李建业　李　靖　员荣亮　张小芳　张志杰
张书剑　何赵云　陈俞江　吴春华　武　静　周小龙　柳承旭　郝文霞
赵　玉　赵晓丽　席　青　秦继华　高　雷　郭向南　阎卫斌　崔人杰
傅晓红　蔡咏卉　翟丽娟　樊　中　薛正存　魏　红　魏美荣
整体设计　谢　成

中国少数民族设计全集·裕固族

本 册 著 者	戴晋明　安秀梅（裕固族）　吕和斌
	谢　玮
参 与 撰 写	万建军　马丽美　王秀芸　王利舟　孙卜昆
	张繁荣　宋　云　庞冠男　周　涛　姜中华
	昝会云　胡钢锋　郭宗平　贾致远　董虹霞
	沈开婧　薛　莹　贺雪岚
顾　　　问	白忠诚（裕固族）　杨永贤（裕固族）
	兰海东（裕固族）　顾秀华（藏族）
	安玉冰（裕固族）　安维武（裕固族）
	钟　莉（裕固族）　阿尔斯兰（裕固族）
	柯璀玲（裕固族）　杨海燕（裕固族）

求同存异 和合共荣

刘伟冬

中华民族，是一个由56个民族组成的大家庭。在漫长的文明发展史中，汉族和各少数民族都为中华文明的繁荣发展贡献了自己的聪明才智。纵观中华文明史，其实就是一部各族群之间"求同存异，和合共荣"的文化演进史。

从根子上讲，4000年前的"中国"，仅指北方中原地区，居住在这里的相传是上古时期黄帝部落和炎帝部落的后裔，故而自称"炎黄子孙"。其时的"中国"，不过是黄河中下游（西起陇山，东至泰山）区域。在千年发展与民族融合之后，尤其是晋末"衣冠南渡"，南迁的中原汉族与南方百越民族彻底融合，来自北方的鲜卑等民族融入汉族，使汉族前所未有地壮大发展，逐渐形成后来疆域辽阔、人口众多、物产繁盛、文化昌明的中华民族的主体族群。特别值得强调的是，自从作为一个民族整体之后，中华民族就从未中断过自己的民族发展史——这在世界历史上是硕果仅存、独一无二的。

中华民族具备兼容并蓄、虚心好学的民族天性。仅以设计学范畴的事例讲：在数千年文明发展历史中，中华民族在不断向外输出优秀的文明成果（如烧造之陶瓷砖瓦、营造之榫卯斗拱、织造之丝绸刺绣、锻造之"失蜡"分模等），影响全人类的日

常生活与生产方式的同时，也不断地吸纳域外各民族的优秀文明成果，如汉魏之印度佛教和西域音乐、隋唐之西亚服饰和家具、宋元之东洋印染和漆艺、明清之西洋机器与建筑……在中华民族内部，这样的文化交流更是从未停止过，而且是风生水起、枝繁叶茂，愈发流畅、深入，中华民族各族群之间"求同存异，和合共荣"的文化大演进，共同创造了中华民族极为灿烂辉煌的造物文明历史。仍以设计学范畴为例：原本是匈奴人发明的单足绳圈，被晋代的汉族人设计成铁质双镫；最早是鲜卑人原创的毡毯卷边，被晋代的汉族人改造成"高桥马鞍"，这宗中国式马具设计案例，被誉为"13世纪中国传入欧洲的最重要文化成果"（李约瑟语）。再如，西域（今新疆地区）是全世界最早的皮靴生产地，哈尼族为主的红河地区出现了全世界最早的梯田。再如，全世界最早的"干栏式建筑"和全世界最早的稻米人工育种、栽培，均起源于长江中下游的百越地区；全世界最早的竹藤编结器物起源于闽越地区……由中华民族共同创造、发明，后来又影响了全人类文明进程的优秀造物设计案例很多，不胜枚举。几千年中华民族的文明史，就是各种文化多元融合、共同发展的最好例证。不了解中华民族内部各族群的文明交流史，就无法真正理解中国文化史，也不能理解为什么中华民族总是能在逆境中成长强大。甚至可以说，能否完整地理解中华民族的文化史，是检验每一个当代中国知识分子（特别是文史哲专业的学者）文化立场的"试金石"。

　　随着改革开放的逐渐深入，各民族地区的经济与社会状态已发生了天翻地覆的变化。令人遗憾和担心的是，由于各地区政策执行力度不平衡，保护措施不得力，少数民族的文化特性正在逐步衰退，有些地区的少数民族文化特征甚至已经消失殆尽，仅仅存在于徒具形式，充满口号、标语的民族文化村旅游景点中。有学者预言，再不加快整理抢救工作，中国的少数民族可能在物质形态和文化内涵的特征上，若干年后将不复存在。

从少数民族地区反映古代中国社会某些面貌的文化遗存看，这些少数民族之所以一直与汉族地区差距巨大，存在多方面的原因，其中历代汉族统治者对少数民族的歧视政策是主要原因。此外这些地区本身就处于偏僻荒地，不是沙漠就是山区，自然条件远不及汉族聚集地区，社会发展水平滞后。20世纪50年代，有相当比例的少数民族在当时仍处于原始农耕社会或奴隶制社会，不要说通电、通水、通汽车，不少人一辈子连铁器长什么样都没见过。部分少数民族聚集地的各种自然条件也较差，缺肥少水，基本生活来源，一靠老天爷恩赐的"望天收"农作物；二靠家庭手工作坊制作些竹藤编结物和土织、土陶等土特产来换取粮食；三靠养猪、兔、羊和鸡、鸭、鹅等家禽来换取日用品，如灯油、农具、衣物和油盐酱醋等；四靠为土司、头人和大户们出卖劳力（社会底层奴隶身份），年老即被抛弃。中华人民共和国成立后，党和政府在这些地区实行社会主义改造，打倒以土司、巫师和头人为首的剥削阶级，将土地和生产资料一律收归集体所有，解放了全体少数民族民众，使他们历史上第一次有了自由劳作和生活的权利。

中华人民共和国成立之初，党和政府就高度关注民族事务问题，为如何保护、关心各少数民族制定了一系列方针、政策，也为当代中国社会处理民族问题、保护民族文化树立了光辉典范。中央人民政府政务院于20世纪50年代初发布了《关于民族事务的几项决定》，为新中国民族政策奠定了最初的思想基础，其主要内容是：一、各大行政区军政委员会（人民政府）须指导各有关

求同存异 和合共荣

省、市、行署人民政府认真推行民族区域自治及民族民主联合政府的政策和制度，并随时向政务院报告推行经验，请示者须事前向政务院请示。二、各大行政区军政委员会（人民政府）须指导各有关省、市、行署人民政府认真并有计划地实行政务院在1950年颁发的《培养少数民族干部试行方案》，并将该项工作进行情况定期加以检查，每半年向政务院报告一次。中央民族学院及西北、西南、中南各军政委员会和新疆省人民政府的民族学院，必须依计划实行，并向政务院报告。三、政务院于1951年下半年适当时间将同时召开有关少数民族的卫生、教育及贸易三个专业会议，责成政务院文教委员会、中财委指导中央卫生部、教育部、贸易部开始筹备，并责成中央民族事务委员会协助进行。有关部门如农业部、文化部也须派人参加。四、责成中央人民政府各委、部、会、院、署、行注意建立有关民族事务的业务。五、在政务院文教委员会内设民族语言文字研究指导委员会，指导和组织少数民族语言文字的研究工作，帮助尚无文字的民族创立文字，帮助文字不完备的民族逐渐充实其文字。六、扩大中央民族事务委员会委员名额，责成中央民族事务委员会提出补充名单的建议，并于1951年下半年召开中央民族事务委员会扩大会议，检查与总结关于推行民族区域自治及民族民主联合政府的经验。

20世纪50年代，中央人民政府和政务院，曾多次组织"中央慰问团""土改工作队"和"普查工作队"等，花费大量人力和物力，深入各少数民族地区，进行了大量较为翔实的社会历史调查。50年代这轮由政府统筹、由中央民委组织行政领导和人类学、社会学专家学者以及民族同志组成工作队与考察队的少数民族大考察活动，1953年正式启动，1956年结束（个别地区延期至1958年才结束）。直接成果之一，就是为1956年国务院公布的55

个少数民族的正式定名和划分，提供了可靠的依据。

从当时考察的资料看，各少数民族的社会发展水平参差不齐，不少民族呈现类似汉族曾经历过的各种历史发展状况，为我们今天考察、了解并研究过去的历史以及各学术分支问题，提供了绝好的活体范本。比如以"设计发生学"研究为例，以山寨（村落）为主的初级社会组织形态，原始手工业在农耕环境中的地位，原始造物的手工技艺与设备、工具等，都是我们极感兴趣的研究对象。

在西北、西南和东北各少数民族聚集地区，有些古时流传下来的本民族手工造物技术，迄今仍保存良好。其吸收了汉族和其他兄弟民族的技术长处之后演变出来的各时段手工造物技术，则印证了各民族互相融合、取长补短的史实。更有些原始手工艺，特别具有艺术和历史研究价值。以维吾尔族人为例，本世纪初，笔者在新疆喀什城艾格孜艾日克老街看到几样手工艺绝活：其一是整条街的维吾尔族乐器店，除了热瓦普、曼陀林和冬不拉等少数维吾尔族知名乐器外，全是些笔者叫不上名来却似曾相识的弹拨乐器和拉弦乐器，于是从心里认可了"西域古乐成就了中国传统民乐"这句话所言不谬。其二是亲眼所见一个拖着鼻涕的不到10岁的维吾尔族小男孩，拿着电砂轮在铜壶上信手飞快地刻着精美细腻的图案，一不要底稿，二没有图纸，真是佩服得五体投地，也相信了"汉族人长于热铸，西域人长于冷锻"这个说法。其三是在喀什近郊著名的大巴扎"金器一条街"上看见近百家金店生意红火，家家门前毡毯上都围坐着一群金店伙计和顾客，正在热烈讨论、共同设计着花样繁多的未来金饰嫁妆，感受到了"中国传统样式的金银首饰工艺，最富有创意的设计和最先进的工艺制作，原来在维吾尔族人手里"这句大实话。还有，笔者

求同存异　和合共荣

在云南景洪县城集市上，曾亲眼见过景颇族老乡用古老的"焖烧法"烧出的红彤彤的土陶——跟笔者一知半解的仰韶彩陶的烧制工艺几乎一模一样。还有，笔者在大西北甘陕宁各省亲眼所见的回族、保安族、裕固族和东乡族老乡巧手做出的那些花样繁多、样式复杂的面塑造型，真是个个精妙绝伦。这方面的事例实在太多了。

50年代的少数民族地区社会大普查，以及半个多世纪以来社会各界对其丰富而珍贵的考察、研究，意义深远，价值极为重大。这些地区客观上保存的较为完整的、与数千年前中国原始社会最初形态近似的许多社会特征，为我们研究社会的最初形态形成和当时的经济、文化、政治的基本状况以及"设计发生学"的相关课题，提供了珍贵的类型学"活化石"范本，价值非凡。改革开放以来，这些少数民族地区也获得了前所未有的巨大发展，人民生活日新月异；但与此同时，少数民族地区的民族性在不可避免地愈发衰减、退化，甚至消失。如果我们再不采取保护措施，若干年后，各少数民族的许多宝贵民族文化遗产将无法挽救地彻底消亡，这部分同属于全人类精神财富和中华民族集体智慧的宝藏，我们将再也看不到了。

在"设计发生学"问题上，我们一向秉持文化多元论的观点，认为人类文明是全世界人民共同创造的，各国家、地区、民族均做出过大小不一、形态各异的贡献；同理，中华民族的灿烂文明是中国的各族人民共同创造的，每个民族都对中华传统文化做出过贡献，也都应当得到尊敬和肯定。中国的各少数民族在中华文明漫长的演化过程中，都曾经以自己独特而充满智慧的文明成果，补充、完善甚至改良着中华文明。比如，古代西域的龟兹古国各民族创造或引自西亚的弹拨乐器和拉弦乐器以及音律、曲式，彻底改造了中国古代音乐，新创作出代表中国古乐精髓的江南丝竹；南疆的维吾尔族和北疆的哈萨克、塔塔尔、塔吉克等族首创了制革术，并引进古波斯革皮书籍装帧术和制靴术、制毡术、毛衣编结术；海南岛的黎族率先种植棉花并纺织棉布，传入内地后棉织业逐渐形成中国古代手工行业的"天下第一营生"……保护少数民族的民族文化特性，就是保护我们的历史遗产，就是传承我们的文明。我们应进一步发扬文化兼容的优良传统，把振兴中华的百年民族复兴梦，逐步落实为将大中华建设成为中国各民族共同拥有的美好家园。

由上千名来自全国各高等艺术院校的教授、研究生组成的55支团队参与编撰的《中国少数民族设计全集》（55卷），正是有识之士基于对各少数民族的民族文化特性正在快速衰减、消亡的严重现实问题的深切忧虑而进行的抢救、发掘、整理中国少数民族文化遗产的重要文化工程。经过两年精心筹划，六年努力写作，在国家出版基金管理部门的支持下，在山西人民出版社和人民美术出版社的策划和组织下，目前《中国少数民族设计全集》的书稿编撰工作已基本完成，即将付梓。在长达八年的漫长过程中，全国兄弟院校各团队涌现出的各种可歌可泣的事迹经常感动着笔者，并不时鞭策着全体作者克服千难万险，一路向前。有的分卷作者身患绝症仍不眠不休地忘我工作，有的分卷作者遭遇各种意外仍坚持工作。特别是，很多民族同志公而忘私、不计较个人得失，有人不惜将自己赚钱的企业关张歇业，全身心地投入各自所负责分卷的繁重编撰工作中；有人义无反顾地将自己珍藏多年的本民族实物、资料和研究成果无偿提供给相关分卷作者。大家万众一心，克服各种复杂得难以想象的困难，以确保这部凝聚了众人八年心血的巨著，能按计划如期完成。借此机会，笔者谨

代表本丛书编委会全体成员，向领导、编辑和作者们表示衷心的感谢！

作为一项文化创举，笔者深信《中国少数民族设计全集》必将在未来岁月的长期检验中，愈发显现其非凡的、独特的文化价值。

2017年夏季于南京

前言

裕固族是我国人数较少的民族之一，据2010年第六次全国人口普查统计，总人口数为1.4万多人，主要聚居在甘肃省肃南裕固族自治县境内和酒泉市肃州区的黄泥堡裕固族乡。千百年来，裕固族人民在辛勤的劳动中创造了独具特色的民族文化，为华夏文明的孕育和发展做出了贡献。

从地域历史上看，肃南县成立以前，现辖区称"走廊南山"或"祁连山区"。春秋战国时期，活动在河西的民族较多，主要有羌、月氏、乌孙、匈奴几个游牧民族；汉武帝时期先后派遣霍去病率兵攻打匈奴，元鼎六年（前111）汉设酒泉郡，祁连山地区正式归入中原版图；东晋时期，段业建立北凉政权，祁连山大部归北凉政权；北魏灭北凉后，张掖改名为甘州；隋炀帝时期，又将甘州改为张掖郡；唐宣宗时期，河西地区失而复得；北宋仁宗天圣六年（1028）西夏建立政权，统治张掖地区长达190年。元世祖至元十八年（1281）改为甘肃行省，直到至元二十二年（1285）撤销。清雍正时期改明代甘州卫为甘州府，管辖张掖及祁连山大部分地区。

三千多年过去了，先后生息在甘肃大地上的古老民族，有的远徙他乡，成为异国子民；有的融入他族，成为新的民族；有的绵延至今，成为中华诸多民族中历史最悠久的民族之一。裕固族和其他肃南的藏、蒙、汉等各族人民，以辛勤的劳动和无穷的智慧，共同创建着自己美丽的家园。

肃南地区丰富的地下矿藏和天然资源为当地的发展奠定了物质基础，丰厚的文化积淀、民俗风情和历史印迹又值得人们去探讨和

研究。这里有新石器时代的彩陶文化；先秦时期的岩画；汉代古城和明海城；东晋马蹄寺石窟群；北凉时期的文殊寺；元朝永昌王的避暑宫皇城；明代朱元璋在裕固族先民撒里畏兀儿聚居地设置"关外八卫"；明宣德年间，朝廷又敕赐马蹄寺田地、山场，划定四至，寺院香火极盛，成为河西走廊的佛教圣地；清康熙年间，康熙皇帝御赐马蹄寺金镶紫檀塔。新中国成立以后，国家重视运用现代科技手段和学术研究力量来保护和开发利用民族的丰富文化资源，重视物质和非物质文化遗产的保护工作。

裕固族历经变迁，有值得记录的民族传统文化和特色，为此，我们编纂了《中国少数民族设计全集·裕固族》。在实地考察和资料收集过程中，不难发现关于裕固族的各类出版物及视频图片并不稀缺，遗憾的是这些出版物大多在肃南地区本地传播，受众范围比较有限。本次编写不同于以往裕固族相关出版物的地方在于：将裕固族放入全国少数民族大系统中进行介绍分析，视野不同于之前的单独撰写，更便于裕固族与其他少数民族之间的对比和相得益彰；将编写角度聚焦于少数民族"设计"，图文并茂，艺术审美与文化科技相结合，可以将裕固族更加鲜活地呈现给读者。裕固族设计分为以下七大类进行展示：裕固族传统建筑、裕固族传统服饰、裕固族传统餐饮、裕固族传统生活用具、裕固族传统生产工具、裕固族传统手工艺、裕固族传统民俗和宗教造像，融合历史性、地域性、民俗性，用以线串珠的方式努力将裕固族全貌与特点生动地展示出来。更为有意义的是，"裕固族篇"作为"中国少数民族全集"之一分子，在以自身特色渲染这部全集的同时，相信也将会因此而得到更多关注的目光，这也是所有为本篇编写倾注过心血的人们所希望的。

为了获得第一手资料，本书的编写团队三次去到肃南裕固族自

治县，得到了当地相关工作人员和非物质文化遗产传承人的很多帮助；从本地的裕固族文化研究室、资料馆、档案馆、民族博物馆等处获得了珍贵的资料信息；在与当地居民进行交谈的过程中也得到了许多口述信息；亲身体验并参与当地的民俗活动则让编写团队的每一位成员对裕固族有了更直观的感受和越来越深的感情。

在案例的选择上，每一部分的内容都是经过精心筛选，只求能找到最具有代表性的案例进行分析编写，达到举一反三、简单明了又能说明情况的效果。当然，在此过程中遇到困难也在所难免，比如在"传统民俗和宗教造像"方面，传统礼俗并非天天都在进行，编者到达肃南县时不能凑巧遇到所有的传统礼俗活动，例如"丧葬"，不但难以凑巧遇到，就是当地居民也出于对逝者的尊重而甚少留下图片资料。虽然编者们想了很多办法寻找图片资料或自行制图，但凡此种种的困难情形，还是给本次编写多少留下了一些遗憾和不足，编者已尽力，读者通过文字描述或其他渠道或可补其一二。

在编撰设计方面，案例当中所涉及的图片编撰设计主要以平面展示为主，设计绘制了案例的主图、线描图、平面示意图、结构示意图、尺寸图、局部分析图，力求全方位、多角度展示案例特色；为了能够充分体现当地的风土人情及特点，主要采用了手绘制图和实地拍摄两种形式，力求所涉及图像简洁、形象、清晰、规范，可视效果好。

在文字描述方面，坚持从设计、人文和宗教的角度出发，综合运用设计学、社会学、人类学、民俗学、历史学等研究手段进行综合论述；每个案例都力图从文化底蕴、所涉及的图案、色彩、传统习俗等几个角度分析，旨在让读者了解裕固族传统文化的同时，能够透过作者对传统文化中具有象征含义事物的图案、色彩、材质、

工艺、民族特色等方面的分析去了解裕固族的集体意识形态、其物质生活水平，以及该民族在其文化发展过程中探索美、创造美的艺术轨迹。本书对整体文字说明力求做到文字朴实，言之有物，以精练、质朴的语言描述和分析案例，并注重调研与分析相结合，由"物"到"事"，从"形"及"理"，将图像与图像背后的文化底蕴同时带上前来。

回顾为期两年的编写过程，编写团队经历了文献资料收集、田野考察、案例采选和图片设计、编写文字四个主要阶段。在文献资料收集阶段，编著者充分研读探讨前人研究成果，获取与课题有关的初步资料信息，对所研究内容建立类型概念。在田野考察阶段，参编研究人员亲赴甘肃张掖肃南裕固族自治县，与裕固族牧民、当地民俗学者进行深入交流，各组针对所研究内容进行全面深入调查，采用实地测绘、现场摄影、专题访谈等多种方式。对处于偏远牧场内的特色建筑和佛教圣地的考察尤为不易，在大家的配合下，研究人员利用九天时间深入牧区，现场调研，在此基础上获取珍贵的第一手资料。第三阶段是在调研获取资料信息的基础上，对照前期文献研究的成果，重新整理案例，进行系统研究，达到初步完成案例研究的工作。参编人员在甘南相关人员的配合下，采集了数百个案例，从中初选、精选，又反复调整、增减，最终确定了55个典型案例，又抽调了多名设计骨干，进行了以手绘为主的图片设计；最后，带着初步调研所取的成果重返肃南县，对案例进行再一次的印证，并修正初步研究成果，使其更加完善，也就是在田野调查的基础上结合理论研究，反复论证。

另外，编写过程中还有一点令人深有感触和印象深刻，裕固族曾经信仰萨满教、喇嘛教，经过多次的迁徙和融合，形成了萨满教和藏传佛教并存的情况，由此形成了许多独特的习俗。无论是生活习俗还是宗教活动中，都能体验到两种宗教并存的和谐之美，诸如，宗教文化、裕固族服饰的变化、传统手工艺的流传、建筑的特点、婚丧嫁娶、幼儿剃头以及餐饮器具等，都有浓厚的民族特色。通过本书的编写，我们了解到了百余年前裕固族的生活状况，明晰了我国裕固族研究和发展的现状，同时也发现了很多的问题：逐渐消逝的民族文化生存环境，稀疏的草地与低矮的灌木，裸露的土壤，近年牧区生态环境急剧恶化。前些年开荒和过度放牧导致草场严重沙化，已不适合放牧，风俗伴随民众生产生活方式的变迁而不断被消解，居所固定下来，传统的木结构被水泥构建替代，礼俗行序也不再按照传统方式延续，机械工业生产渐次替代传统的游牧与手工生产方式。在这种生活习俗已发生较大改变的情况下，裕固族能够保留下来的原汁原味的民族传统文化正在减退。

随着人们的审美情趣的提高与国际化的影响，把少数民族的传统工艺保存为非物质文化遗产是一种相对消极的保护措施，除了把这些具有民族特色的手艺保留在美术馆供后人瞻仰之外，当下最重要的是让传统工艺与现代化商业机制接轨，让传统工艺和当下的人产生联系与互动，通过对大量已丧失生存环境的文化进行收集、整理、保存，尽可能地确保我们民族文化"基因库"的相对完整。与此同时，竭力为少数民族传统文化找寻一条能与现实相适宜的存续之路。

裕固族传统建筑方式、生产方式、礼仪习俗、餐饮文化有其独特的民族特征，要从裕固族整个民族的生存环境和文化环境入手，以保护传统生活方式为主要目标，才能使充满魅力的裕固族文化得以更好地传承和发展。

基于以上所述，在《中国少数民族设计全集·裕固族》付梓之时，想要言说心中的感谢和期望。感谢在资料的采集与编撰过

程中，给予本编写团队大力指导和支持的中共肃南裕固族自治县县委、县人民政府；感谢为我们提供了很多方便与帮助的中共肃南裕固族自治县委宣传部、文化广播影视新闻出版局、文化馆、民族博物馆、电力局、尧熬尔原生态民族文化传承公司、富达民族工艺品公司；感谢热情淳朴的裕固族人民和当地土生土长的民俗专家；感谢辛勤工作的各位编委；感谢在制图和拍摄过程中辛苦工作的太原理工大学艺术学院、轻纺工程学院的老师、学生，太原工业学院设计艺术系的老师学生；感谢出版社和主编对此次《中国少数民族设计全集·裕固族》的整体策划和推进。最后想说的是，本书的编写虽已倾注多人之心力，仍难免有不尽人意处，唯盼读者朋友们能有所获益。

目录

第一章　裕固族传统建筑

裕固族仿蒙古包式民居　002
裕固族土坯房　006
裕固族藏式帐篷　010
裕固族回鹘牙帐　014
裕固族高车穹庐　018

第二章　裕固族传统服饰

裕固族新娘装　024
裕固族新郎装　028
裕固族纯羊毛褐衫　032
裕固族成年男子装　036
裕固族男式麻棉褐衫　040
裕固族男式大领褐衫　044
裕固族少女装　048
裕固族女童装　052
裕固族女童毡袄　056
裕固族土布男童装　060
裕固族妇女红缨帽　064
裕固族男式白毡帽　068
裕固族男式长靴　072
裕固族头面　076
裕固族荷包　080

第三章　裕固族传统餐饮

裕固族高车穹庐扎格斯　086
裕固族巴赫加　090

　　裕固族酥油茶壶　094
　　裕固族炒面匣子　099
　　裕固族手抓羊肉　103
　　裕固族烧壳子　106

第四章　裕固族传统生活用具
　　裕固族鹰膀烟具　110
　　裕固族腰刀　113
　　裕固族弓箭　117
　　裕固族宝剑　122
　　裕固族褡裢　126
　　裕固族草筐　130
　　裕固族牛车　134
　　裕固族马鞭　138
　　裕固族羊号子　141
　　裕固族牛角鼓　145
　　裕固族天鹅琴　151

第五章　裕固族传统生产工具
　　裕固族捕兽夹　156
　　裕固族土炮　160
　　裕固族打酥油桶　164
　　裕固族石磨　168
　　裕固族褐子织机　173

第六章　裕固族传统手工艺
　　裕固族刺绣　180

　　裕固族马褥子　186
　　裕固族马鞯　191
　　裕固族皮雕　196

第七章　裕固族传统民俗和宗教造像
　　裕固族礼仪　200
　　裕固族节庆　203
　　裕固族婚俗　207
　　裕固族丧葬　214
　　裕固族体育　217
　　裕固族小孩剃头　222
　　裕固族祭鄂博　226
　　裕固族寺庙　230
　　裕固族马蹄寺石窟　235

第一章 裕固族传统建筑

裕固族仿蒙古包式民居

图一　裕固族仿蒙古包式民居主图

裕固族在新中国成立后，尤其是在政府将牧场划分之后慢慢进入定居或半定居生活。一部分裕固族向汉族学习开始定居生活，但是裕固族牧民仍然保持着逐水草而居的生活习惯，他们将牧场按季节分开，在每一季牧场都设置固定的房屋，形成一种半定居放牧的生活状态。其中一种定居房屋是仿蒙式帐篷建造。这种房屋为圆形，多选择避风向阳的地点，根据山形和水路确定坐向，多坐北朝南，也可朝西或朝东。以土坯、麦草泥、白杨木为原料。各户人家一般都相距一两千米，有的人家相距几十千米。在紧靠房屋的地方修有畜圈（包括有篷和无篷的羊圈、牛圈）、草圈（用来储备冬季饲草）等。

从远处看这种房屋与蒙古包极为相近。内部直径为4米，通高3米左右，其中墙体高2米，屋顶高1米。圆形锥顶，墙体为红砖砌筑，表面用黄泥夹草抹平，刷以白色涂料。门朝向东方时，南北开有小窗。比较特别的是锥形屋顶的结构，房屋的顶部有金属圆环，以椽子作为结构支撑，椽子顶部一段削出一个平面，并加工成一个角度，紧扣在建筑顶部金属圈上，用混凝土将二者加固连接在一起，椽子下部直接搭接在红砖墙体之上，这种结构可明显看出其来源于蒙古包。金属环（一般为铁环）中部留有天窗，这也

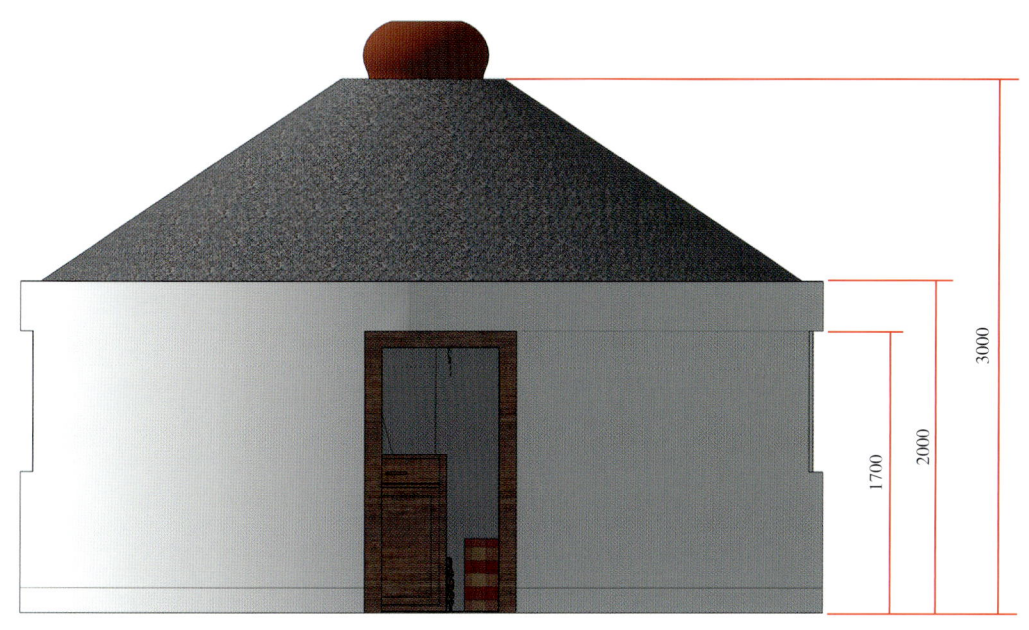

图二 裕固族仿蒙古包式民居尺寸图（单位：mm）

与蒙古包相一致。屋顶外部为防水，有瓦罐状物体倒扣在天窗之上。椽子之上沿圆周方向搭有木板，木板之上有用塑料布做的防水层，防水层之上是草泥，因为塑料布是超出屋顶用草泥覆盖的，为防止被风破坏，用红砖沿屋顶的一周做了压顶处理。

房屋内部格局也基本按照蒙古包来排布，正对房门设佛龛供桌，供奉的是班禅画像；北侧为土炕，宽1.9米，高0.45米；土炕的东侧靠墙为火炉；南侧摆放厨具、五斗橱等生活用具。因为房屋一般都靠近河流，日常生活用水就是河流中的雪山融水，生活燃料使用牛粪。随着科技对生活的影响越来越大，每户人家都在屋顶或院子里置有太阳能发电板，以供天黑后使用。

裕固族的牧场，远山近水，牛羊满地，再加上这种仿蒙古包的牧民小屋，形成了裕固族所独有的草原景致。

图片来源

图一、图四　郭宗平　摄影

图二、图三、图五至图七　庞冠男　制图

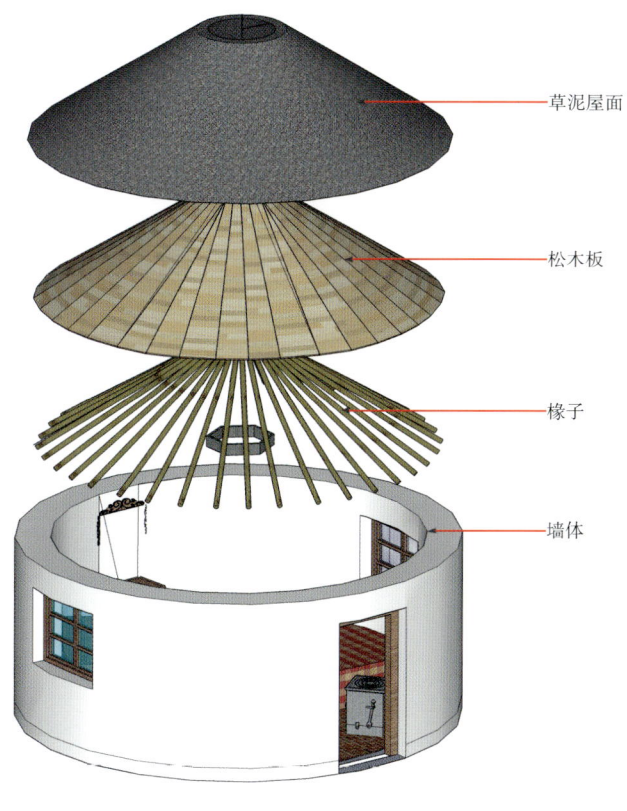

图三　裕固族仿蒙古包式民居结构名称图

图四　裕固族仿蒙古包式民居屋顶内部示意图

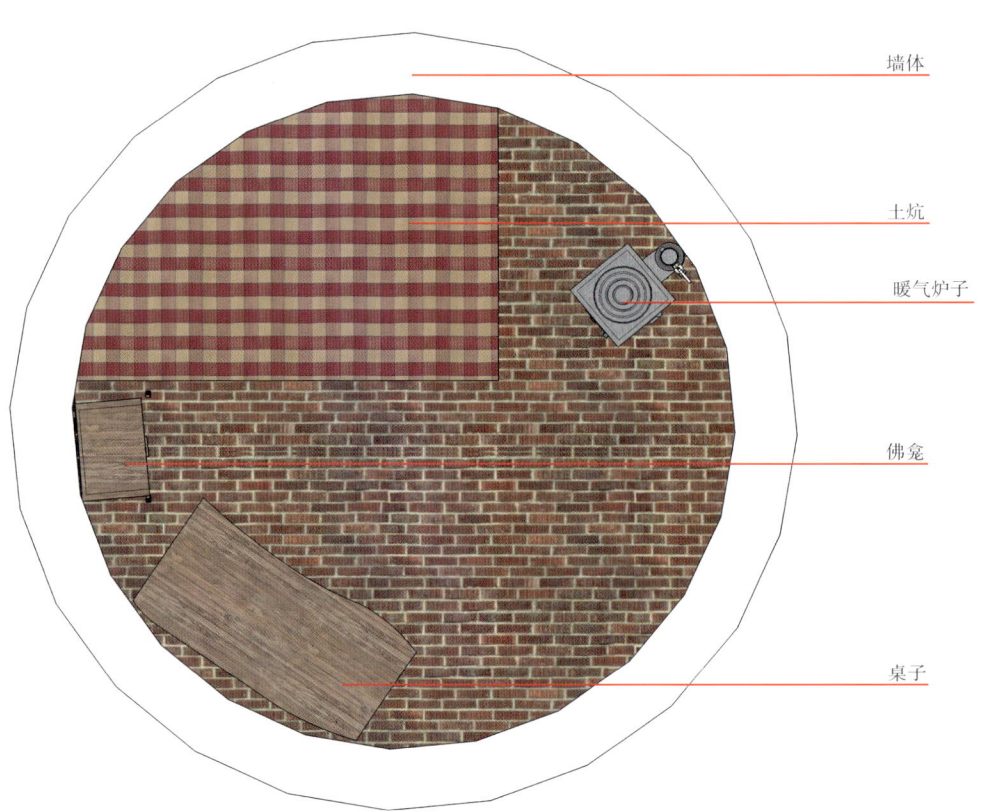

图五　裕固族仿蒙古包式民居平面布局示意图

图六　裕固族仿蒙古包式民居效果示意图

图七　裕固族仿蒙古包式民居使用情境图

第一章　裕固族传统建筑

005

裕固族土坯房

图一　裕固族土坯房主图

政府将牧场划分之后，裕固族慢慢进入定居或半定居生活状态。他们将牧场按季节分开，在每一季牧场设置固定的居所，形成一种季节性的定居放牧状态。这些定居住所有多种形式，其中一种是仿汉族居所而造的土坯房。这种房屋为长方形土坯房，多选择避风向阳的地点，根据山形和水路确定坐向，大部分朝东。以土坯、麦草泥、白杨木为原料建造。房屋内设土炕，在紧靠房屋的地方修有畜圈（包括有篷和无篷的羊圈、牛圈）、草圈（用来储备冬季饲草）等。

这种房屋与汉族的房屋十分接近，一般长为8.5米左右，宽为4.5米左右，墙高约2米，总高2.5米左右。东墙开门和窗，在有些墙体不稳的地方还有石块砌筑的支撑体，南墙开有小窗，墙体下部开有烧炕用的灶口。墙体为土坯砌筑，表面用黄泥夹草抹平，刷以白色涂料。

屋顶结构与汉族住房基本一致，就是稍显粗糙，主梁一般为直径400毫米的原木，檩子直径200毫米左右，椽子直径100毫米左右。梁和檩子都是直接搭建在土坯砌筑的墙体之上。上铺芦苇秆，芦苇秆上铺木板，木板上是防水材料，最上面用黄泥灰渣夹草覆盖。房屋内部格局也基本与汉族房屋相同,西南角为土炕,东西长2.5米,南北宽2米左右;正对房门设佛龛供桌,供奉的是班禅画像;门的南侧有火炉,火炉烟囱直接穿过屋顶;南侧摆放厨具、五斗橱等生活用具。

房屋靠山近水而设,日常生活用水就是河流中的雪山融水,生活燃料主要使用干牛粪。随着时代的进步,每户人家都有一些电器尤其是电视,所以屋顶都置有太阳能发电板和电视天线,以供天黑后使用。

这种土坯房见证了裕固族与汉族的民族融合,地点选择、生产方式依然是裕固族传统,但生活方式已经和汉族融合。

图片来源

图一、图五至图七　郭宗平　摄影
图二至图四、图八、图九　庞冠男　制图

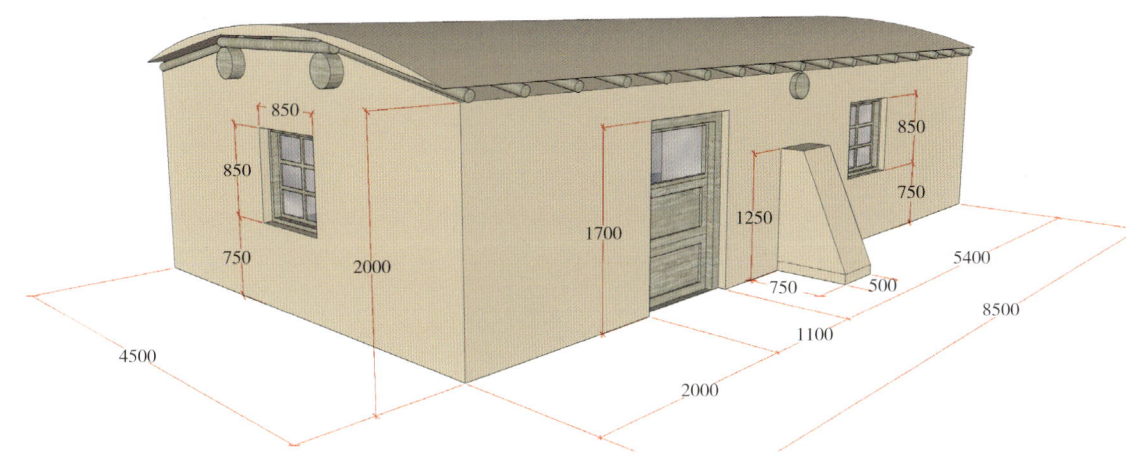

图二　裕固族土坯房尺寸图(单位:mm)

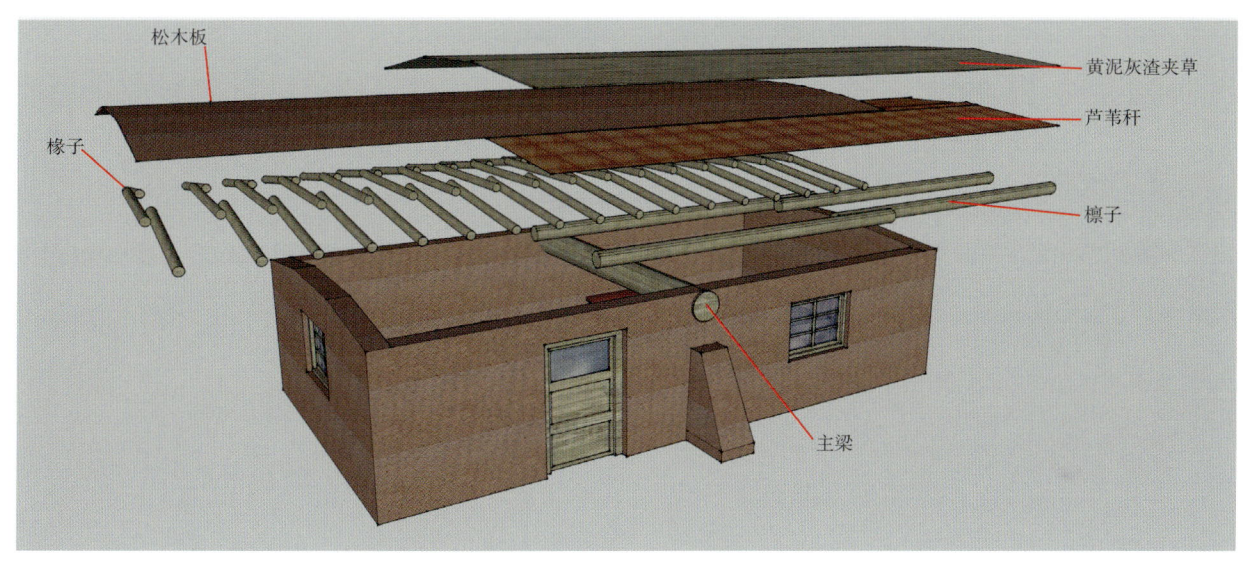

图三　裕固族土坯房结构名称图

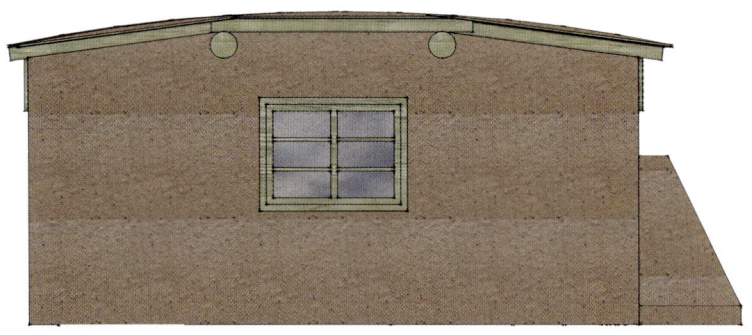

侧立面

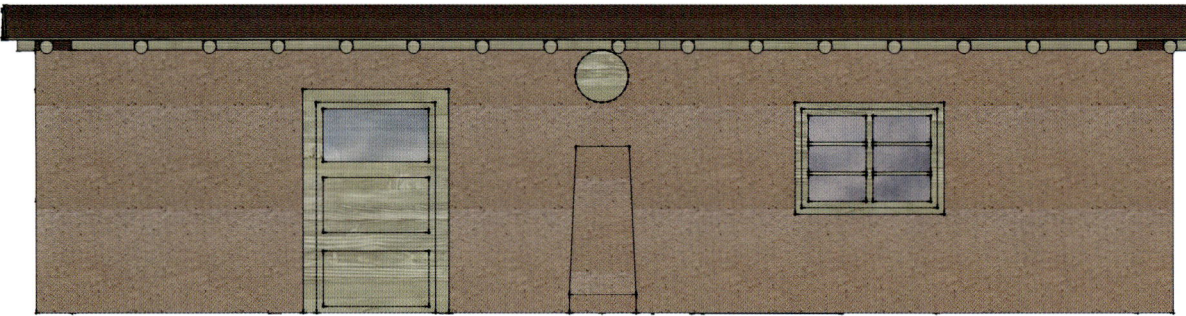

正立面

图四 裕固族土坯房二视图

图五 裕固族土坯房侧面灶口示意图

图六 裕固族土坯房屋顶内部示意图

图七 裕固族土坯房烟囱开口示意图

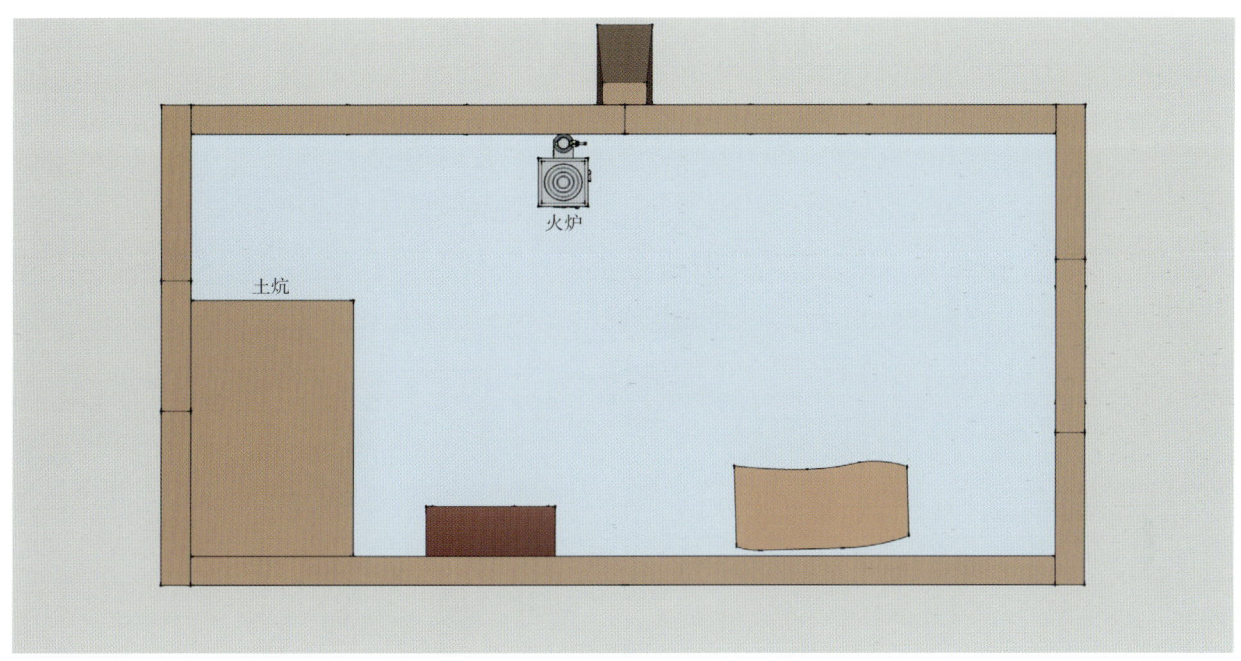

图八 裕固族土坯房平面布局示意图

图九 裕固族土坯房使用情境图

裕固族藏式帐篷

图一　裕固族藏式帐篷主图

居住在肃南裕固族自治县境内的裕固族，世代生活在祁连山北麓、河西走廊之间的高山草原和戈壁草原上，作为一个游牧民族，裕固族主要以毡帐为家，逐水草而居，其居住方式为土木结构的房屋和适宜游牧生活方式的帐篷。至20世纪50年代，除居住在河西走廊的少数裕固族外，其余该民族多数牧民仍以帐篷为主要居所。裕固族帐篷过去多为圆锥形的蒙式帐篷，后来牧民所居住的帐篷在外形上与藏式帐篷有较多的相似之处。这种帐篷为扎立帐篷，多选择避风向阳的地点，根据山形和水路确定坐向，多坐北朝南，也可朝西或朝东，唯忌帐篷门朝向北方。

这种藏式牛毛帐篷，藏语称"纳仓"，其基本构件有四大部分：一是框架，包括立柱和横梁。一般是两根2米到2.5米高的立柱，一根2.5米到3米长的横梁，也有一些大型帐篷有4—6根立柱，裕固族人称为一颗印帐篷。二是覆料，就是用牦牛（羊）毛捻成毛线，编织成褐子，根据帐篷的大小和形状，把若干条褐子用毛线缝制在一起，覆盖在框架上。三是拉杆，在帐篷的外围，用4—12根木杆和绳子把褐子拉起来，并用固定在地上的木桩（俗语叫橛子）加固，帐篷基本形成。四是门和天窗，这种帐篷一般不做木制门，而是在覆料上自然留下出口，上面挂一块褐子作门帘，平时搭起来，夜晚放下来。有必要的话用毛绳做门扣，防止动物进入。

天窗留在横梁两头，便于通风和排除烟雾。炉灶的排烟筒也由此伸出帐篷。这种帐篷有便于装拆、保暖、防腐、防蛀、防水、耐烟熏、遇热变松、遇冷变紧等特点。炎热的天气下，疏松的毛线让足够的清风穿进帐房，帐内不感到闷热。寒冷的天气里紧缩的毛线足以抵挡帐外的风雨，使里面比较温暖。

帐篷内部正上方为佛龛，通常情况下，"客人进入帐房后，按男左女右分坐，坐序按客人身份、辈分、年龄排列，身份高、辈分大、年长者为上。正上方客人不能坐或走过；主人给客人双手递茶碗、饭碗，也从上席开始。给客人斟茶、盛饭均由主妇操作，客人不得自己动手，不得随意拿饭勺或茶壶，主人请客人用餐时，客人不得走动"（田自成：《独具特色的裕固族》，《中外文化交流》1998年第2期）。

帐篷这一独具民族特色的构成形式，在今天已然成为当地旅游景区表征民族特点的接待设施。

图片来源
图一　郭宗平　摄影
图二至图六　庞冠男　制图

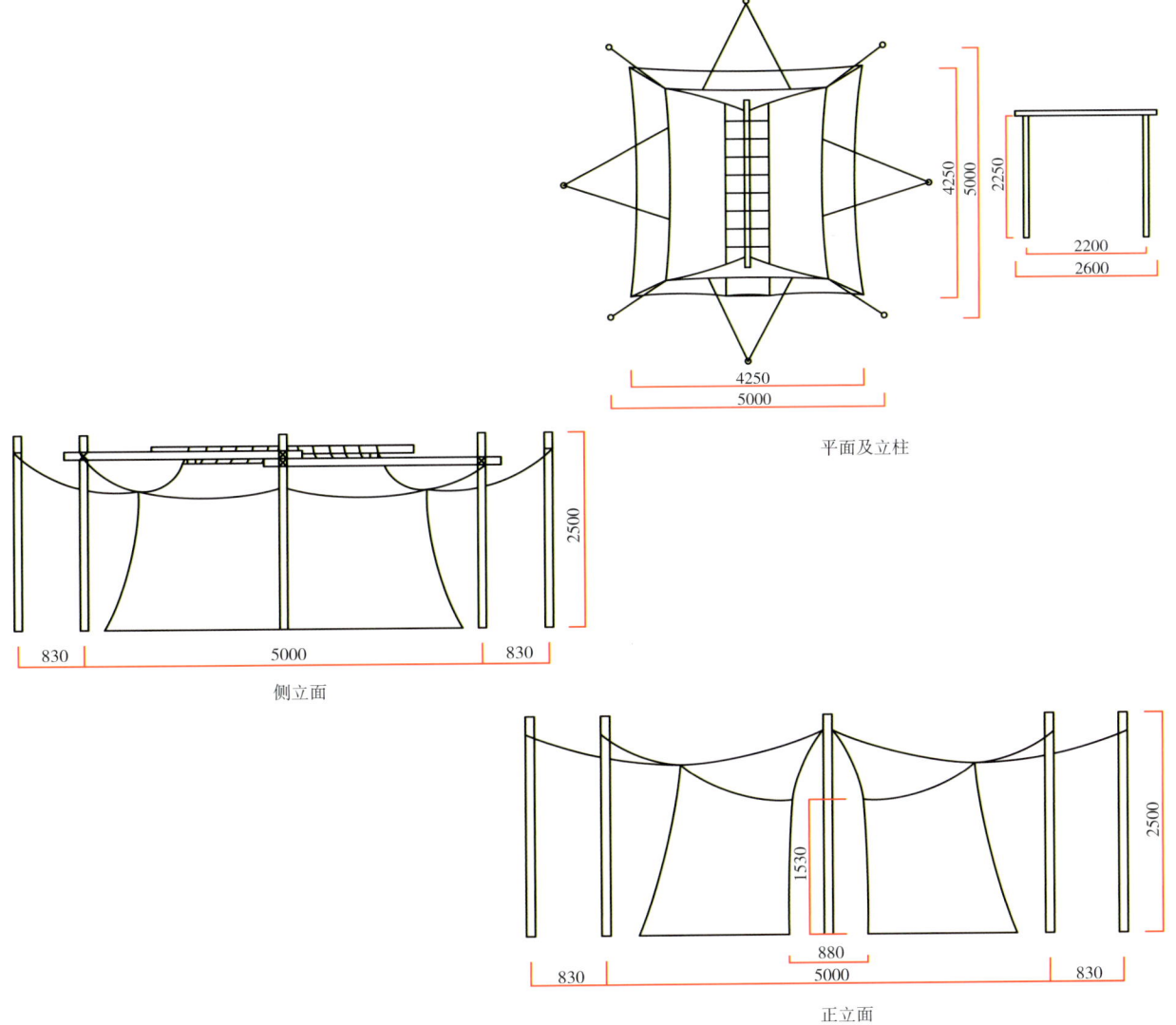

图二　裕固族藏式帐篷三视、尺寸图（单位：mm）

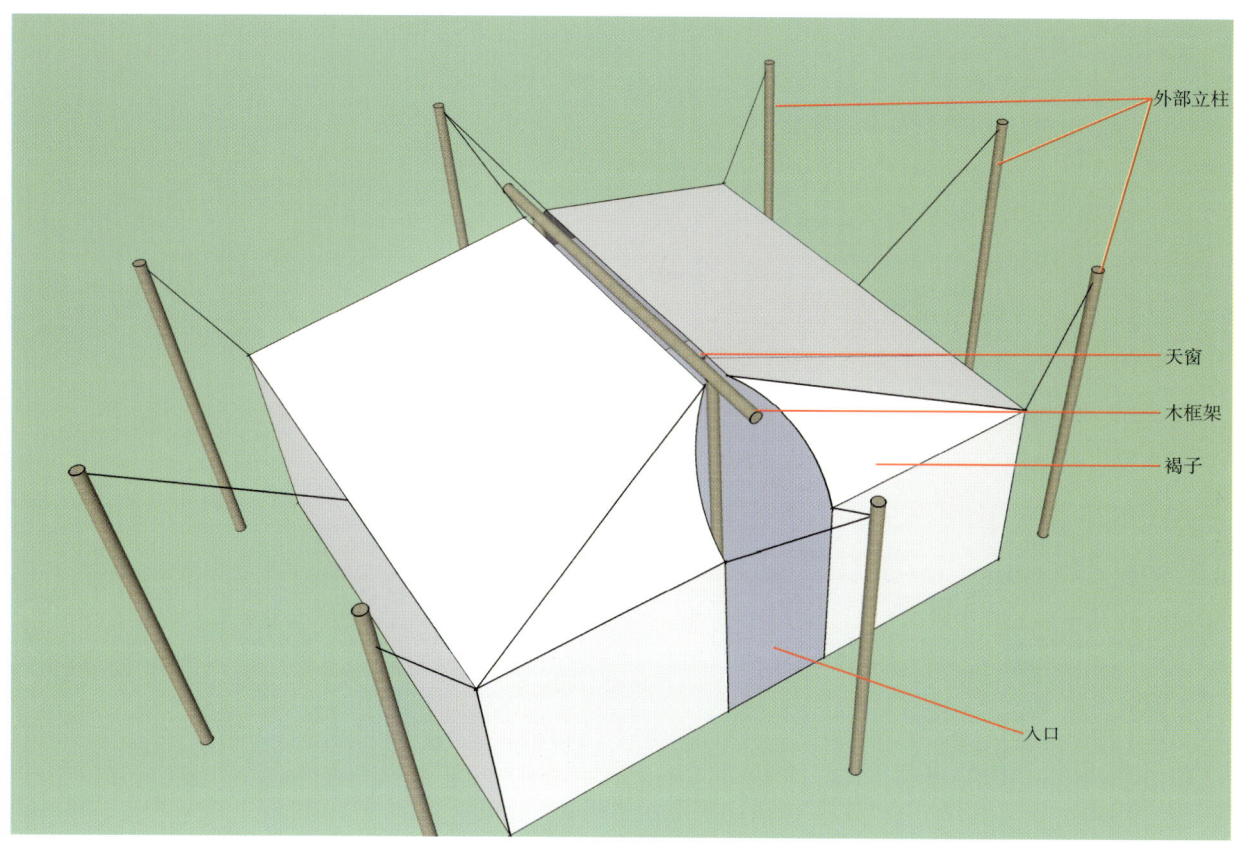

图三 裕固族藏式帐篷结构名称图

图四 裕固族藏式帐篷天窗外部示意图

图五　裕固族藏式帐篷天窗内部示意图

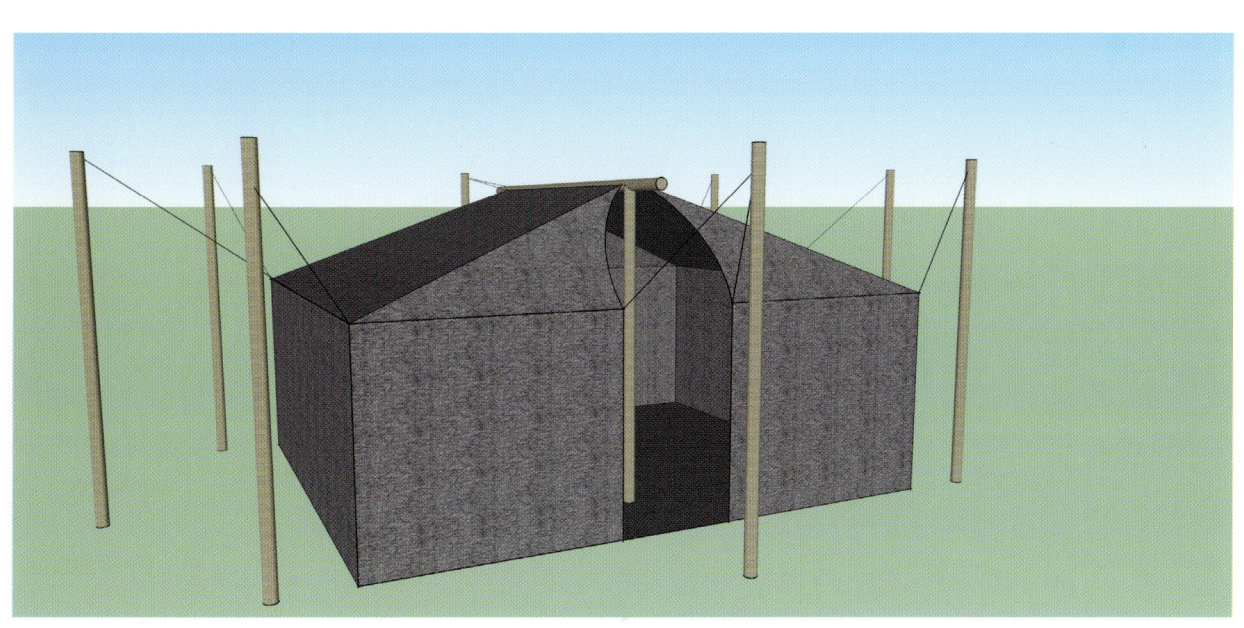

图六　裕固族藏式帐篷使用情境图

裕固族回鹘牙帐

图一　裕固族回鹘牙帐主图

居住在肃南裕固族自治县境内的裕固族作为一个半游牧半定居的少数民族有其独特的民族建筑。裕固族的前身之一回鹘是历史上著名的游牧民族，以毡帐为主要建筑，随水草迁徙。因为生活习惯、宗教信仰的原因，回鹘帐篷在外形上与藏式帐篷有较多的相似之处。这种帐篷为扎立式帐篷，地点多选择避风向阳的地方，根据山形和水路确定坐向，大多坐北朝南，亦可朝西或朝东，唯一忌讳将帐篷门朝向北方。

裕固族的先民回鹘为适应游牧生活，和其他游牧民族一样，以帐篷为主要居住方式。这种帐篷是用牛毛或羊毛褐子缝制而成的。坐向选定后，先用一根横梁及两根柱子将帐篷撑起来，再用木杆和绳子牵拉成方形。普通人家一般用四根木杆，相对富裕的人家帐篷会宽大一些，用六根甚至九根木杆拉成近似的圆形。帐篷顶端为天窗，白天掀开，晚上或雨雪天盖住。帐篷的中心设置炉灶，是做饭、取暖的地方，也是家庭聚会的中心。过去是用三块石头搭建简单的炉灶，之上架一口锅，后来改为石块砌筑的炉灶，当时并未普及烟囱，主要靠天窗自然排烟，1958年以后逐渐改用铁皮炉并装配了铁皮烟囱，帐篷内环境得到极大改善。这些炉灶可烧粪烧煤，火旺又干净。

正立面

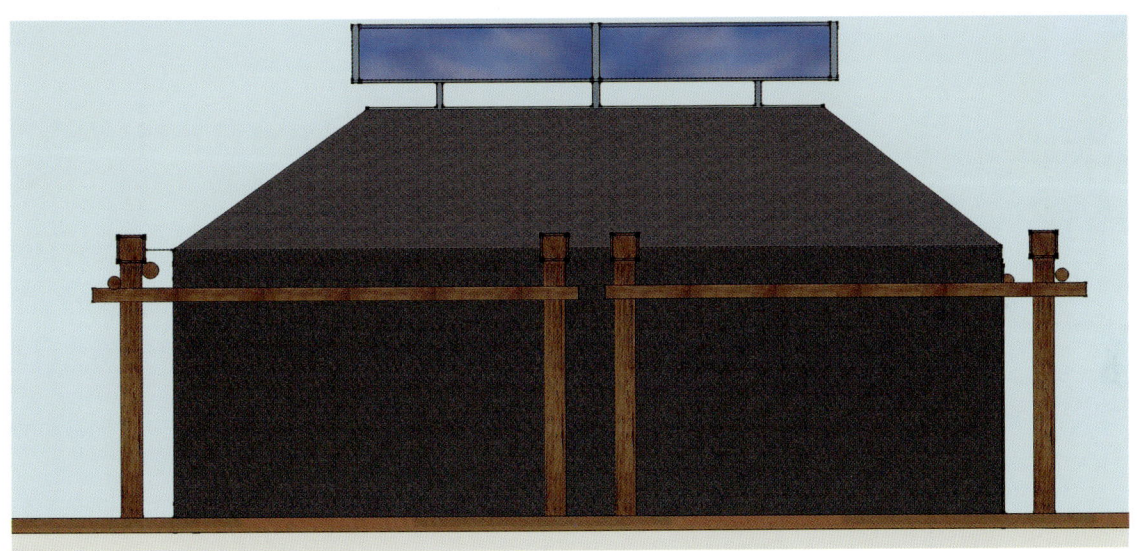

侧立面

图二　裕固族回鹘牙帐二视图

回鹘牙帐是回鹘部落首领以及部落长老议事的场所，在结构上和普通藏式帐篷基本一致，但为了体现其在部落中的地位和首领的身份，整体显得更加精致奢华，尺寸也更大。首先外围立柱由4-6根改为12根，柱顶加柱头，柱头上雕刻有十二生肖的图案。外围尺寸更大，举架更高，内部空间更加宽敞。覆盖物仍为褐子，其他部位的褐子为深色，但入口处上部的褐子为白色，门也由褐子门帘改为较精致的木门。

整个回鹘牙帐在部落中一般处于中心位置，造型高大，在整个部落的帐篷中显得分外突出。如今，在当地旅游景区中，回鹘牙帐已成为展示裕固族历史的重要设施。

图片来源
图一、图八　郭宗平　摄影
图二至图七　庞冠男　制图

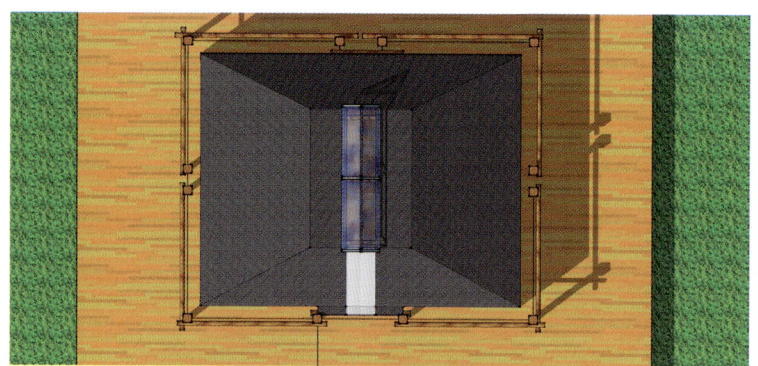

图三　裕固族回鹘牙帐俯视图

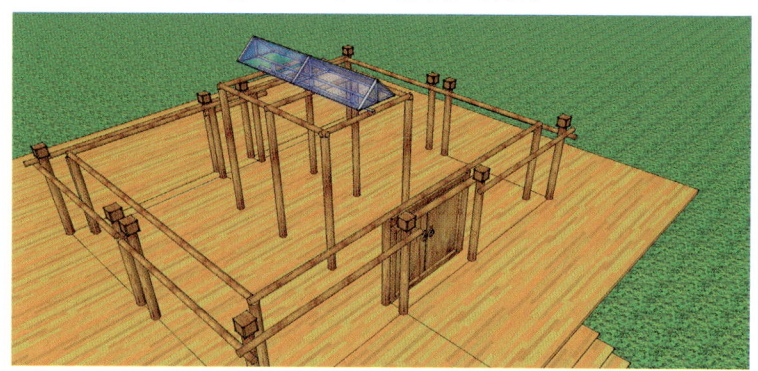

图四　裕固族回鹘牙帐框架示意图

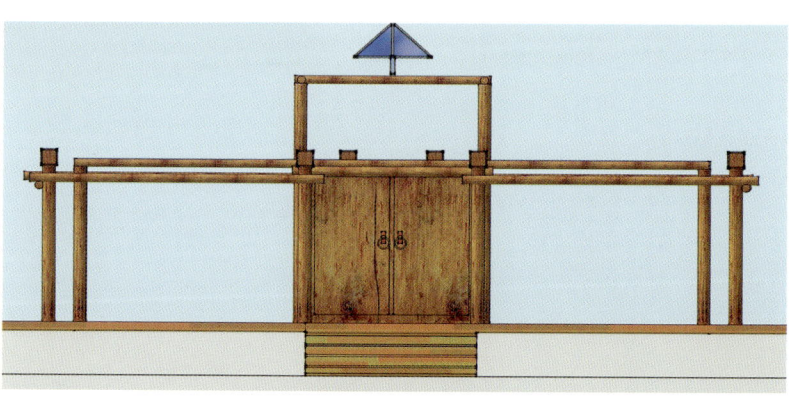

正立面

侧立面

图五　裕固族回鹘牙帐框架二视图

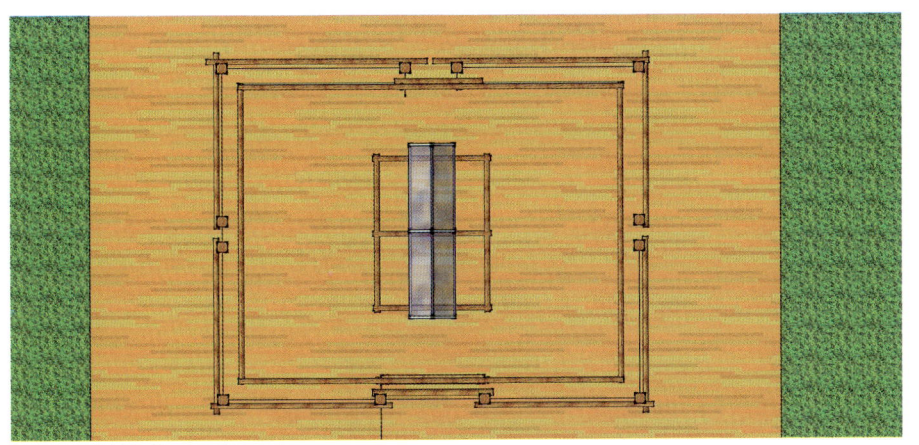

图六　裕固族回鹘牙帐框架平面图

图七　裕固族回鹘牙帐使用情境图1

图八　裕固族回鹘牙帐使用情境图2

裕固族高车穹庐

图一　裕固族高车穹庐主图

裕固族等游牧民族是逐水草而居，盘马弯弓，在长期的游牧生活中，逐步形成了其独具特色的穹庐式建筑，也被称之为"高车穹庐"。"汉武帝时远嫁乌孙的细君公主吟唱的'穹庐为室兮旃为墙'的描述，以及《史记·匈奴列传》中'匈奴父子乃同穹庐而卧'的记载，都反映的是这种移动式的民居建筑。这种毡房一般由围墙、房柱、顶圈、房毡和门组合而成。下部为圆柱形，上部为穹庐形。毡房大小由围墙的栅栏决定。"（张丽娟：《透析新疆传统民族建筑的多元文化内涵》，硕士学位论文，新疆大学，2008年）毡房是北方游牧民族特有的建筑形制，适应于游牧生活方式，故而其结构简易，易于拆装，且轻便易于搬迁。

毡房通常用红柳制骨架、穹庐顶、栅栏等支撑结构，围墙及顶部铺毛毡，栅栏外围设置芨芨草和毛线编制的草帘。

裕固族人主要从事牧业，兼营农业和狩猎，大多活动于河谷山间的广阔草原之上。被称之为"马背上的房子"的毡房，是以裕固族为代表的游牧民族传统的民居形式。追溯毡房的由来，我们发现其历史悠久，早在原始社会就出现了"依特阿木哈"式"库尔克的最原始居住形式。而后出现的外形圆锥形，顶端穹窿形的"阔斯"也就成了今日"毡房"的前身。由于地理环境、宗教信仰、经济方式以及民族关系等各种因素的影响，裕固族的毡房在民居建筑上形成了其独具的特点。

首先，由于裕固族以游牧经济为主，一年四季当中，春、夏、秋季都是在草原上过着游牧生活，易于拆卸、携带方便、便于搭建和运输的毡房便成了他们自古以来就存在的居住形式。每年冬季山谷河间气温骤降，大雪漫天。为适应冬季严寒的气候，裕固族牧民就住进了越冬的草场里。其次，由于裕固族牧民一直生活在深山水涧之间，过着游转牧场的生活方式，所以，他们的民居建筑材料大多是就地取材，因地制宜。毡房用红柳木撑杆搭架，芨芨草编帘，羊毛制成褐子围毡、篷毡和顶毡，牛皮包扎圆木接头等；这些建筑材料几乎全部来自与他们息息相关的生存环境——大自然和自己牧养的牲畜的副产品。

图片来源

图一、图五　郭宗平　摄影

图二、图三、图四　庞冠男　制图

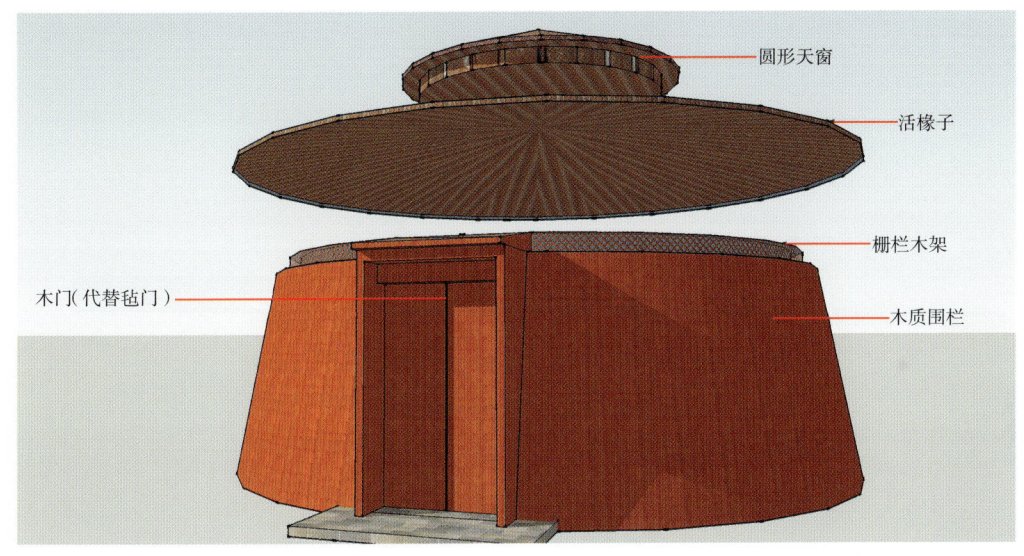

图二　裕固族高车穹庐结构名称图（单体）

图三　裕固族高车穹庐俯视图

第一章　裕固族传统建筑

单体

联体

图四 裕固族高车穹庐线描图

图五　裕固族高车穹庐使用情境图

第二章 裕固族传统服饰

裕固族新娘装

图一　裕固族新娘装主图

　　新娘装为甘肃省肃南县裕固族亚拉格与贺朗格家族传统女盛装。本案例由甘肃省肃南县国家级非物质文化遗产传承人杨海燕提供。

　　新娘装过去为连袖剪裁工艺，现在盛行收腰、装袖，此款服饰流行至今，经久不衰。该款服装是裕固族妇女的结婚盛装，也常用于一些盛大的庆典活动。绣花是这套服装各部位主要的装饰手段，图案多为裕固族特色的来自大自然山水花草的花鸟纹样，寓意吉祥、如意、平安、幸福等美好愿望。采用非常精细的手工刺绣工艺制作，整体服装华丽、端庄、精致，是裕固族女性必备的服饰之一，也是裕固族最早流行的女式服装。

　　新娘装属裕固族传统服饰的基本型款式，直线造型，宽袍长袖、上小下大、"H"

形轮廓，呈现出北方游牧民族的服饰设计特色。该款服装面料选用富丽华贵的织锦缎，颜色运用裕固族喜欢的红、绿、黑、白等强烈的对比色彩，与裕固族未婚女子一般选红色、粉色不同，新娘服装常以绿色或紫色作为主色调，边饰玫红色，图案用七彩线绣上各种吉祥纹样，再配以大红、黄、蓝、白、灰色的宝石、串珠，带上高耸的红缨帽，整体色彩丰富、喜庆、艳丽，是裕固族新娘礼服的典型代表。从设计学上看，该套服装采用了红绿色彩的对比关系、面积的对比关系（大面积的绿和小面积的红）以及冷暖的对比关系三种手法，有集中，有分散；有大，也有小，巧妙地将色彩与服饰搭配得和谐华丽，是裕固族女性最喜爱的装束。缝制时运用镶边、滚条、刺绣、镶嵌、编结、系扎等多种传统工艺，其中尤为突出的是刺绣工艺。服饰的不同部位，通过平绣、滚绣、盘绣以及滚边绣等传统手工绣法绣制完成，是一套整体精美华贵、工艺精良、价格昂贵的服饰精品，深受裕固族人喜爱，也是裕固族人勤劳智慧的结晶。

新娘装在该民族造物文化体系中的价值非同一般。简洁的"H"造型，体现了粗犷、豪放的草原游牧民族的个性；绿、红、黄色彩的运用，既体现了裕固族的色彩文化，又与草原环境相协调，折射出裕固族人奉行天人合一的理念；多种传统的手工刺绣工艺，更体现了裕固族妇女的勤劳智慧。

新娘装做工精细，色彩鲜艳，搭配得当，合身得体，服装款式、花纹图案独具本民族特色，既有历史的传承性，又彰显着裕固族先民们不同时代革新与创造的痕迹。无论是其造型、工艺、材料、色彩的运用，还是服饰的搭配，对现代服装设计学均有一定的指导意义。

图片来源
图一　周涛　摄影
图二　高洁、孙云　制图
图三、图七　王晓雪、蔡珍珍　制图
图四　孙云、王晓雪　制图
图五　葛星、陈晨　制图
图六　蔡珍珍、姜中华　制图
图八　葛星、王晓雪　制图

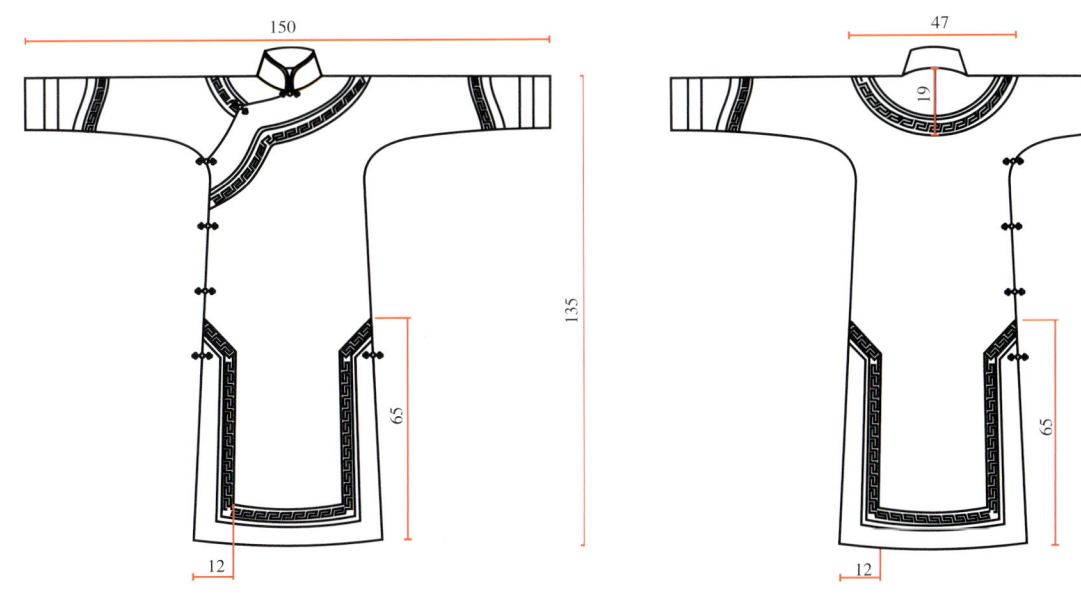

图二　裕固族新娘装尺寸图（单位：cm）

图三 裕固族新娘装色彩分析图

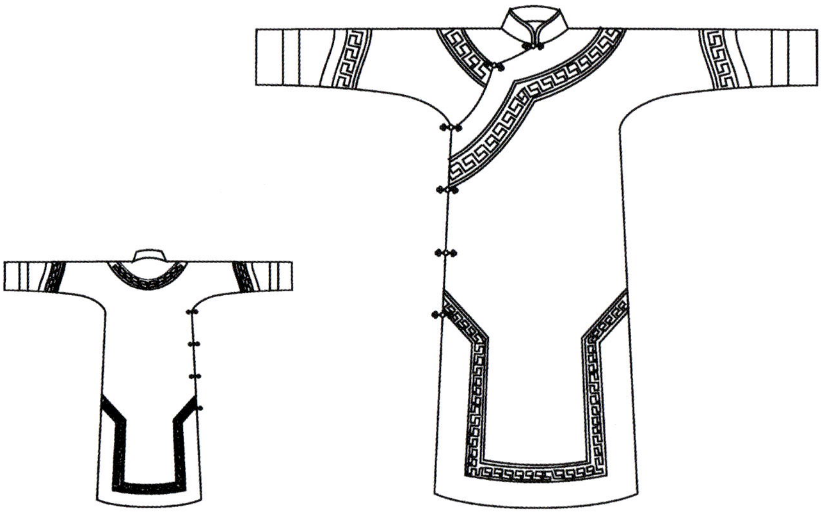

图四 裕固族新娘装款式图

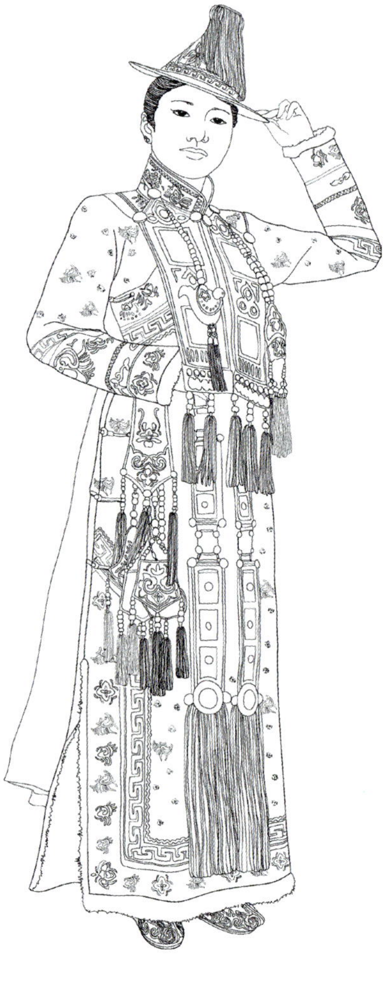

图五 裕固族新娘装线描图

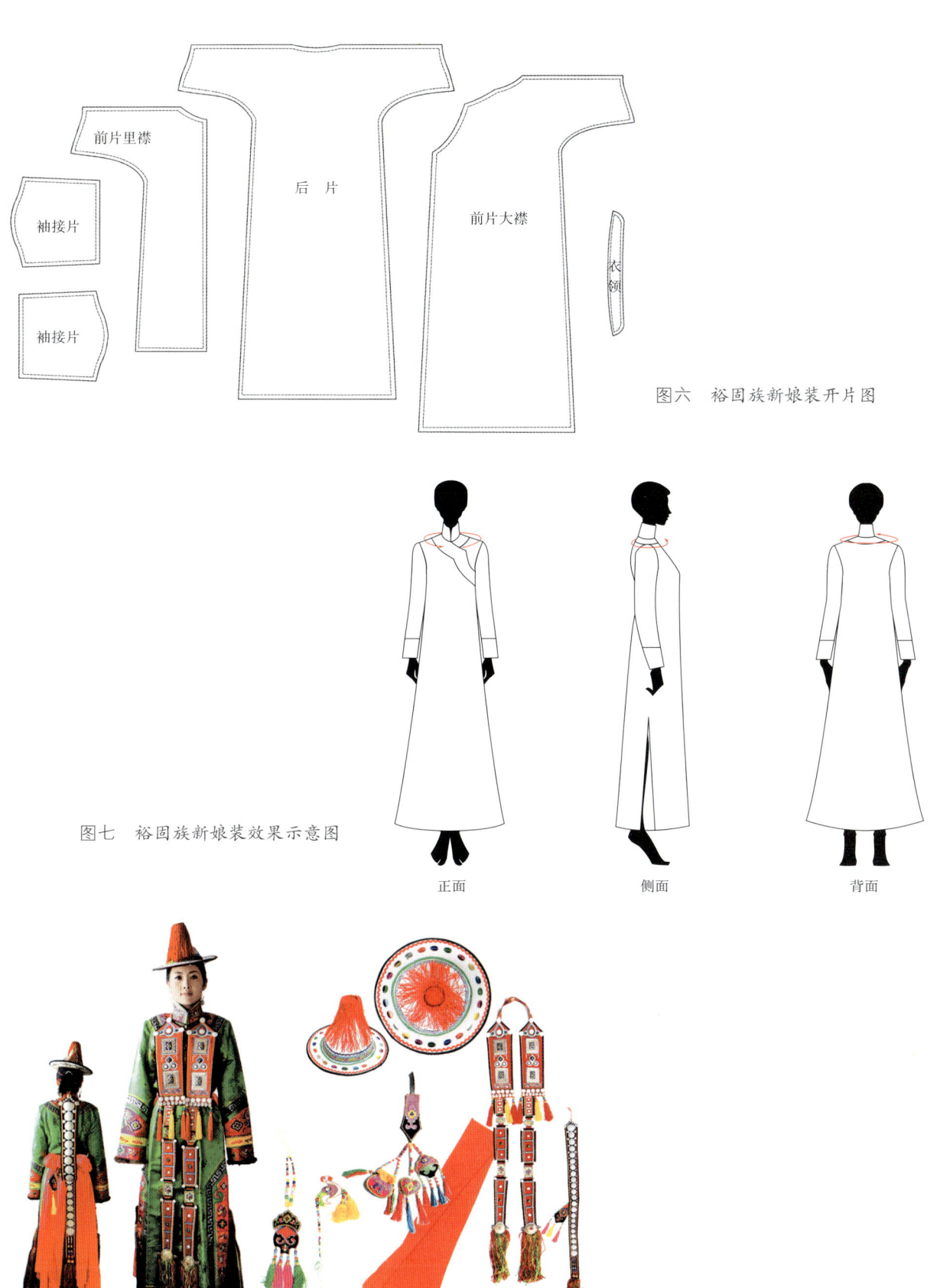

图六 裕固族新娘装开片图

图七 裕固族新娘装效果示意图

正面　　　侧面　　　背面

图八 裕固族新娘装配饰组合图

第二章 裕固族传统服饰

裕固族新郎装

图一 裕固族新郎装主图

此款服饰为裕固族新郎装，系甘肃省肃南县裕固族西八个家族传统男子盛装。本案例由甘肃省肃南县国家级非物质文化遗产传承人柯璀玲提供。该服饰以袍服为基本型，以御寒和骑乘方便为设计目的，是草原民族最早的一种服装造型，特别适应于高寒地区的裕固族人的生活环境和地域特点，这也正是此款服饰作为裕固族服饰基本形制一直流行至今的主要缘由。

新郎装为典型的裕固族传统男子服饰。高领、大襟、右衽长袍，下摆不开衩；过去为连袖剪裁工艺，现已改为装袖，更为合身得体。服装衣长超过膝盖，配长裤，足穿用牛皮制成的高腰尖鼻皮"亢沉"，腰间扎以艳绿色腰带，腰带上佩五寸腰刀、火镰、鼻烟壶等饰品。整体装饰色彩艳丽，特色鲜明，极具民族特色。

新郎装属裕固族传统服饰的基本型款式。平肩、装袖、高领直角、掩襟，这种造型属上下连体、"H"形造型。腰间系腰带，向上提起衣袍，便于骑马活动，呈现出北方游牧民族宽袍长袖的典型特征，突出了直线造型的设计。选用质地较厚的提花彩色织锦面料，挺括平整，浮雕感强。上面织有清晰亮丽的龙纹、火轮等图案，新颖别致。纹饰肌理金银丝线的镶制，更加凸显了服饰面料的富丽华美，也烘托了新郎的魁梧帅气，彰显了裕固族人对美好幸福生活的渴望和追求。该款长袍选用暗酒红色调。亮丽的金色、橘色的龙纹，蓝色的点缀，绿色的对比，以及红、黄、蓝、绿色织锦的搭配，整体色调与婚礼现场隆重、热烈、喜庆的气氛相得益彰，和谐而韵味十足。整款礼服色彩形成了明与暗、冷与暖、多与少的三组色彩对比关系，是具有裕固族特色的典型代表服饰。该服装在衣袍的领口、袖口、衣襟处依次采用狗牙花边、工字花边、彩虹条织锦缎以及辫子花边镶边，采用机缝、镶嵌、拼接、扣绣等传统工艺制作。领口、下摆、袖口还用水獭毛皮镶宽边，搭配金色传统盘扣，整体华丽、大气。服装各部位主要装饰图案多为吉祥的龙纹，边饰采用裕固族特有的花鸟纹样，如狗牙花、卷草纹变形纹样等，寓意吉祥、如意、平安、幸福等美好愿望。

新郎装设计构思大胆，颇有新意。造型既继承了传统的基本款式特征，又容纳了立体设计等新理念，用色新颖别致，对比手法独特，面料、工艺、配饰都结合了当代人的审美要求和穿着要求，是裕固族当代具有特色的新郎服饰，也是裕固族文化发展的结晶。

图片来源
图一　周涛　摄影
图二、图七　郭浩　制图
图三、图四、图六　蔡珍珍　制图
图五　葛星　制图
图八　范素琴　制图

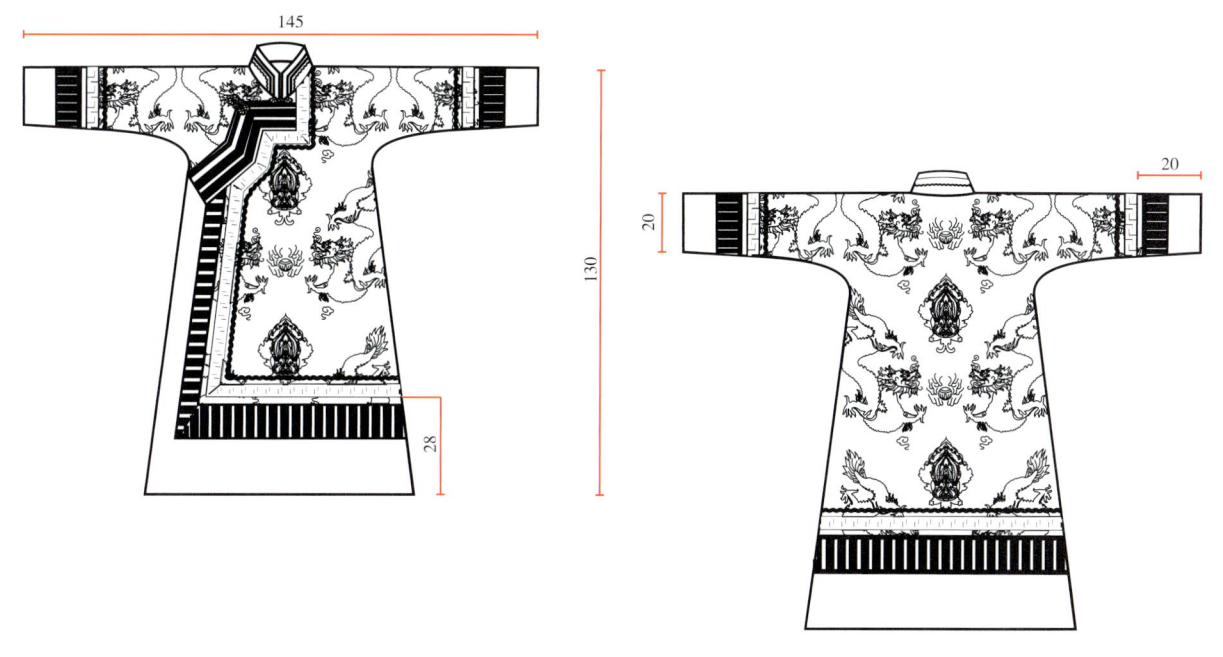

图二　裕固族新郎装尺寸图（单位：cm）

图三 裕固族新郎装色彩分析图

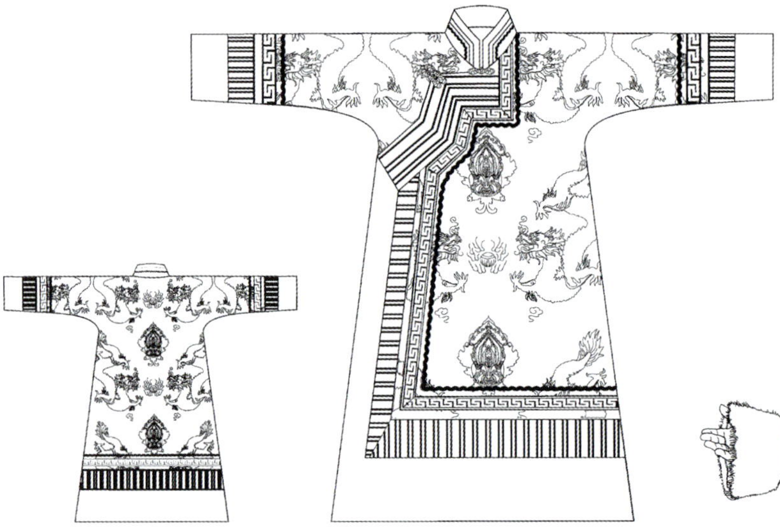

图四 裕固族新郎装款式图

图五 裕固族新郎装线描图

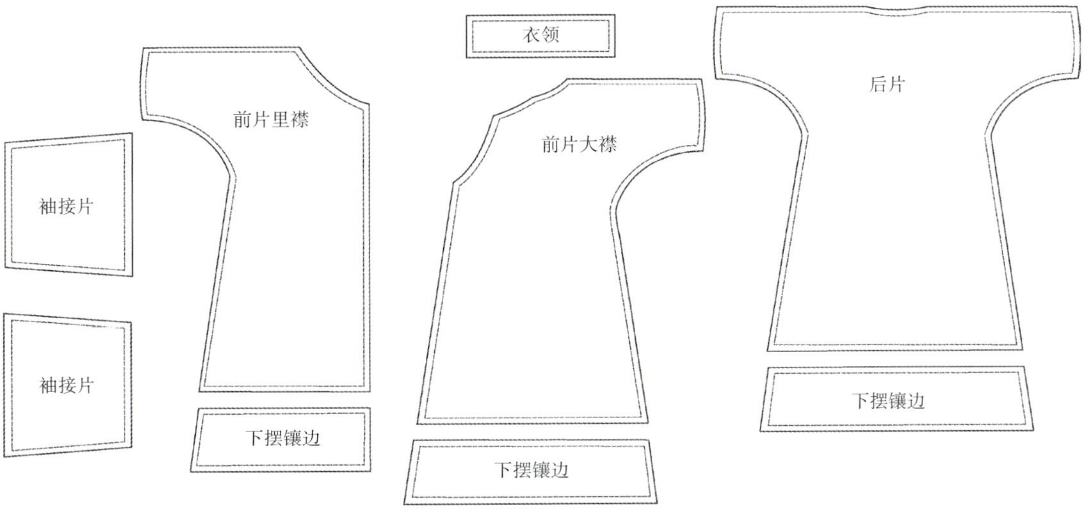

衣领
前片里襟
前片大襟
后片
袖接片
袖接片
下摆镶边
下摆镶边
下摆镶边

图六 裕固族新郎装开片图

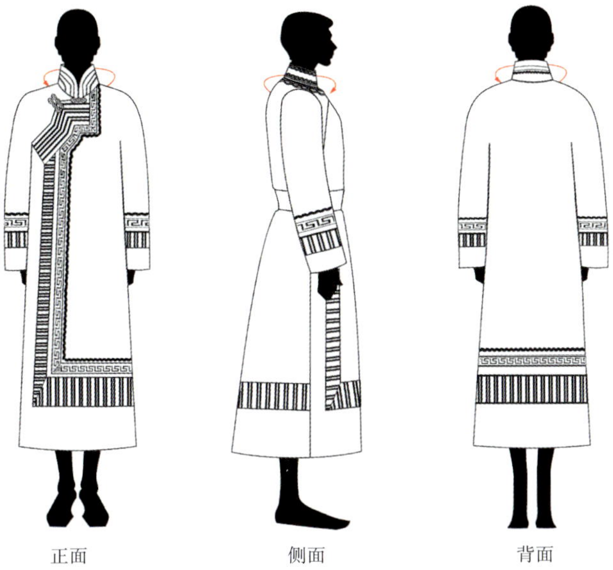

图七 裕固族新郎装效果示意图

正面　　　侧面　　　背面

图八 裕固族新郎装配饰图

第二章 裕固族传统服饰

裕固族纯羊毛褐衫

图一 裕固族纯羊毛褐衫主图

纯羊毛褐衫是一款裕固族男子最普遍、最传统的生活便装。采用裕固族自纺自织的纯羊毛褐子制作，故又称褐衫，是裕固族最具民族特色的服饰之一。

本案例由甘肃省肃南县国家级非物质文化遗产传承人柯璀玲收藏并提供。这种装束使人呈现大方、庄重、洒脱、刚毅的特点，是源自甘州回鹘的传统装扮。该款服装属传统的基本型，突出直线造型，呈现宽袍长袖的特点。

纯羊毛褐衫是裕固族最早流行的男服之一。早期为连袖，现在较为流行装袖，是裕固族男性必备的服饰之一。整体服装宽松、厚实、保暖。镶边、拼接是这套服装各部位主要的装饰手段，应用裕固族一些吉祥如意的花鸟纹样，以及老人对孩子的祝福图案等，用非常精细的工艺进行制作。

纯羊毛褐衫的款式为传统的袍服，造型属"H"直线设计，造型夸张，极具民族特色。服装材料为"褐子"。"褐子"是裕固族人用来缝制衣物、褡裢、帐篷的手工粗布，其防水、避风、隔潮、耐晒与保温性能良好。织褐子的原材料为羊毛、驼毛、牦牛毛等，通过手工捻线捻成不同用途的毛线。制作褐衫选用上等的羊绒毛，毛线捻得比较精细，纯羊毛褐子又薄又轻，同时还可以染色，美观、耐用。该套服装色彩以本白色为主调，边饰镶金黄色、蓝色、粉色图案。大面积的亮色和小面积的暗色对比，使得纹样、色彩搭配相得益彰。红色的腰带，金黄色的襟边、袖边与下摆，在红、黄、蓝、白的对比下，更显穿着者的刚毅和强悍。

纯羊毛褐衫采用镶边、滚条、镶嵌、系扎等缝制工艺，连袖剪裁，呈现宽袍长袖、上小下大的特征。采用宽肩、大袖、直角高立领、左右开衩、偏襟右衽的样式。在衣袍、袖口、下摆口、两侧衩口、托肩均以金黄色织锦镶边，并饰以金黄色狗牙花边，使原本素朴淡雅的素色纯羊毛褐子增添了几分华丽和富贵。袖口上用黑色花边镶嵌卷草纹图案，每个部位都是应用几种绣法完成，而且还不显烦琐累赘。是一套整体精美、工艺精良、价格昂贵、深受裕固族人喜爱的服饰精品，是裕固族人勤劳智慧的结晶。裕固族男子身穿纯羊毛褐衫，腰间扎大红色腰带，佩带腰刀、火镰、鼻烟壶，头戴风雪狐皮帽，体现其粗犷、豪放的性格。

纯羊毛褐衫服饰做工精细，搭配得当，采用天然的羊毛原料，保暖柔软，合身得体；样式、配色、拼绣图案、花纹独具本民族的生活特色，既有历史的继承性，又有不同时代的革新与创造，是裕固族民族服饰的典型代表。

图片来源

图一　周涛　摄影
图二　郭浩　制图
图三、图四、图六、图七　蔡珍珍　制图
图五　葛星　制图
图八　范素琴　制图

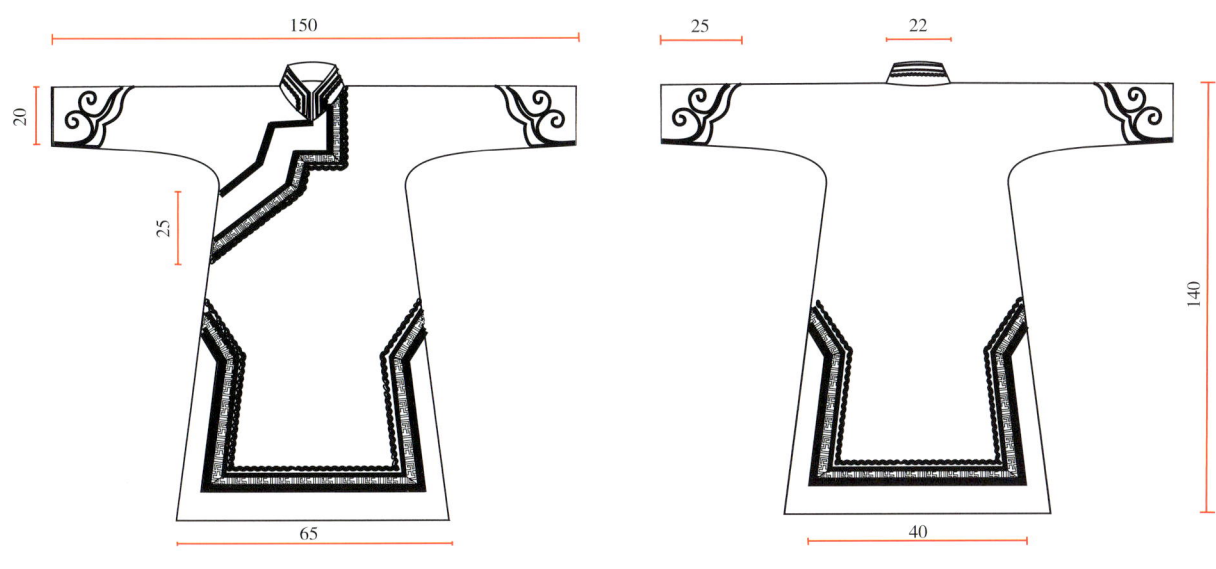

图二　裕固族纯羊毛褐衫尺寸图（单位：cm）

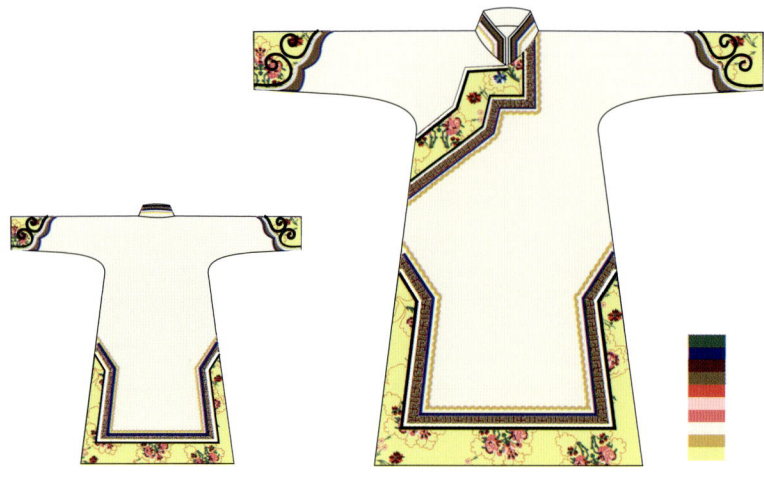

图三　裕固族纯羊毛褐衫色彩分析图

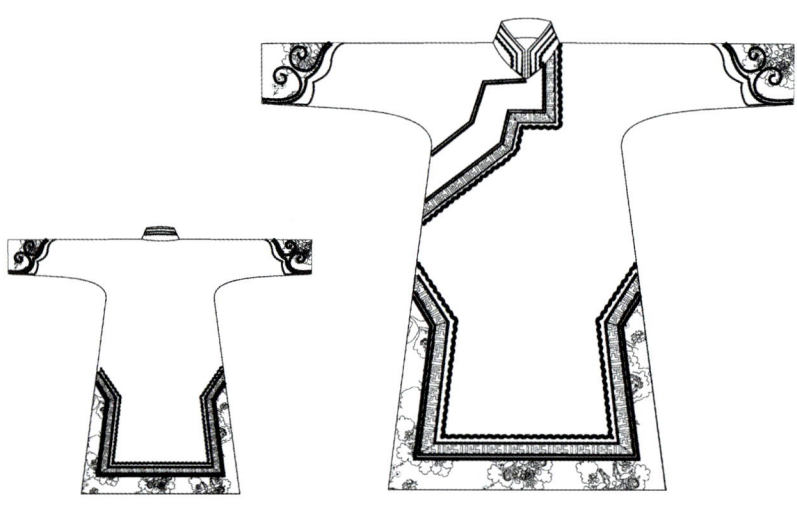

图四　裕固族纯羊毛褐衫款式图

图五　裕固族纯羊毛褐衫线描图

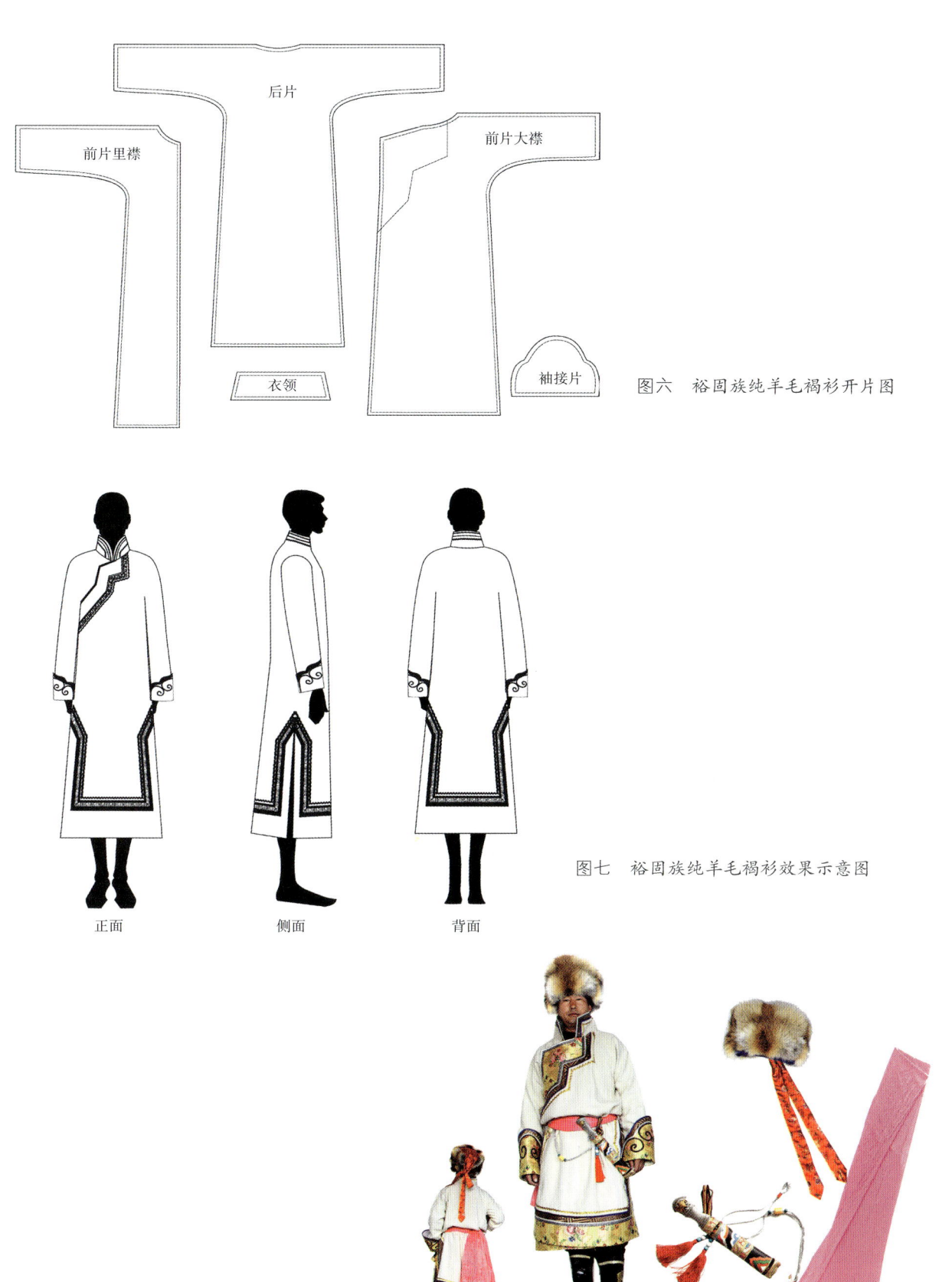

图六　裕固族纯羊毛褐衫开片图

图七　裕固族纯羊毛褐衫效果示意图

正面　　　侧面　　　背面

图八　裕固族纯羊毛褐衫配饰图

第二章　裕固族传统服饰

035

裕固族成年男子装

图一 裕固族成年男子装主图

　　成年男子装为甘肃省肃南县裕固族贺朗格家族传统男子盛装。本服饰由甘肃省肃南县国家级非物质文化遗产传承人杨海燕提供。

　　成年男子装为裕固族最早流行的男服之一，早期为连袖，现流行装袖，是裕固族成年男子必备的服饰之一。该服饰属裕固族传统男子服饰的基本型款式，宽袍长袖、上小下大、"H"形轮廓，突出了直线造型设计的特点。

　　成年男子装是裕固族服饰造型中较普遍的一款。它特别适合男子生活、骑马的基本要求。款式修长，造型图案生动、大气，美观大方，结构合理，极具民族特色。在绿色的大草原中，显得更加醒目、得体，与裕固族粗犷、豪放的性格相协调。该款服装面料选用富丽华贵的织锦缎，与金黄色龙纹边饰平接而成；深色兔毛绒边饰在襟边、袖口、下摆、开叉处，均起到装饰点缀效果；华丽光挺的面料与厚实浓密的兔毛绒形成对比，更显质地细腻厚实、华丽别致。服装颜色为裕固族喜欢的宝蓝色；在衣袍的领口、袖口、托肩以及下摆开衩口，选择金黄色龙纹织锦镶边，色调对比强烈，鲜艳醒目，明快亮丽；深黑色的绒毛边饰协调了整个色彩关系，形成了明晰的轮廓线。此种装饰手法是裕固族服饰色彩搭配的基本手法。

该套服装采用机缝、平接、镶坎、嵌条、贴花、扣绣等多种工艺。改连袖剪裁为装袖，使得服装更加合身、得体、舒适。与其他款男子服饰相同，镶嵌、贴花是该款服装的主要装饰手段。沿着金黄色贴边，依次镶嵌有辫子花边、水波纹花边和狗牙花边，最外层镶有水獭毛皮，袖口处大胆地选用大红色、湖蓝色贴花形成吉祥云图案，表达对生活的美好憧憬和自身的身份地位。整款服装色彩鲜艳、造型华丽、典雅大气，头戴金边白毡帽，腰扎大红色腰带，佩带腰刀、火镰、鼻烟壶，实属裕固族男子服饰的佳品。此款在不同的季节选择不同的面料制作，有时为了御寒和骑乘方便，采用动物的光板毛皮缝制。春秋季一般缝制的是夹衣，夏季是单衣。

随着社会发展、生活生产方式的改变，裕固族服饰也在发生着变化，此款服饰逐渐退出民众日常穿戴的视线，只在重大节日或喜庆场合才穿，可见该套服装在裕固族人心目中的尊贵。它已成为裕固族文化的一种点缀。成年男子装在设计中沿用了汉族袍服上衣下衣相连的特点，但又创造了系腰带的形式。腰带可把上下装分开，上装提拉宽松，既方便活动又方便生产劳动，还可在腰部佩带各种工具和生活必需品，体现了裕固族服饰非常重视功能设计的特征。

图片来源
图一　周涛　摄影
图二至图四　郭浩　制图
图五　葛星　制图
图六、图七　蔡珍珍　制图
图八　范素琴　制图

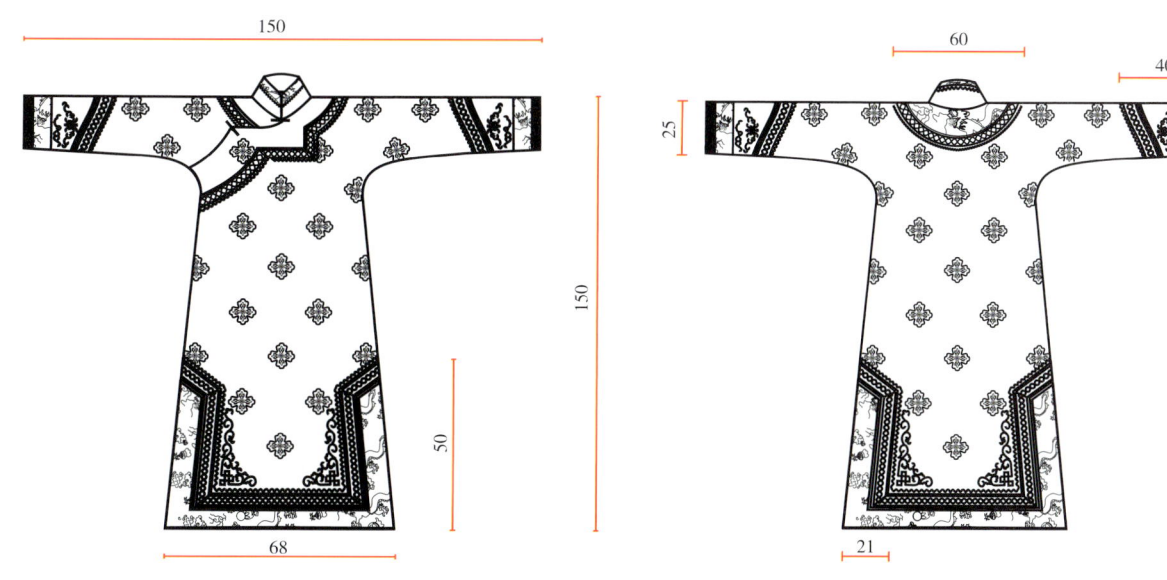

图二　裕固族成年男子装尺寸图（单位：cm）

图三 裕固族成年男子装色彩分析图

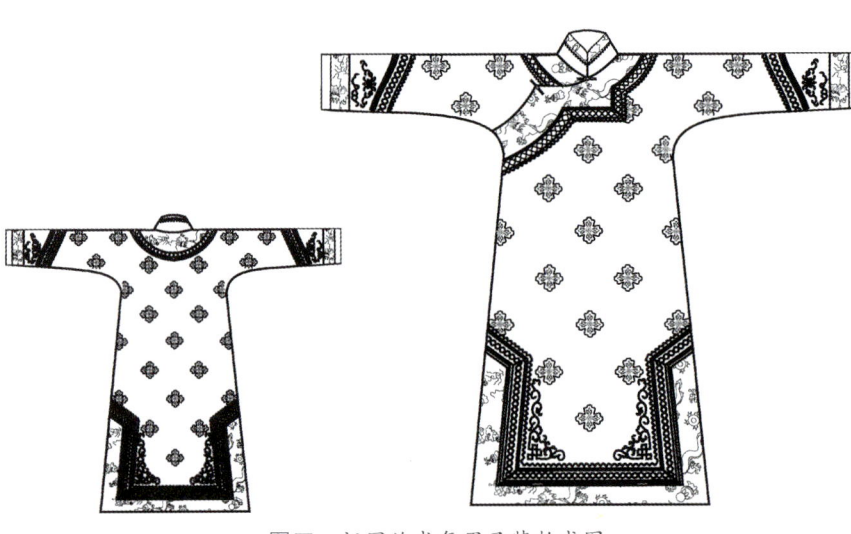

图四 裕固族成年男子装款式图

图五 裕固族成年男子装线描图

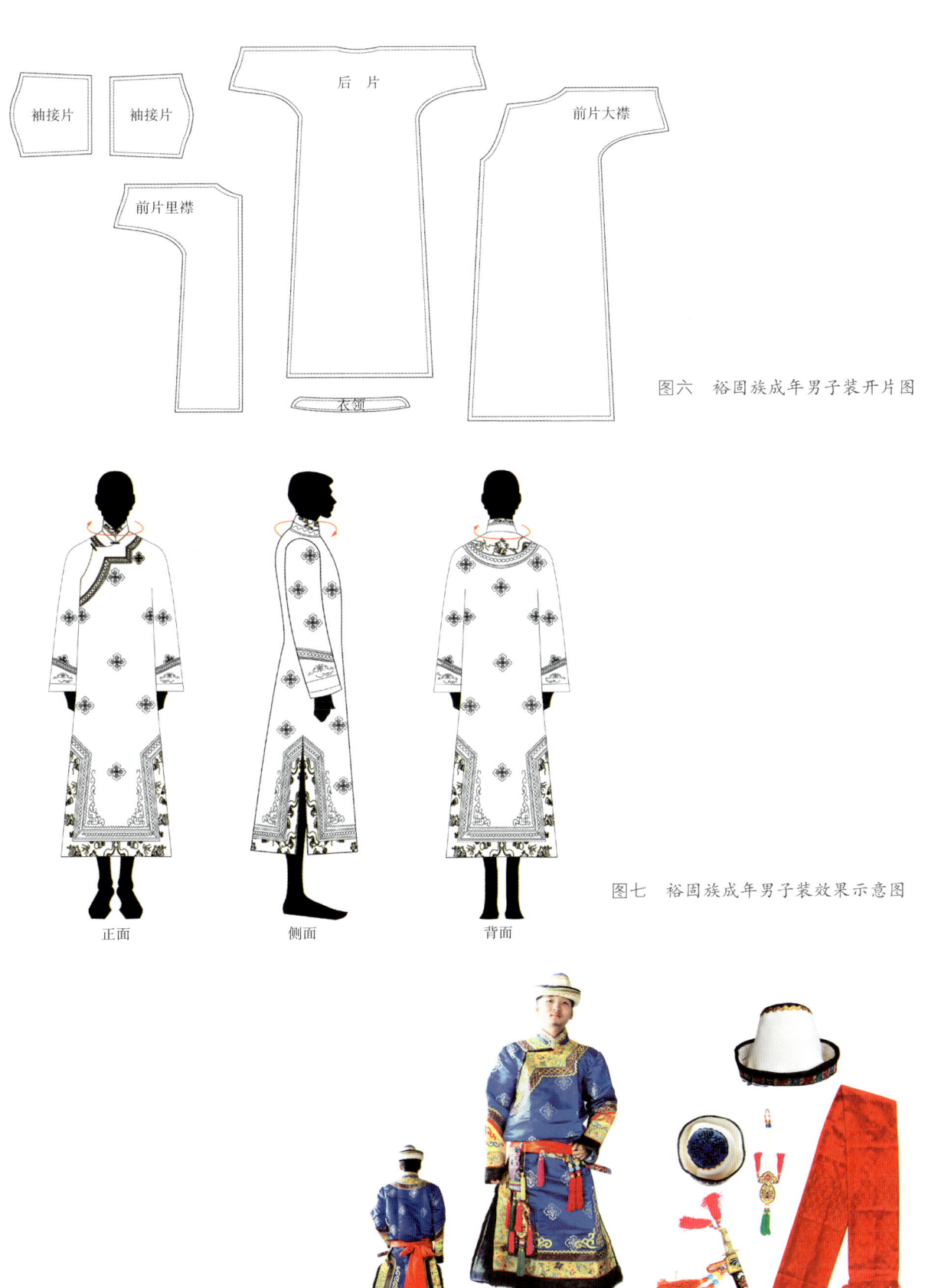

图六 裕固族成年男子装开片图

图七 裕固族成年男子装效果示意图

图八 裕固族成年男子装配饰图

第二章 裕固族传统服饰

裕固族男式麻棉褐衫

图一　裕固族男式麻棉褐衫主图

男式麻棉褐衫是一款裕固族男子的休闲生活装，采用裕固族自纺自织的褐子制作，故又称褐衫，是裕固族最具民族特色的服饰之一。该款服装由甘肃省肃南县国家级非物质文化遗产传承人柯璀玲收藏并提供。

男式麻棉褐衫服装的款式为传统的袍服，是裕固族男子日常穿着的服装。根据季节的变化，在面料的质地、厚薄、色彩上有所改进，但在款式上一直流行至今，也是裕固族老百姓非常喜欢的款式。

男式麻棉褐衫属"H"形直线设计，呈现宽袍长袖、上小下大。采用宽肩、大袖、立领、偏襟右衽、连袖设计，盘扣。下摆左右开小衩，衣袍、袖口、下摆口、两侧衩口、托肩以蓝色织锦镶边，并饰以金色狗牙花边。腰间扎大红色腰带，佩带腰刀、火镰、鼻烟壶；头戴圆平顶白毡帽，帽檐卷起，形成后高前低的扇面状，帽檐镶黑边，帽顶蓝缎上用金银线织成八角形图案。本套服装色彩明快，得体大方，与裕固族粗犷、豪放的性格相协调，极具民族特色。对于裕固族而言，棉麻与丝绸面料是极为珍贵的服装用料，富裕人家多用布、绸、缎等面料缝制衣物，穷苦人家则把白羊毛捻成毛线并织成白褐子来缝制。该款褐衫选用棉、麻纤维，经过手工捻线、织制成轻薄的褐子制作而成，其手感舒爽精细，悬垂性优良，适于夏季穿着。

男式麻棉褐衫整体采用灰蓝色调，简单大方，色彩自然和谐；在明度上接近中灰色调，看上去很舒适；在袍子的下摆开衩处镶有云子图案的花边，袍子大襟边上、下摆边上有宽窄不等的宝蓝色织锦缎镶边，并用金色狗牙花边装饰，衬托得灰色更显魅力，配上高腰深色靴子、白色毡帽、红色腰带，以及精致的腰刀、火镰、鼻烟壶，以大面积的灰蓝色为主色调，红色点缀、黄色对比、黑白色协调，简洁而不单调，亮丽而不浮夸，霸气而不张扬，充分体现了裕固族朴实的传统用色，给人洒脱、大方、庄重、刚毅的整体效果。

该款服装制作工艺以平缝、镶边、嵌条为主，在衣边、领边、袖边、下摆处用金黄色装饰，体现了裕固族传统的服饰精细制作工艺，也体现了线、面在服饰中的运用，更体现了部落民族的智慧、勤劳。

男式麻棉褐衫在该民族造物文化体系中意义突出。简洁的"H"造型，体现了粗犷、豪放的草原游牧民族个性；蓝、红、黄色彩的运用，既体现了裕固族的色彩文化，又与草原环境相协调，折射出裕固族人奉行汉文化天人合一的理念；棉、麻材料的使用以及传统的刺绣工艺，体现了区域文化的特性。特别是该款服装直线与曲线、宽线与窄线、面的运用，色彩的色相、明度、纯度的对比，都蕴含着特殊的文化内涵，为我们提供了非常丰富的民族服饰资料。

图片来源

图一　周涛　摄影
图二　高洁、张钰超　制图
图三、图七　王晓雪、蔡珍珍　制图
图四　张钰超、王晓雪　制图
图五　葛星、王珍珠　制图
图六　蔡珍珍　制图
图八　葛星、王晓雪　制图

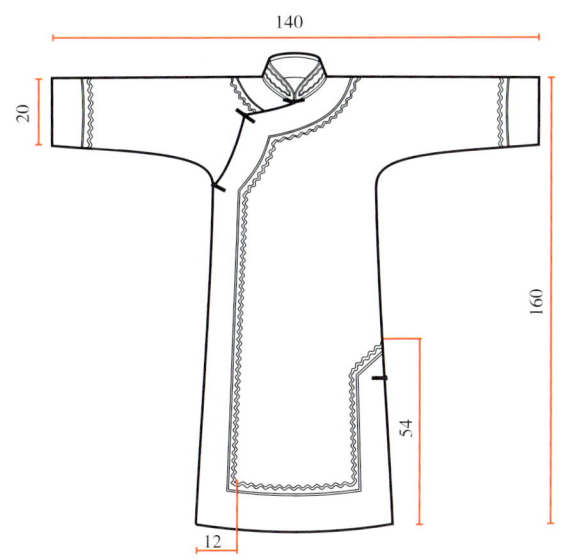 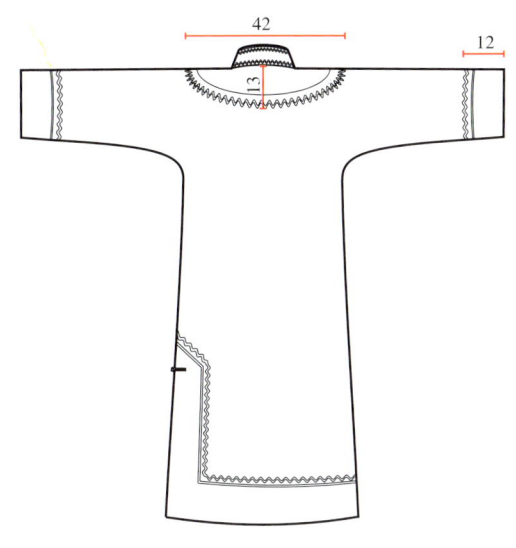

图二　裕固族男式麻棉褐衫尺寸示意图（单位：cm）

图三　裕固族男式麻棉褐衫色彩分析图

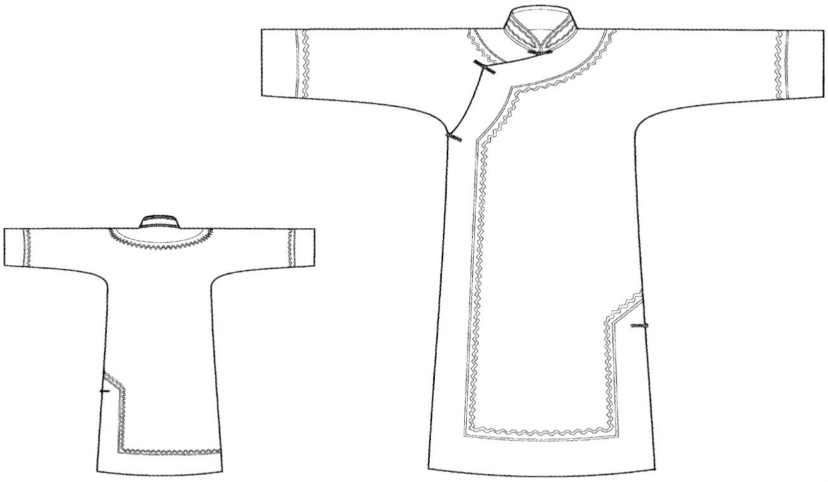

图四　裕固族男式麻棉褐衫款式图

图五　裕固族男式麻棉褐衫线描图

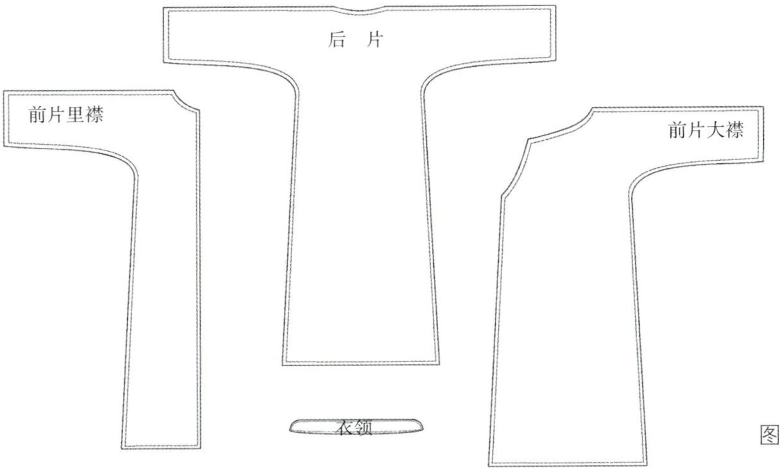

图六 裕固族男式麻棉褐衫开片图

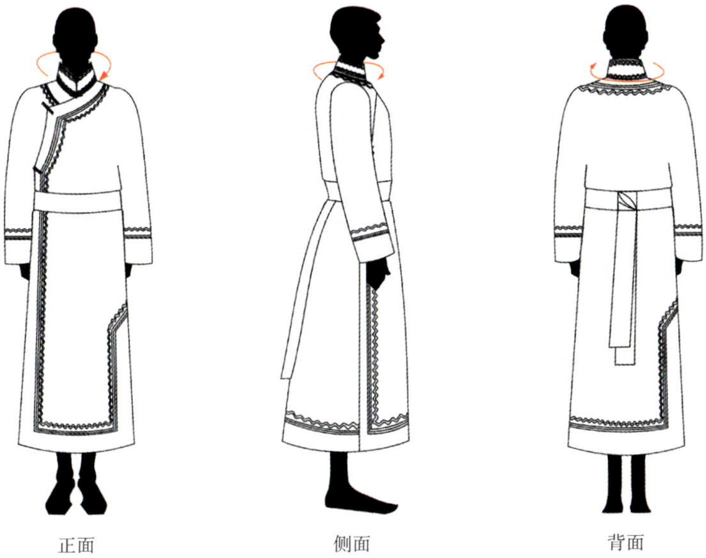

图七 裕固族男式麻棉褐衫效果示意图

正面　　　侧面　　　背面

图八 裕固族男式麻棉褐衫配饰图

第二章 裕固族传统服饰

裕固族男式大领褐衫

图一 裕固族男式大领褐衫主图

男式大领褐衫为裕固族大头目家族的现代男式服装之一，称为男子偏襟式大领褐衫。属不对称袍服设计，呈"H"形造型，本案例采集于肃南裕固族自治县文化出版局编辑的《裕固族服饰》。

男式大领褐衫是裕固族一款典型的藏式长袍，大领，偏襟，右衽。袍子下摆不开衩，在袖口、领口和衣袍下摆处从外至内依次镶以水獭皮外边、九色彩虹边和狗牙花边，其中九色彩虹边是与藏式长袍氆氇边最根本的区别，具有十分浓郁的裕固族民族特色。

男式大领褐衫采用直线的廓型设计。不对称的大翻领，采用了直与斜的变化组合，节奏感非常强。其直线旋律给人一种锐利、刚劲的造型风格，也体现出裕固族男子的阳刚之美，这也是近年来造型设计领域较流行的设计元素。

该褐衫是用织锦面料制作的冬季穿着的

长袍，与传统款式相比较，它选用了现代新型服装材料，如织锦、水獭皮、人造毛皮以及各式机织花边等，其服装结构和款式没有改变，且价格低廉，时尚轻盈，更受现代裕固族男子喜欢。面料的运用方面，巧妙地把织锦、彩虹条、人造毛皮镶嵌拼接而成，厚薄适度、挺括，特别是九色彩虹条的搭配和绿色腰带的点缀与面料柔软飘逸的效果，衬托得整套服装艳丽而醒目。服装配色属褐红色调，加之果绿色的腰带点缀，整体色调沉稳、浓烈、刚劲、有力。腰带的绿与服装面料的红形成强烈对比，色彩艳丽，特色鲜明。腰带上佩五寸腰刀、火镰和鼻烟壶，更使人显得威武、雄健。面料上的图案立体感强，色彩丰富，特别是褐色与钴蓝色的对比运用，更增添了色彩的冷暖对比关系。头上围的多用途褐红色调的传统头饰，裕固语称为"卡尔雷"，更展现了裕固族服饰独特的审美特征。该款服装采用平缝、镶拼、嵌条等多种工艺制作。现代男式大领褐衫为裕固族现代男子普遍穿着的盛装，四季通用，只是面料不同罢了。身穿大领偏襟长袍时，搭配单色棉布制作的内衣，领口、袖口镶彩色边、彩色条；富裕人家多用布、绸、缎等面料缝制，贫穷人家多用白羊毛捻毛线织成的褐子缝制。冬季，多穿用绸、缎、布料做面的长袍，条件差些的则穿白板皮袄或褐面软毡里的毡衫过冬。衣襟上无论单衣还是棉衣都用彩色布或织锦缎镶边，富人还用水獭皮镶外边。下身穿单裤，冬季穿用牛皮制成的高腰尖鼻的皮"亢沉"，扎大红腰带。该案例为春秋装，扎绿色腰带，只穿左边一只袖子，另一只袖子自然搭在后面，这样，既方便了骑马活动，又凸显了裕固族男子的自由奔放、潇洒刚烈的性格特点。

现代男式大领褐衫整体服装设计造型独特，款式新颖，色彩浓郁，工艺考究，制作精良，体现出裕固族大头目家族的气魄和威武，是具有代表性的裕固族现代男子服饰。其设计中线的运用、面的分割、点的处理，以及对称与平衡、节奏与韵律等的处理，和谐有度，都值得现代服装设计借鉴与传承。

图片来源

图一　周涛　摄影
图二　葛星、王雨晴　制图
图三、图四　蔡珍珍　制图
图五　高洁、蔡珍珍　制图
图六　蔡珍珍、姜中华　制图
图七　王晓雪　制图
图八　葛星、王晓雪　制图

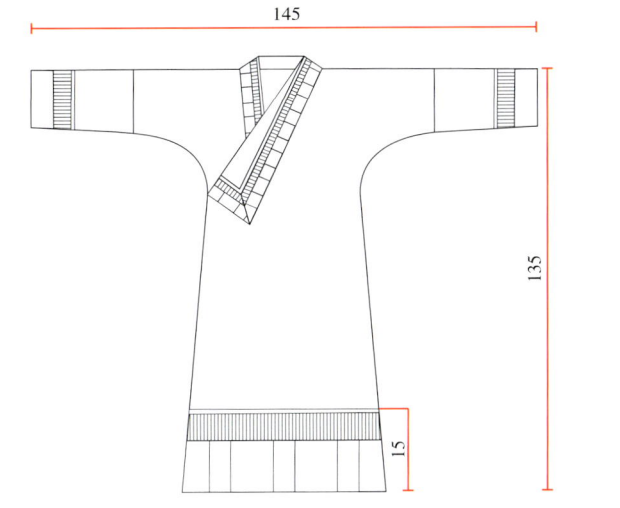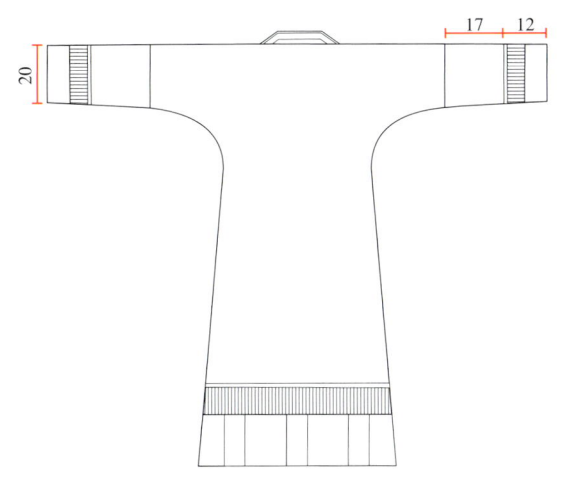

图二　裕固族男式大领褐衫尺寸图（单位：cm）

图三 裕固族男式大领褐衫色彩分析图

图四 裕固族男式大领褐衫款式图

图五 裕固族男式大领褐衫线描图

图六 裕固族男式大领褐衫开片图

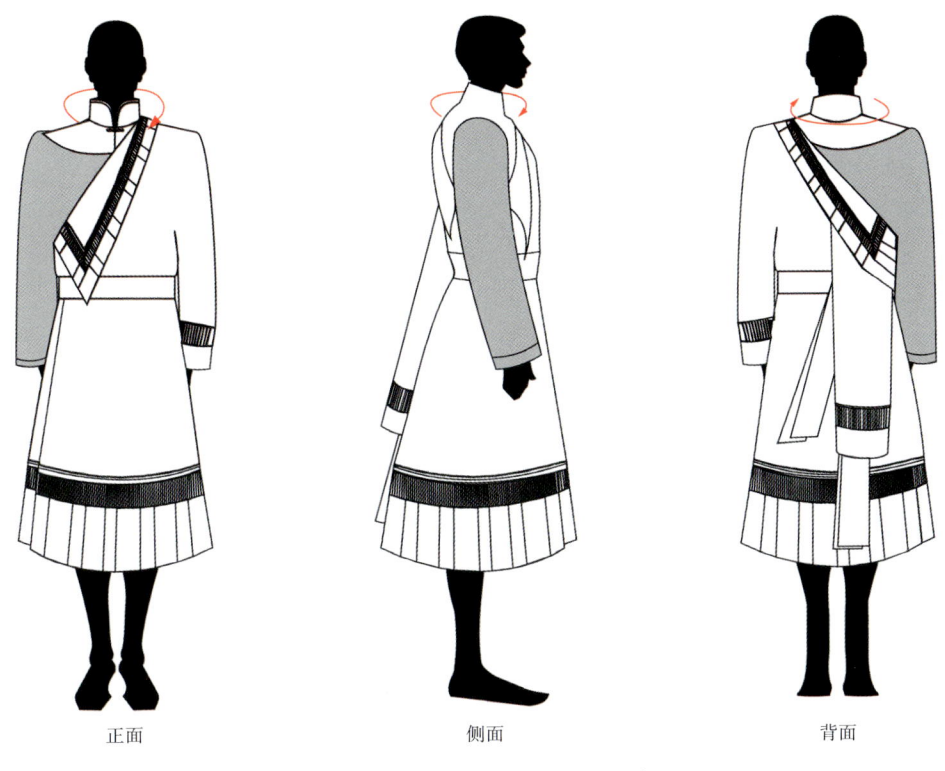

正面　　　　　　　　　侧面　　　　　　　　　背面

图七　裕固族男式大领褐衫效果示意图

图八　裕固族男式大领褐衫配饰图

第二章　裕固族传统服饰

裕固族少女装

图一　裕固族少女装主图

少女装为甘肃省肃南县裕固族贺朗格家族传统少女盛装。本案例由甘肃省肃南县国家级非物质文化遗产传承人杨海燕提供。少女装突出直线造型，长袍长袖，是最早流行的少女服饰之一。

少女装为裕固族传统服饰的基本型款式。领高至耳根，长袖，上小下大，"A"形轮廓，连袖剪裁，后改为收腰、装袖，适于14—19岁的少女穿着。与其他裕固族服饰风格不同的是，该款服饰的头饰及配件更具特色。"姑娘从三岁剃头开始，要把后脑勺的一片头发留下来，长发和串有珊瑚珠的丝线编成一条辫子，辫梢垂线穗，被塞到背后的腰带里。两鬓的头发按年岁的增长，一岁编一个小辫，一直到出嫁。十三四岁时，前额要带'沙日达升戈'，即在长条红布上，用各色珊瑚珠缀成美丽的图案，做成一条三寸宽的长带，带的下沿用红色或红、白两色小珠子串成很多穗子，把带子从前额缠过系到脑后，穗子像珠帘一样齐眉垂在姑娘的前额。身穿类似大人的小袍褂，腰束彩色腰带，胸前戴'舜尕尔'，背后带'曲外代尕'，即用红布做成的两块长方形硬布牌，上缀有鱼骨做的圆块、各色珊瑚珠组成的图案，下边有红色线穗，并用各色珊瑚、玛瑙、玉石珠串成的珠链把两块布牌连起来，戴在脖子上，分别垂挂在胸前和背后。姑娘到了17岁或19岁，就到了成婚的年龄，在婚礼戴头仪式上，姑娘便换下少女服装，穿上新婚礼服"（张皓森：《民族地区旅游地族群互动现状的研究》，硕士学位论文，西北民族大学，2011年）。

少女装是裕固族服饰中最为合体的一款，既能彰显少女体型的曲线美感，又能适应少女礼仪出行活动的需求，款式修长、美观大方，结构合理，极具民族特色。该款服装面料选用富丽华贵的织锦缎、绸缎、兔毛绒边饰，质地细腻、厚实。服饰主色调为朱红色，配以白色的领、肩、袖、摆、衩，花纹及兔毛边平接组合搭配，戴以红珊瑚为材料制作的精良头饰，即胸前挂以各色的彩色宝石、串珠，整体服饰色彩丰富、喜庆、艳丽，是裕固族少女礼服的典型代表。服装工艺采用机缝、平接、镶边、滚条、镶嵌、系扎等缝制工艺，绣花是这套服装各部位主要的装饰手段，在衣袍的领口、袖口、托肩以及下摆开衩处，均采用非常精细的手工刺绣工艺绣花，图案多为裕固族特色的来自大自然山水花草的花鸟纹样，寓意吉祥、如意、平安、幸福等美好愿望。整体服装华丽、端庄、精致，是裕固族少女常见的服饰之一。

少女装造型优美，做工精细，搭配得当，面料特殊，配色与图案花纹独具本民族的生活特色，既有历史的继承性，又有不同时代的革新与创造，无论是其造型、工艺、材料、色彩的运用，还是服饰的搭配，对现代服装设计学均有一定的启迪意义。

图片来源
图一　周涛　摄影
图二、图七　郭浩　制图
图三、图四、图六　蔡珍珍　制图
图五　葛星　制图
图八　范素琴　制图

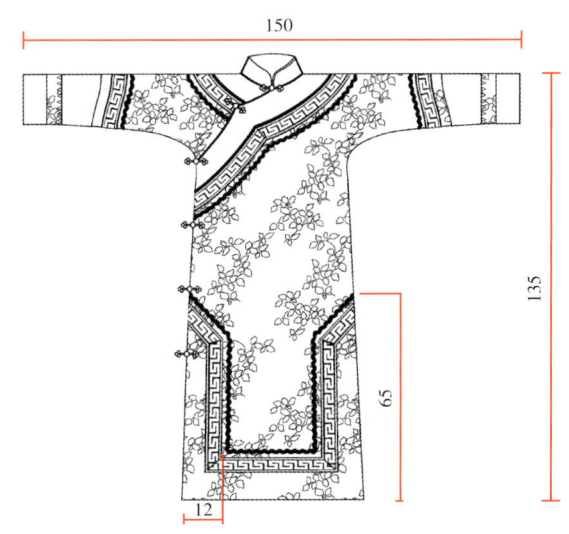 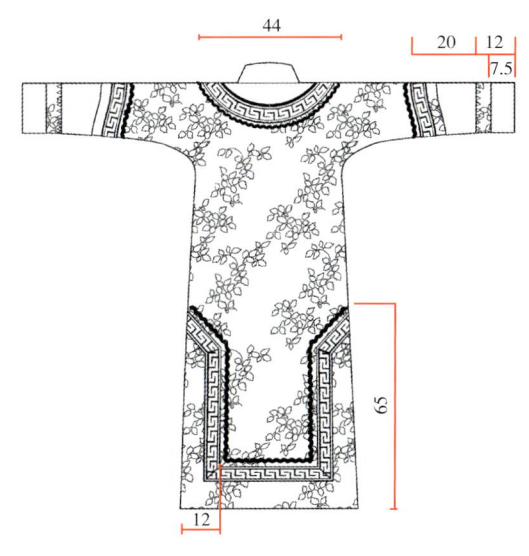

图二　裕固族少女装尺寸图（单位：cm）

图三 裕固族少女装色彩分析图

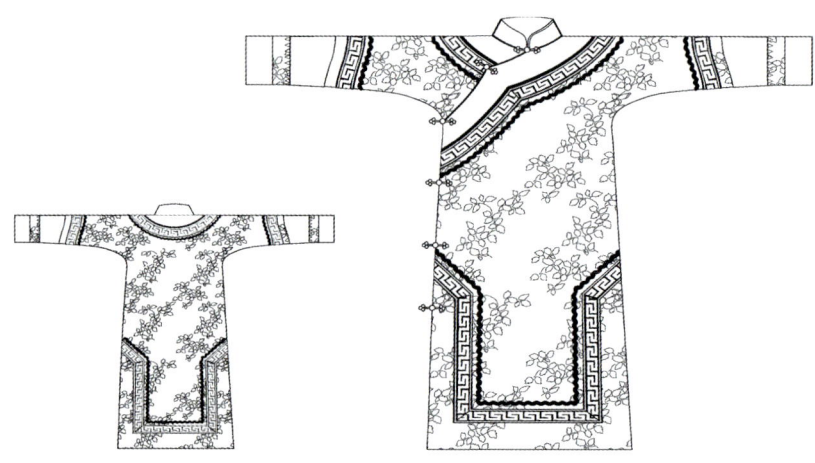

图四 裕固族少女装款式图

图五 裕固族少女装线描图

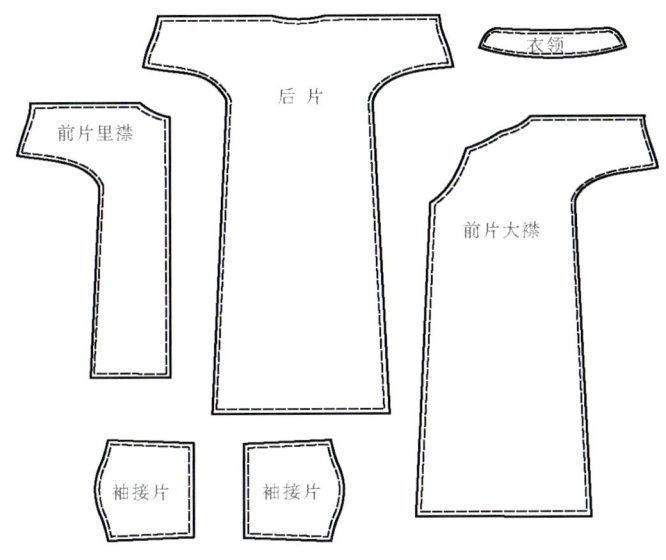

图六 裕固族少女装开片图

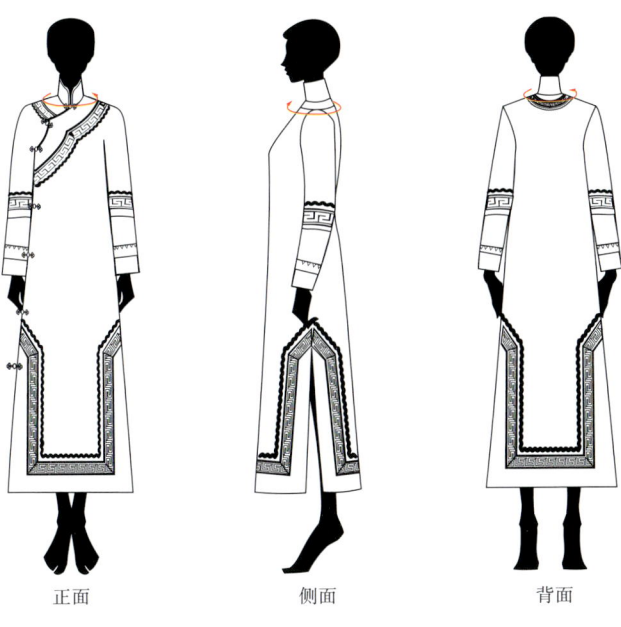

正面　　　侧面　　　背面

图七 裕固族少女装效果示意图

图八 裕固族少女装配饰图

第二章 裕固族传统服饰

裕固族女童装

图一 裕固族女童装主图

女童装为甘肃省肃南县裕固族贺朗格家族传统女童盛装,适于4—5岁女童穿着。本案例由甘肃省肃南县国家级非物质文化遗产传承人杨海燕提供。

女童装是裕固族最早流行的童服之一,早期为连袖,现在流行的多为装袖,是裕固族女童必备的服饰之一。与传统裕固族服饰相比,传统女童装的款式做了大胆的修改,将过去的套头式改为偏襟式,直线造型改为"S"造型,罐头式改为收腰式,连袖剪裁工艺改为泡泡袖。该款服装设计下摆为圆摆、偏襟、右衽、不开衩,儿童穿着方便。这种服装结构和款式保留了裕固族传统服饰的主要元素,更加适应现代人们审美和穿着的需要,具有鲜明的民族特色,深受裕固族人欢迎,也推动了当地民族服装加工业的发展。

女童装的款式是裕固族现代服饰中较普遍的一款,美观大方,结构合理,极具民族特色，在一些节庆日，儿童都要穿着此类服装。一般均选择织锦缎、绸缎作面料，用各色丝线绣制完成。该款童装选择宝蓝色调的织锦缎，光亮细密，满天星的灰白点在艳蓝色的底色上点缀的生动活泼，明亮雅致，加之领、肩、袖、摆的精细刺绣和玫红、银灰图案边饰的衬托，白色的镶边、蓝色的嵌条，以及头饰、腰饰、胸饰、背饰挂件的色彩搭配和组合，形成红、黄、绿、蓝、黑、白、灰的整体强烈的对比关系。服装采用机缝、平接、刺绣、嵌条等多种工艺。衣袍的大襟、袖口采用袍袖、托肩，下摆选择白色镶边，玫红色腰带的精细制作工艺与下摆处的云转纹花边相呼应，相得益彰。穿着方式与传统少女装雷同。

随着社会的发展，裕固族服饰也在发生着变化，现在裕固族人平时也很少穿戴此款服饰，只在重大节日或喜庆场合才穿一下。民族服装已成为裕固族文化的一种点缀，它既有历史的继承性，又有不同时代的革新与创造。该服饰在设计中沿用了汉族袍服的特点，上衣下衣相连，在造型上大胆夸张肩部的宽松，更适合儿童穿着活动。

图片来源
图一　周涛　摄影
图二　郭浩　制图
图三、图四、图六、图七　蔡珍珍　制图
图五　葛星　制图
图八　范素琴　制图

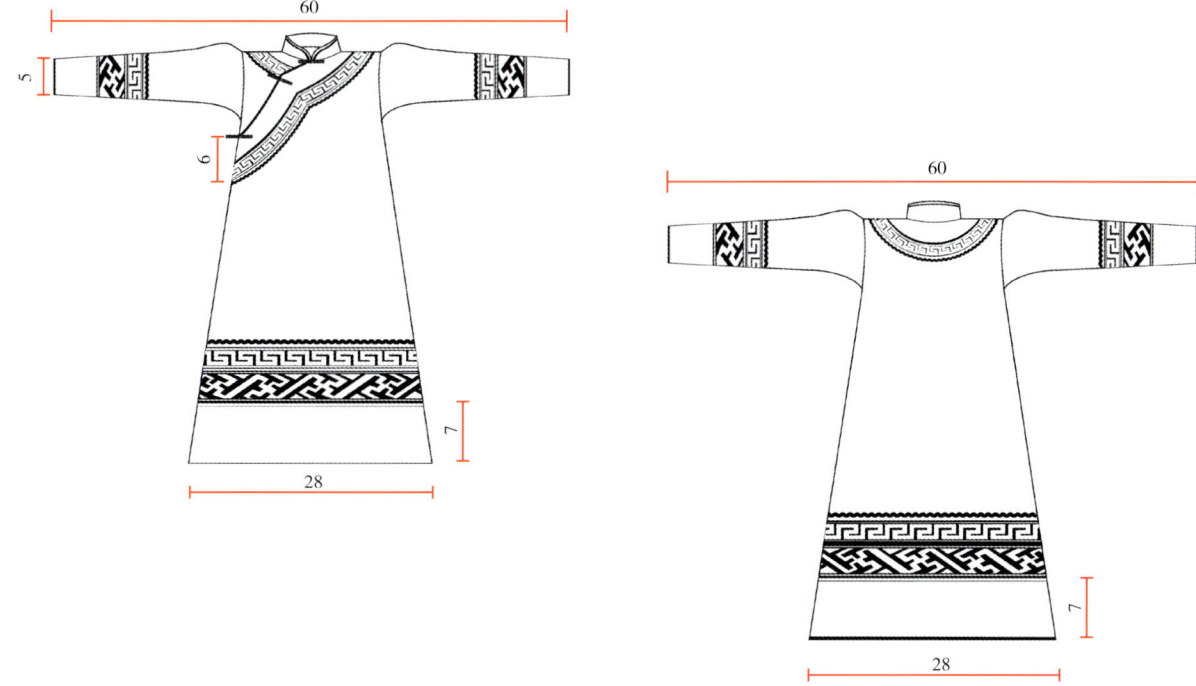

图二　裕固族女童装尺寸图（单位：cm）

图三 裕固族女童装色彩分析图

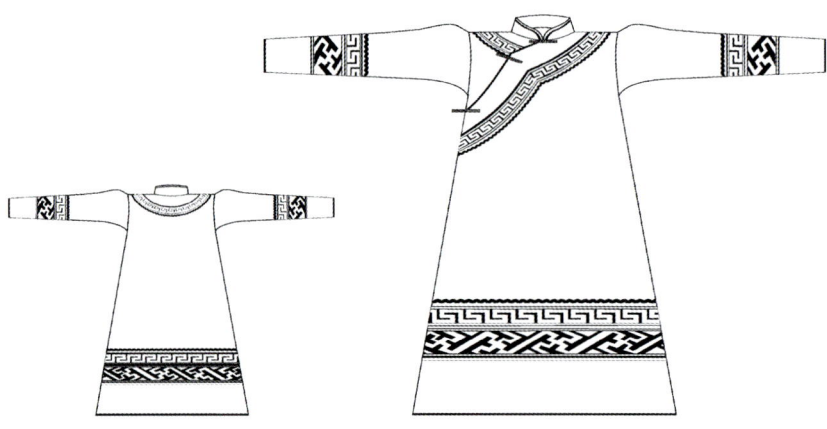

图四 裕固族女童装款式图

图五 裕固族女童装线描图

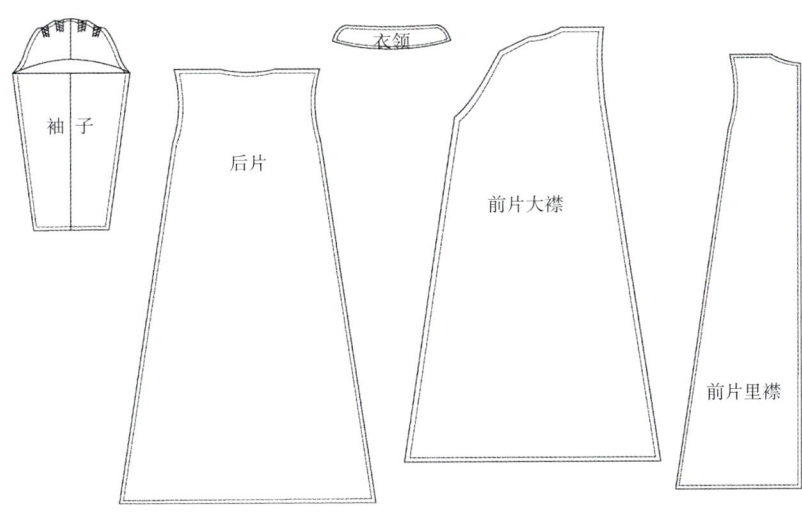

图六 裕固族女童装开片图

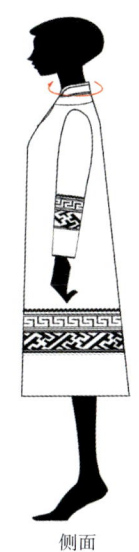

正面　　　　　侧面　　　　　背面

图七 裕固族女童装效果示意图

图八 裕固族女童装配饰图

第二章 裕固族传统服饰

055

裕固族女童毡袄

图一 裕固族女童毡袄主图

女童毡袄为裕固族大头目部落女童主要传统服装之一。用羊毛擀制而成，用于避风遮雨、御寒越冬。属宽松"H"形造型，直线短款袍服设计。本案例由甘肃省肃南县国家级非物质文化遗产传承人柯璀玲收藏并提供。

肃南地区盛产羊毛，毡类服饰比较普遍，裕固族男女老幼皆穿毡袄。由于气候多变的缘故，在面料上有多重选择。厚毡袄适合深秋与冬季，薄毡袄适合初秋与春季，穿着非常方便。该款女童毡袄制作于20世纪60年代，适于5—12岁女童穿着，是裕固族女童毡袄中穿着较多的一种，四季适宜。

该款女童毡袄属直线造型设计，上小下大。为中高衣领，连袖，大偏襟，盘扣，右衽，宽松长袍。衣袍领口、襟边、袖口、下摆口、两侧衩口以黑色毛布滚边，镶有大红花图案花边。采用狗牙花、水波纹等纹样装饰。款式简单、活泼、俏丽，特别是大红花边装饰，突显女童的活泼雅致。

在漫长的历史发展过程中，裕固族过着逐水草而迁徙、食肉寝皮的游牧生活，因此羊皮和羊毛是裕固族最普遍，也是历史最悠久的服装原料之一。毡袄一般以羊羔毛或羊绒为原料，经过打散、铺网、喷水等工序，然后反复揉搓、碾压、滚动，通过羊毛缩绒的物理作用制成毡坯，最后裁剪制成毡袄。这种面料手感厚实、穿着舒适、保暖透气、吸汗，是做女童装的常见面料。

女童毡袄以天然羊毛、羊绒为原料，色彩呈现了天然的本白色、奶白色、灰白色等色调。白色有明亮之感，又有洁净之意；裕固族部落的白色还代表诚实可信、纯洁善良。此款女童毡袄以红色为边饰，本白色面料，粉红色腰带、靴子；背面为绿色头面、飘带装饰，黑色帽子、金色镶嵌组合搭配。整体色调艳丽、活泼，特别是背后的粉红色蝴蝶结装饰，运用扎系的手法，立体感强；飘带的淡绿与背部的深绿装饰，有层次，有变化，再加以边饰、串珠、丝穗及湖蓝色的点缀，更显别致与典雅。采用平缝、拼接、滚边、刺绣、镶嵌、系扎等工艺制作，具有浓郁的地域民族特色。头饰和裕固族少女装的头饰一样，裕固语称为"沙日达升戈"。

女童毡袄看上去与汉族的中式上衣有相似之处，但仔细分析又大不相同。造型上，汉族中式上衣强调合体，毡袄强调宽松；色彩上，汉族中式上衣喜用华丽色，毡袄喜用天然色；面料上，汉族中式上衣常选丝绸面料，毡袄以毛毡为面料；装饰上，汉族中式上衣一般无需太多装饰，主要体现服装本身，毡袄主要体现帽子、胸饰、腰带、靴子、边饰等的部位装饰。可见，毡袄是裕固族特有的童装，它造型简洁大方、曲直线运用协调有度，边缘宽窄搭配相辅相成；色彩对比、冷暖对比、明度对比、色相对比协调有序。这些，都值得我们在服装设计中吸收与借鉴。

图片来源

图一　周涛　摄影
图二　张钰超、高洁　制图
图三　郭浩、高洁　制图
图四　张钰超　制图
图五　葛星、高洁　制图
图六　蔡珍珍、姜中华　制图
图七　蔡珍珍　制图
图八　葛星、王晓雪　制图

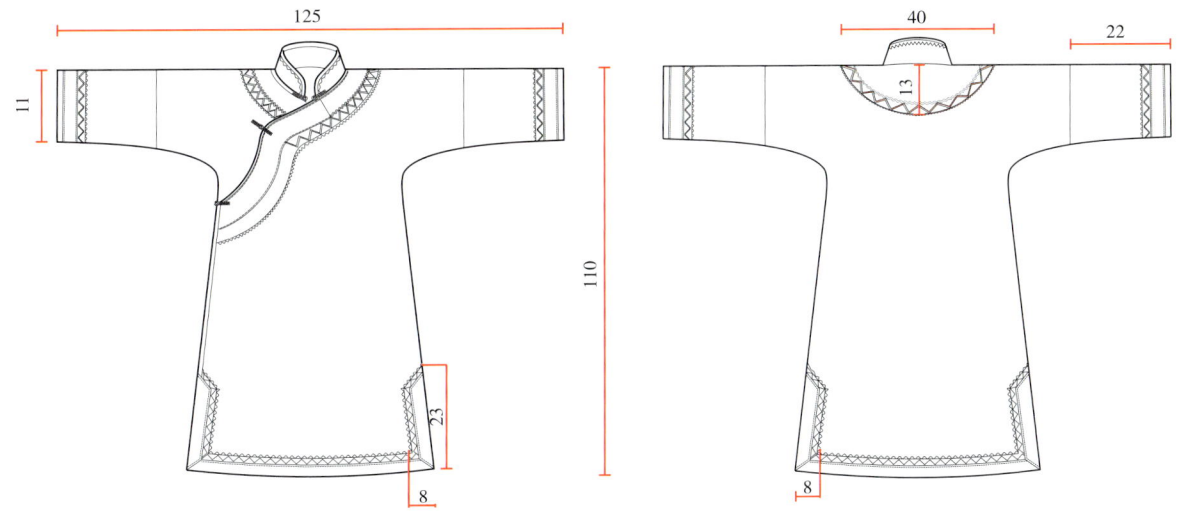

图二　裕固族女童毡袄尺寸图（单位：cm）

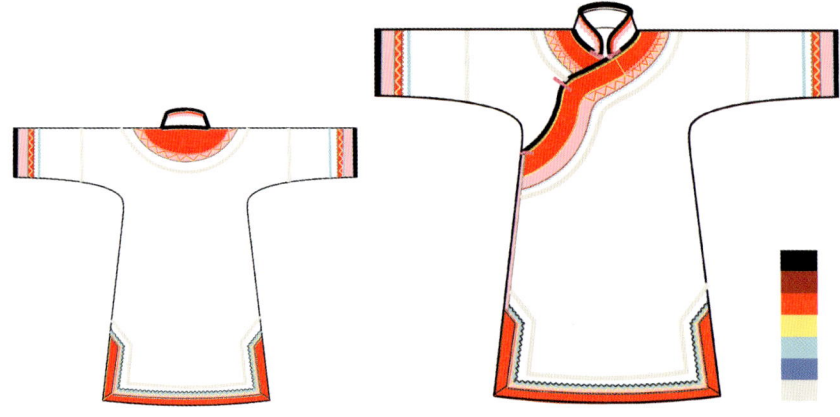

图三 裕固族女童毡袄色彩分析图

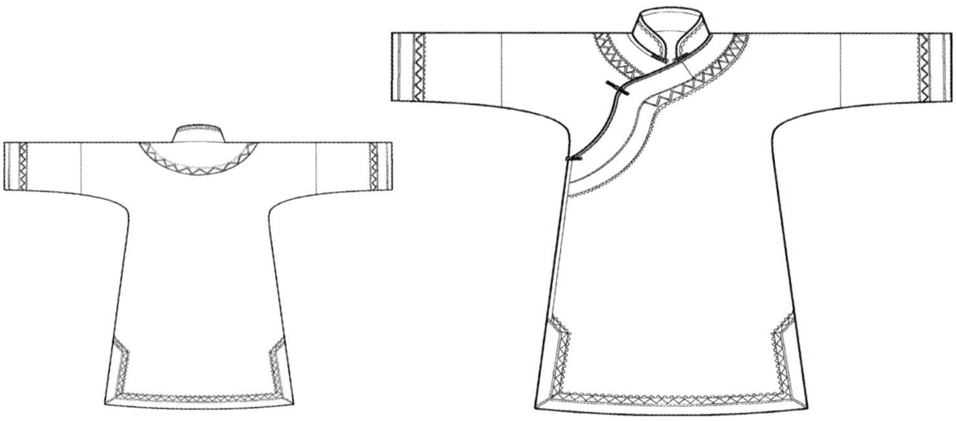

图四 裕固族女童毡袄款式图

图五 裕固族女童毡袄线描图

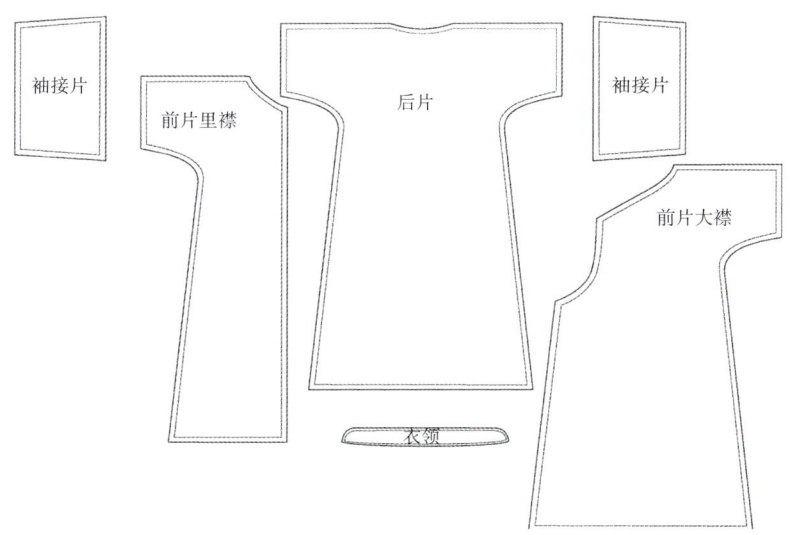

图六 裕固族女童毡袄开片图

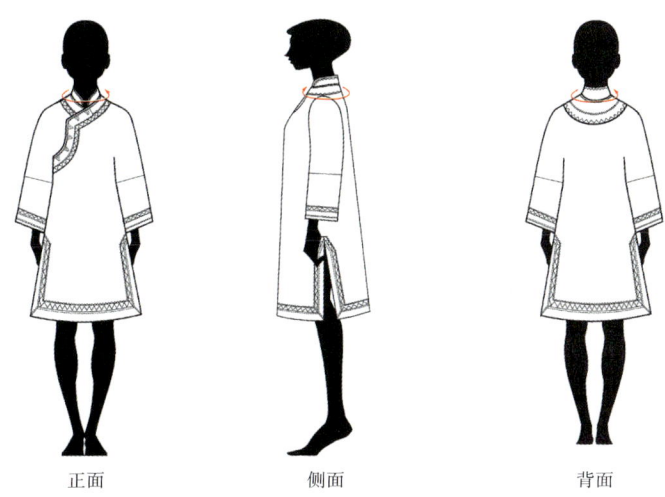

正面　　　　侧面　　　　背面

图七 裕固族女童毡袄效果示意图

图八 裕固族女童毡袄配饰图

第二章 裕固族传统服饰

059

裕固族土布男童装

图一　裕固族土布男童装主图

　　土布男童装为裕固族贺郎格家（部落）的传统男童服装之一，属短款袍服。本案例由肃南县国家级非物质文化遗产传承人柯璀玲收藏并提供。

　　土布男童装是裕固族男童四季普遍穿着的服装。由于季节的变化，面料的质地、厚薄、色彩上均有所变化，但款式一直流行至今。该款是裕固族男童春秋常穿的款式，也是裕固族各部落非常喜欢的童装款式之一。随着社会的进步发展，现在平时男童逐渐穿得少了，有重大活动和节日都会穿着，以此代表喜庆与祥和。传统土布男童装为小领长袍，带有托肩，偏襟右衽、盘花纽扣、两边开衩。

　　土布男童装款式以直线廓形设计，上小下大。领形呈小低领，大襟处用弧线设计，造型简洁大方。面料是裕固族自己织的纯棉布，手感柔软、透气、舒适；边饰用纯棉湖蓝色布滚边，金黄色狗牙花边装饰；领口、袖口、下摆、开衩均滚边装饰。色彩采用土红色调，配以湖蓝的滚边，嵌以金黄色狗牙边，红、黄、蓝三原色搭配醒目鲜亮，配以黑白的毡帽、金黄色的腰带、红色的靴子，整体简洁大方，散发出浓浓的大草原的本土气息。工艺制作简洁，采用平缝、滚边、嵌条、狗牙、盘扣缝制。简洁的造型，单一的土红色设计，再配以鲜艳的腰饰、边饰、帽饰与鞋饰的点缀，男童着装后更是活泼可爱，是裕固族男童非常喜爱的一种造型款式。这款服装在穿着时，一般都要头戴毡帽，系彩色腰带，后面扎一个大花蝶结装饰，领饰也很讲究，由彩色的珊瑚石、玛瑙串珠制作而成，这种装束已成为裕固族文化的一种点缀。

该款式设计造型简洁大方，色彩淳朴自然，配饰艳丽、突出，极具动感，充分体现了裕固族人热爱大自然的强烈情感和审美愿望。

图片来源
图一　周涛　摄影
图二　张钰超、高洁　制图
图三、图五　葛星　制图
图四　张钰超　制图
图六　蔡珍珍、姜中华　制图
图七　王晓雪　制图
图八　葛星、王晓雪　制图

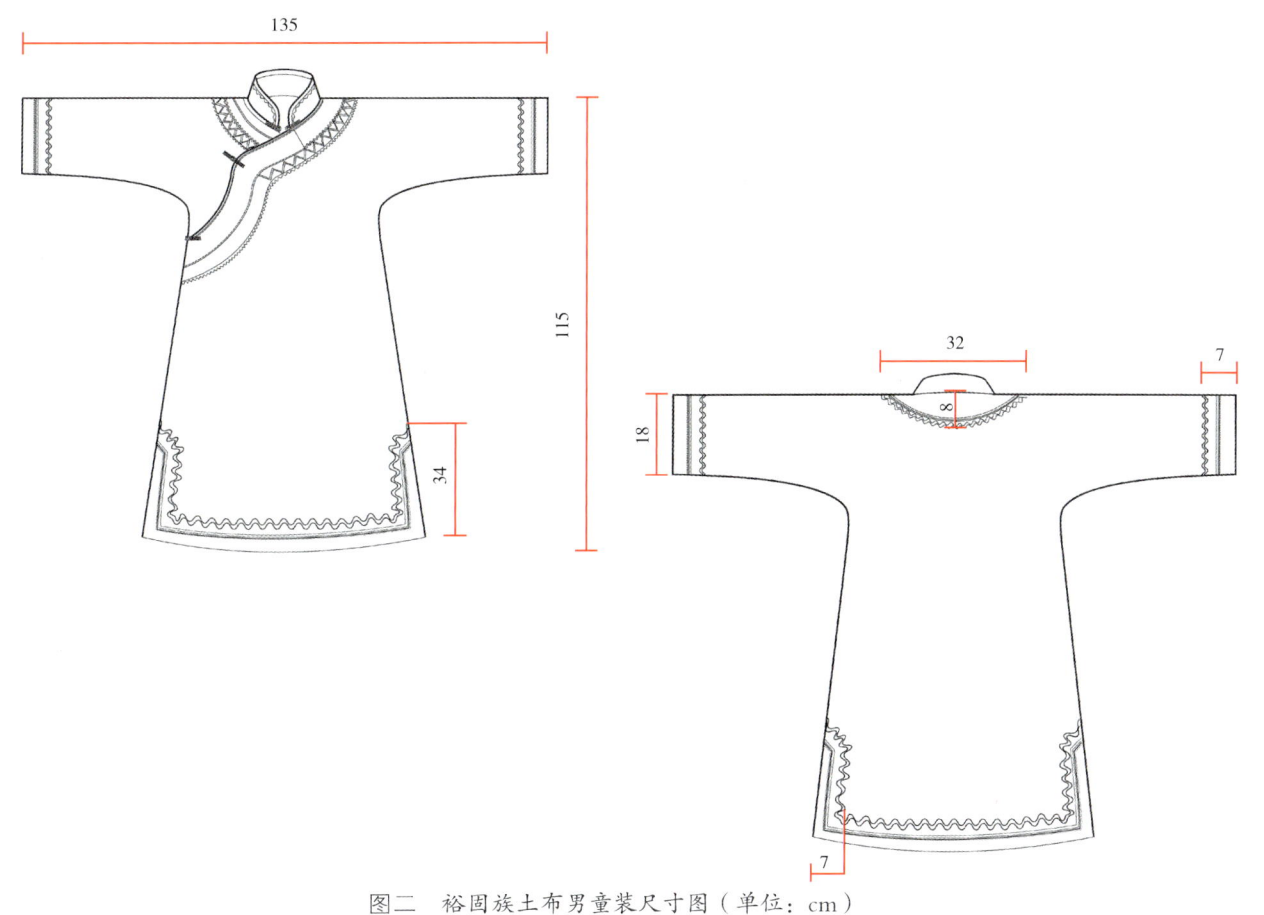

图二　裕固族土布男童装尺寸图（单位：cm）

图三 裕固族土布男童装色彩分析图

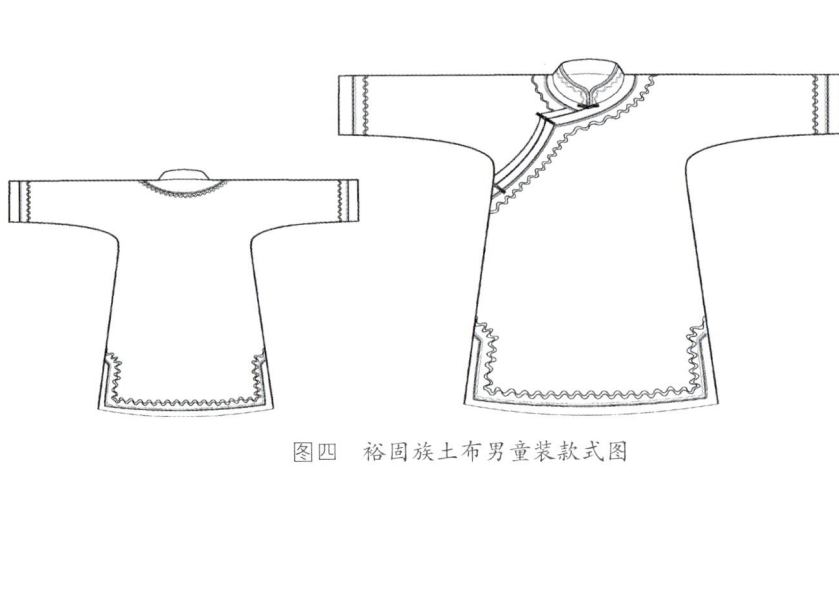

图四 裕固族土布男童装款式图

图五 裕固族土布男童装线描图

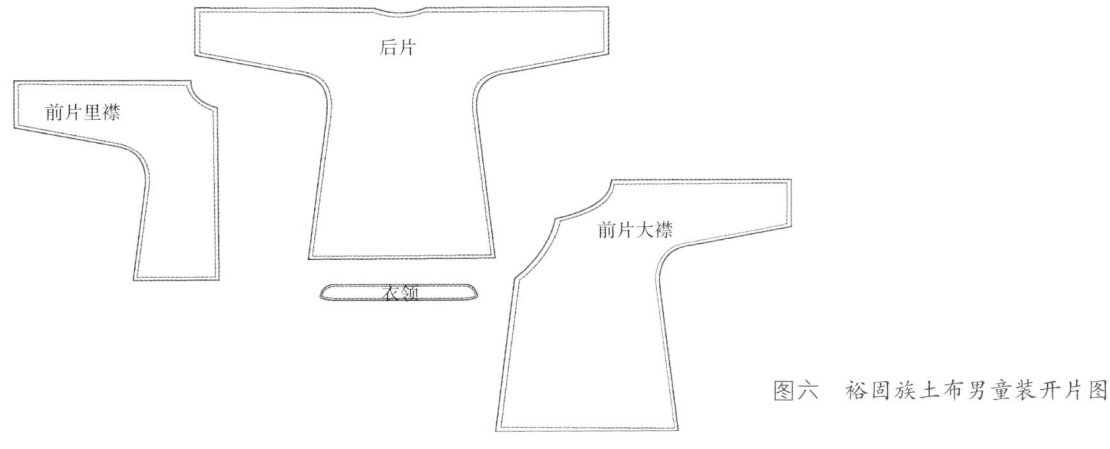

图六 裕固族土布男童装开片图

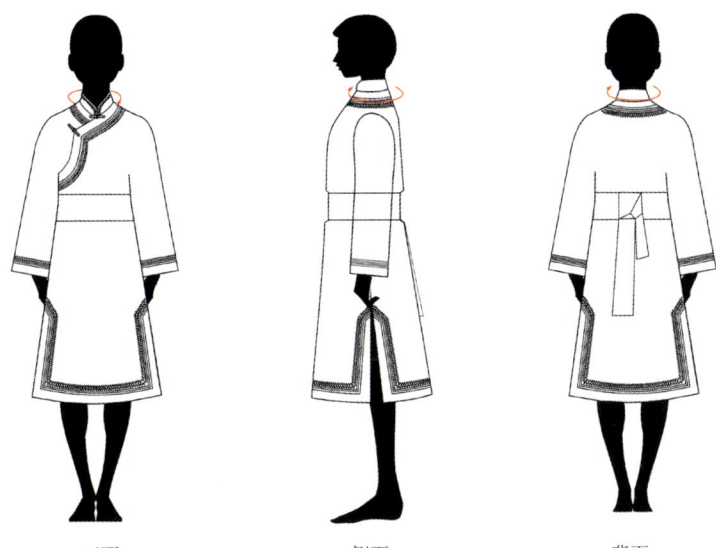

正面　　　侧面　　　背面

图七 裕固族土布男童装效果示意图

图八 裕固族土布男童装配饰图

第二章 裕固族传统服饰

063

裕固族妇女红缨帽

图一　裕固族妇女红缨帽主图

妇女红缨帽为甘肃省肃南县最具裕固族东部代表性的传统女平顶红缨帽。该款女帽为平顶，口径 29 厘米，顶高 13 厘米，镶有黑边和红缨穗，由甘肃省肃南县国家级非物质文化遗产传承人柯璀玲提供。

红缨帽属裕固族传统服饰的基本型之一，系裕固族最早流行的帽饰，多为薄羊毛毡制作，有平顶和尖顶两种。帽檐上部及顶部边缘饰有刺绣精美图案的饰带和曲线黑色条纹饰带，顶部饰有红缨穗，黑绒布镶边。

东、西部裕固族的红缨帽形制有所不同，此款妇女红缨帽属东部裕固族最传统的基本帽型款式。它用薄毡制作而成，帽顶上缀有红色缨穗，帽檐较宽，上面镶有两道黑色的丝条边，后檐微翘，前檐平伸，是裕固族已婚妇女的标志性装束之一。

妇女红缨帽的款式为传统的帽饰，造型属"A"字造型设计，上窄下宽，此造型是裕固族妇女现代帽饰中较普遍的一款。在节庆日，裕固族妇女都要佩戴此类帽子，凸显美观大方。该款帽饰选择薄毛毡、白布、丝带、各色丝带花边、线绣等制作完成。采用白色绵羊毛擀制，帽面不再覆面，帽边采用机缝、滚边、包边等多种工艺。帽饰选择白色底色、红色穗，黑色帽檐上又镶一条细窄的蓝色花边。红缨穗飘动、光亮、细密，在本白帽边上绣有艳蓝色的花边，加之顶、穗、边组合图案的衬托，形成红、白、蓝、黑整体强烈

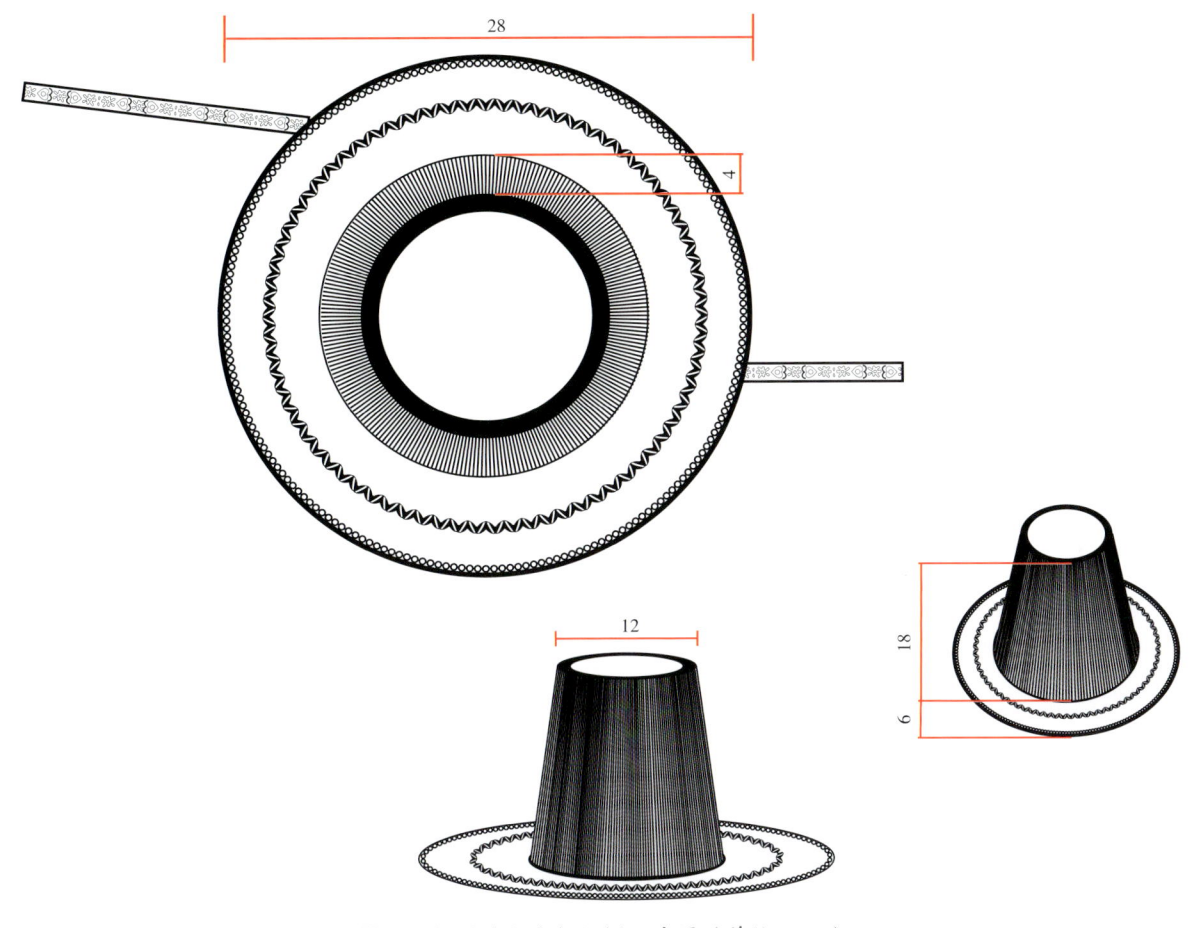

图二 裕固族妇女红缨帽尺寸图（单位：cm）

的色彩对比关系。盛装的裕固族妇女身穿高领偏襟长袍，头戴红缨帽，加之其他配饰，在阳光与大草原的衬映下，更显得格外华丽庄重。妇女红缨帽已成为裕固族文化的一种点缀，它既有历史的继承性，又有不同时代的革新与创造，不愧为中华民族服饰的奇葩。

图片来源
图一　周涛　摄影
图二、图六　郭浩　制图
图三、图四、图七　蔡珍珍　制图
图五　葛星　制图
图八　范素琴　制图

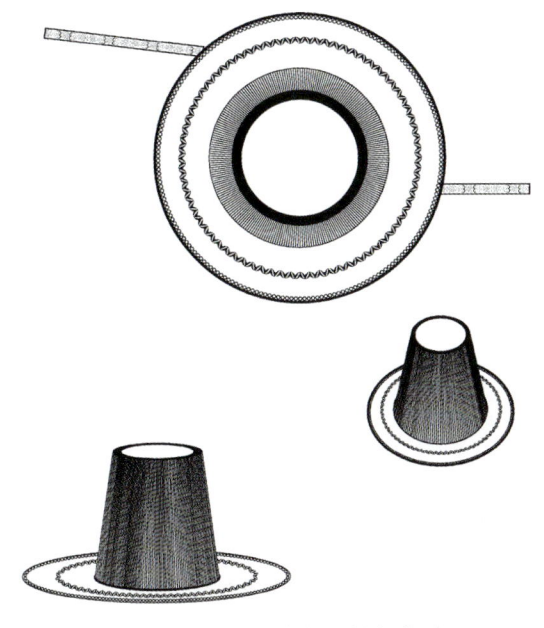

图三 裕固族妇女红缨帽款式图

第二章　裕固族传统服饰

065

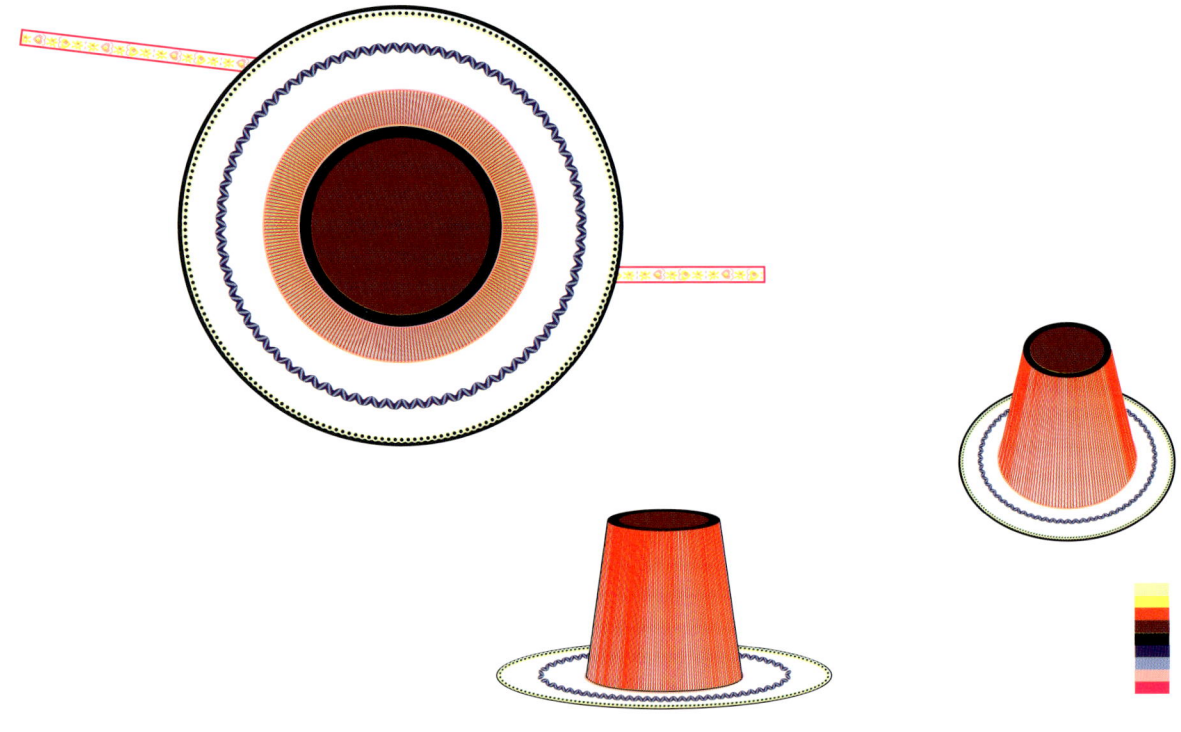

图四 裕固族妇女红缨帽色彩分析图

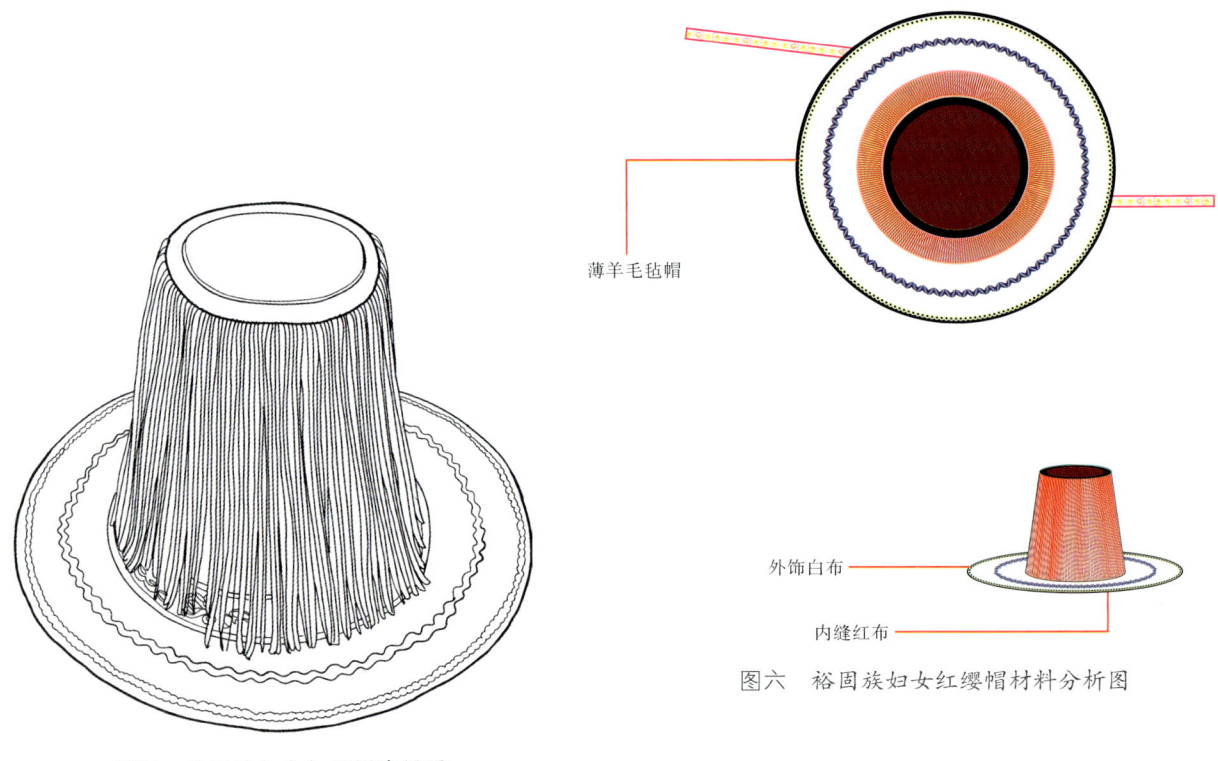

图五 裕固族妇女红缨帽线描图

图六 裕固族妇女红缨帽材料分析图

图七　裕固族妇女红缨帽佩戴示意图

图八　裕固族妇女红缨帽造型图

裕固族男式白毡帽

图一 裕固族男式白毡帽主图

男式白毡帽为甘肃省肃南县裕固族贺朗格家族传统男装配饰，属裕固族传统的男子基本型帽子款式。该款帽饰呈船式造型，帽高15厘米，口径27.5厘米，由甘肃省肃南县国家级非物质文化遗产传承人杨海燕提供。

裕固族男孩年满三岁举行剃头仪式后，可穿上用绸缎面料缝制的合身的小毡袍，腰扎红色或绿色系腰，脚蹬牛皮小马靴。长到十五六岁的男孩可以头戴黑边白毡帽，身穿红色或白色偏襟大领长袍，腰扎大红系腰，佩戴长短不一的腰刀，足穿牛皮"亢沉"，与成年男子装扮无太大区别。擀制毡帽的材料一般采用传统的山羊毛、牦牛毛、绵羊粗毛等。细毛毡采用的是比较柔软的羊绒、羊羔毛等绒毛。"擀制毛毡的方法一般是用毛竹和柳条、芨芨草等编成的网子，将打散的毛均匀地铺到网上，喷上盐水或酸奶水卷成圆筒反复滚动、打压"（玛尔简：《色彩斑斓的裕固族手工艺》，《中国民族》2007年第11期）。白毡帽帽檐上镶黑边以及红、黑色的边沿饰纹，饰纹清晰，色彩对比分明，给人玲珑、轻快的美感。用金线缝制图案的习俗，是裕固族东迁时流传下来的，寓意富贵平安。这种以色彩对比强烈来营造图案醒目、生动的手法，在绿色的大草原中显得很得体，与裕固族粗犷、豪放的性格相协调。

男式白毡帽选用上等的羊羔毛擀制成帽坯，再用金线、花边、绸缎加工而成。毡帽的帽檐后边卷起，形成后面高、前面低的扇面状；帽檐镶黑边；帽顶正中是在蓝缎上用金线织成的圆形或八角形图案。裕固族男子夏天秋天戴圆筒平顶、用锦缎镶边的白毡帽或礼帽，冬天戴狐皮风雪帽。白毡帽造型以圆船形为基本型，帽顶绣有如意纹饰，此图案来源于裕固族大头目所戴毡帽顶部装饰，意为六面如意、八方吉祥。现在男子帽顶多用此图案。白毡帽是裕固族男子极具特色的帽饰，流行至今，经久不衰，也是裕固族男士必备的帽饰之一。

此造型是裕固族服饰中较普遍的一款，方便男子的礼仪出行活动，款式美观大方，结构合理，极具民族特色。

男式白毡帽做工精细，黑白对比强烈，纹饰色彩搭配得当，顶部宝蓝色图案刺绣华丽别致，黑色镶边精致完整。整体帽感挺括，柔软精细，图案纹饰独具本民族的生活特色，既有历史的继承性，又有不同时代的革新与创造。

图片来源
图一　周涛　摄影
图二、图六　郭浩　制图
图三、图四、图七　蔡珍珍　制图
图五　葛星　制图
图八　范素琴　制图

图二　裕固族男式白毡帽尺寸图（单位：cm）

图三　裕固族男式白毡帽款式图

图四 裕固族男式白毡帽色彩分析图

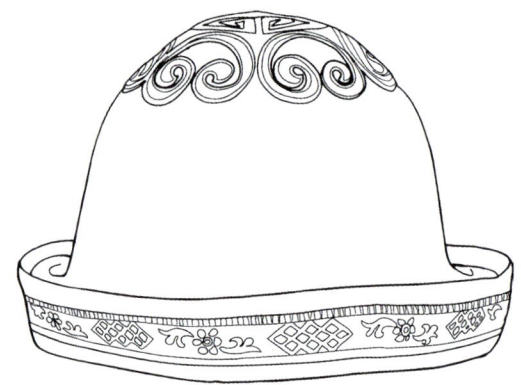

图五 裕固族男式白毡帽线描图

金线滚边

金银线滚边

"万"字图案寓意吉祥

传统花样与现代方格二方连续

图六 裕固族男式白毡帽工艺分析图

图七　裕固族男式白毡帽效果示意图

图八　裕固族男式白毡帽造型图

裕固族男式长靴

图一 裕固族男式长靴主图

男式长靴为甘肃省肃南县裕固族男子长靴的基本款式，属传统的基本型，靴腰高38厘米、鞋高45厘米，长筒、船形、高腰是它的基本特征。该案例由甘肃省肃南县国家级非物质文化遗产传承人柯璀玲提供。

裕固族主要从事畜牧业生产。一般采用较厚的棉布、织锦、绸缎、牛皮、羊毛等材料制作男士长靴。牛皮制成的高尖鼻皮鞋叫"康呈"，是猎人在狩猎时常穿的，里面垫毛或草，轻巧舒适；也有的穿手工制作的双鼻梁圆头高腰布鞋，鞋帮上纳有白线缀云字形图案；现在多穿绸缎制作、绣有精美图案的软底鞋。男式长靴是一款夏季常穿的手工制作的高勒绣花布靴，也是裕固族男子极富特色的服饰之一。大部分是布面，鞋帮上绣有花草纹或云字纹图案，靴勒多为蓝色或黑色软布，上部以绑带扎紧，鞋底为手工纳制的布底，用纯棉布制作，靴子为黑色或蓝色，尖头，前鼻上翘。当今手工满面绣的较流行，是裕固族男子必备的鞋子之一。

男式长靴的款式为传统的男子鞋饰，属长筒船形造型设计。此造型是裕固族服饰中较普遍的一款，还有前鼻呈方头的、圆头的、尖头的；鞋腰也有长高腰的、中高腰的。夏季一般穿无腰圆口鞋，方便男子的礼仪出行活动。造型简洁、美观大方，结构合理，极具民族特色。该款鞋子系手工制作，采用镶边、滚条、刺绣、纳扎等缝制工艺。绣花是这套鞋帮上主要的装饰手段，均采用非常精细的手工刺绣工艺绣花，花草纹或云字纹图案多为裕固族特色的来自大自然山水花草的花鸟纹样，寓意吉祥、如意、平安、幸福等美好愿望。整体鞋面华丽、精致，是裕固族男子常见的鞋饰之一。

这种高勒布靴具有很多实用功能，如骑马踩脚蹬时轻巧灵便，狩猎时在草丛中步行还能避免蛇咬伤，行走在沙漠中可以防止沙土灌入，冬天保暖小腿和踝骨，夏天防止蚊虫叮咬，纯棉布制作使其轻巧舒适。因此，这款高勒绣花布靴广受游牧民族青睐。

图片来源
图一　周涛　摄影
图二、图六　郭浩　制图
图三、图四、图七　蔡珍珍　制图
图五　葛星　制图
图八　范素琴　制图

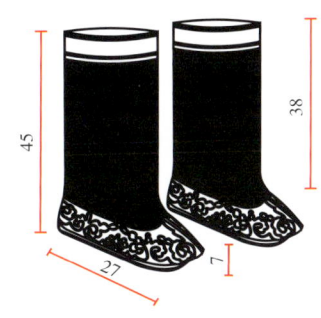

图二　裕固族男式长靴尺寸图（单位：cm）

图三　裕固族男式长靴款式图

图四 裕固族男式长靴色彩分析图

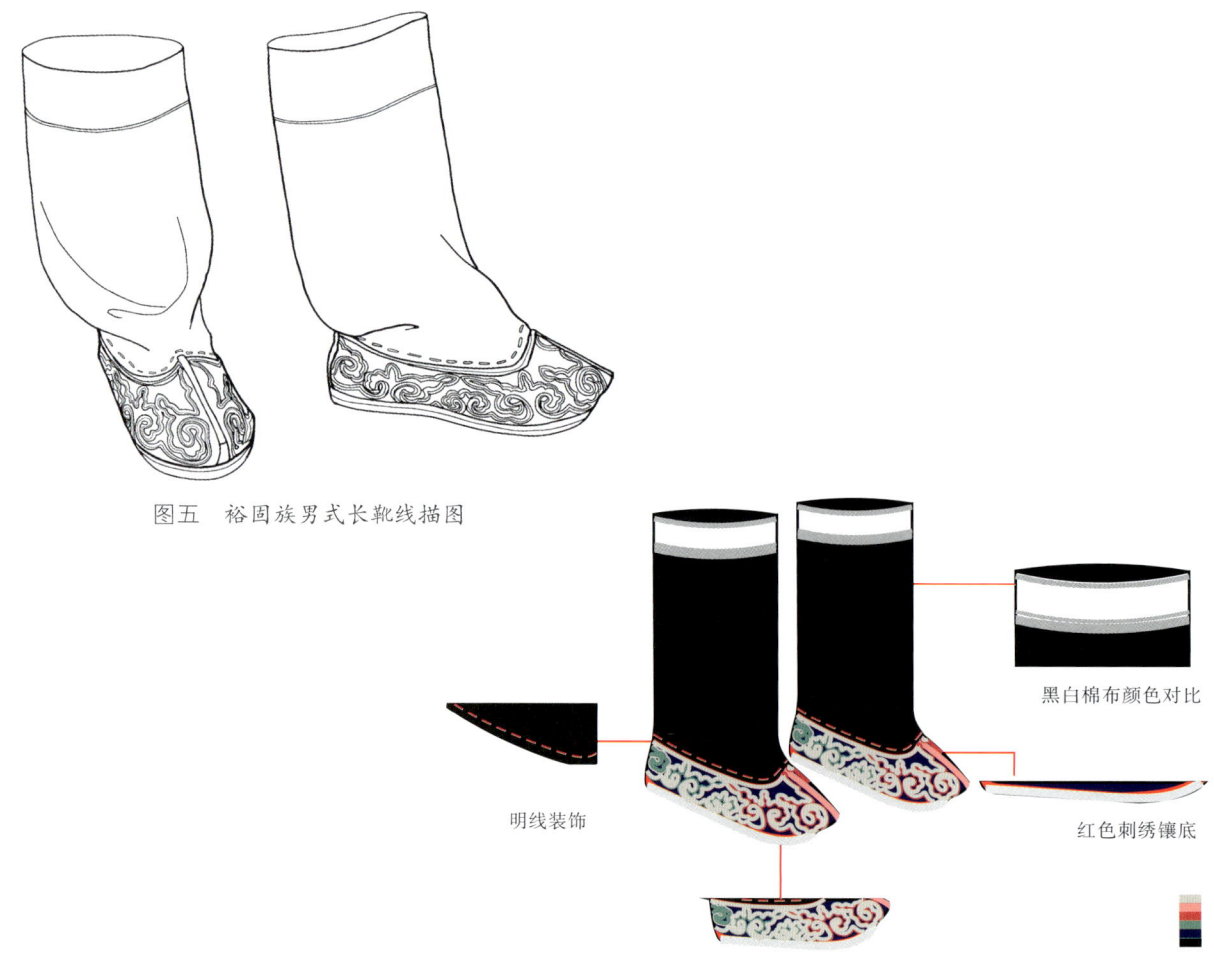

图五 裕固族男式长靴线描图

明线装饰

黑白棉布颜色对比

红色刺绣镶底

传统盘绣红绿色对比

图六 裕固族男式长靴工艺分析图

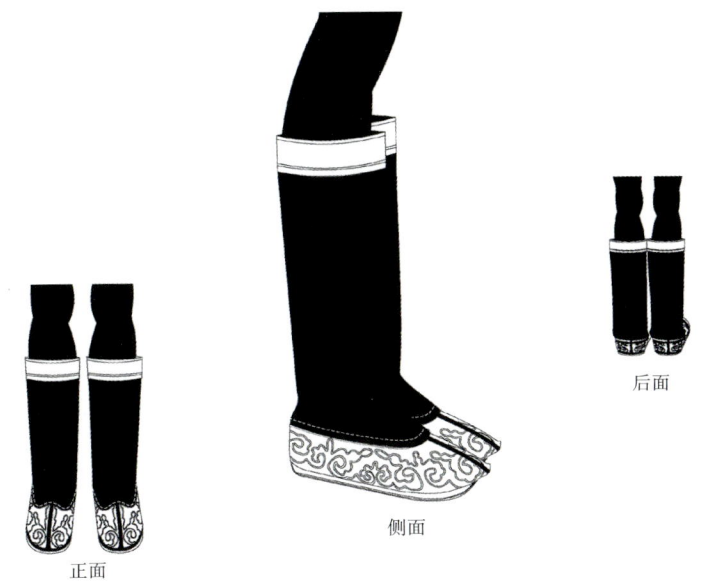

正面　　侧面　　后面

图七　裕固族男式长靴效果示意图

图八　裕固族男式长靴造型图

第二章　裕固族传统服饰

裕固族头面

图一　裕固族头面主图

妇女头面为甘肃省肃南县裕固族传统的头面装饰。该款头面配饰属传统的基本型，长条形带饰突出，由各种几何图案造型组合而成，长139厘米，宽40厘米，背饰长140厘米，由甘肃省肃南县国家级非物质文化遗产传承人杨海燕提供。

头面即头饰，裕固语称其为"凯门拜什"，是裕固族姑娘出嫁时戴头面仪式上，由舅舅在哭嫁歌声中给新娘戴上的结婚盛装装束之一，也是裕固族姑娘与已婚妇女的标志性区别之一。"头面分为三条，胸前分左右两条，上端在耳际以上编入发辫，下端至脚面，中间勒入腰带，前面两条的图案、色彩完全对称统一，每条又分为四节，每节都有一定的象征意义；还有一条在背后，裕固族语称其为'阿尔擦勒'，比前面两条窄，戴在脑后帽盖的发辫上。一般用青布做底，各色丝线滚边，上缀23块大小不一用白色海螺磨制的圆块。也有红色珊瑚珠做底色，称为"董"的白色海螺圆状块镶在中间，从上到下一长条。家庭经济条件一般的人，只缀23块用白色海螺磨制的大小不一的圆块"（庞海滨、杨永贤：《走近裕固族》，《今日国土》2007年第3期）。头面是裕固族少女必备的服饰之一。

妇女头面属带饰长条形造型设计，由各种具有代表性的几何图案组合而成，构图合理，花纹对称，简洁大方。头面是裕固族民间工艺品中的精华，极具民族特色。该头面以红色珊瑚珠做底色，白色、蓝色珠子为图案，把特制的银牌、孔雀石、珍珠镶嵌在图案中，然后将红色珊瑚珠、白色海贝、玛瑙珠、

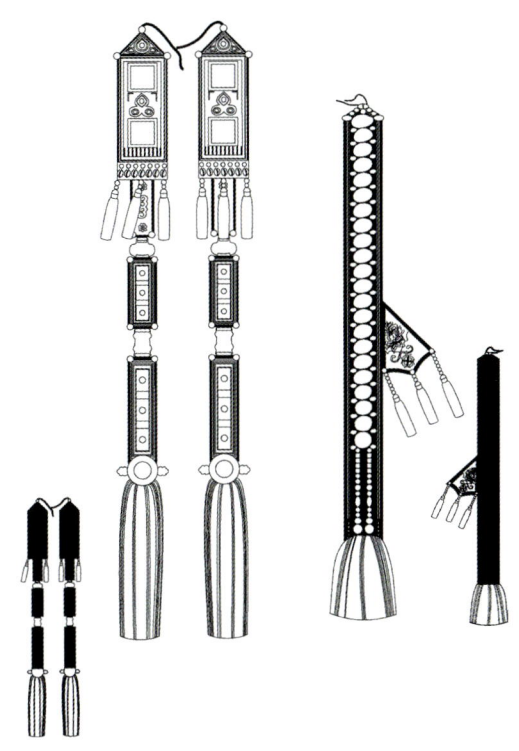

图三　裕固族头面款式图

珍珠、孔雀石、银牌、铜环穿缀，再用红布、青布或红色香牛皮做底，中黄、淡黄、中绿、翠绿、黑、赭、紫红、大红诸色丝线合股滚边。用各种珠子穿缀成的图案色彩斑斓、对比鲜明，花纹图案排列整齐对称，构思精巧，极具裕固民族特色。该套头面工艺采用了贴、镶、嵌、滚、缝、绣、串等方法，各部位的连接特别巧妙，软硬衔接自然合理，用料考究，做工精致，结构严谨，搭配得当，色彩斑斓，红绿对比醒目、黄紫点缀丰富亮丽，是裕固族妇女最具民族文化特征的符号。

传承了几百年的裕固族妇女头面，对研究考证裕固族传统服饰文化具有很高的史料和研究价值。

图片来源
图一　周涛　摄影
图二、图六　郭浩　制图
图三、图四、图五、图七　蔡珍珍　制图

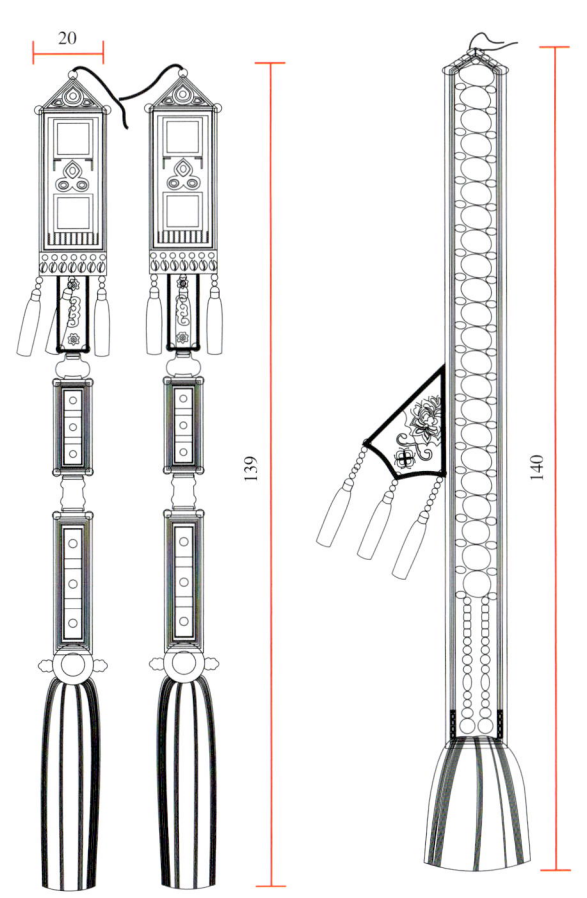

图二　裕固族头面尺寸图（单位：cm）

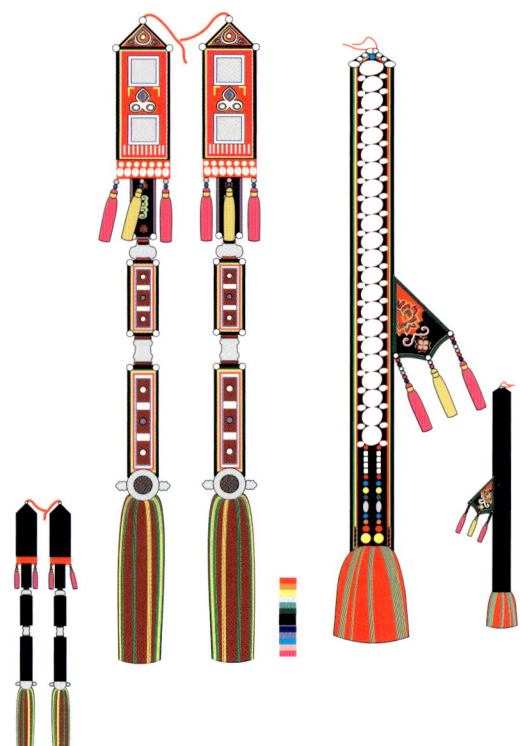

图四 裕固族头面色彩分析图

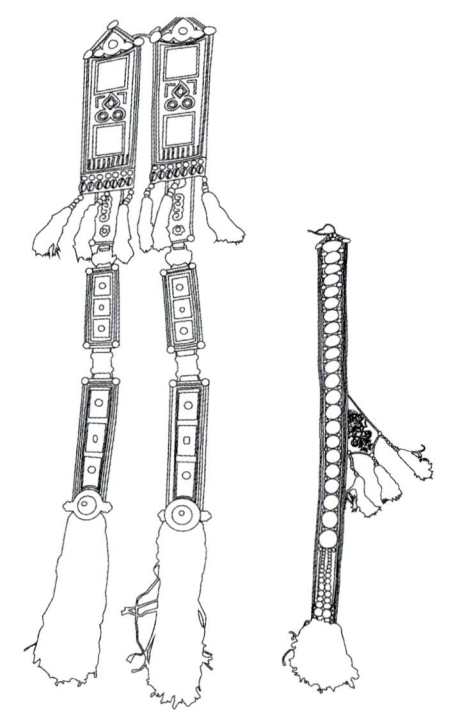

图五 裕固族头面线描图

图八 范素琴 制图

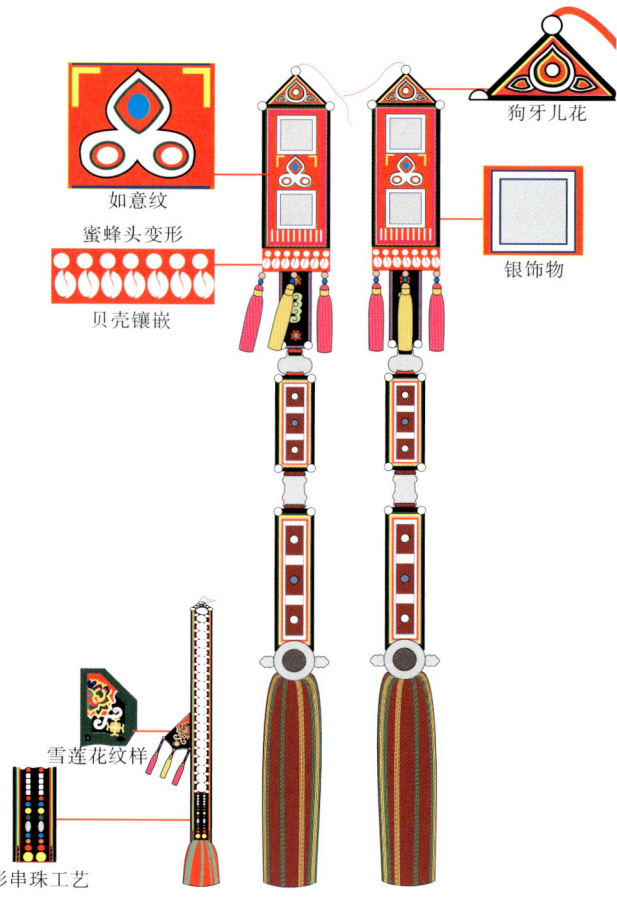

图六 裕固族头面工艺分析图

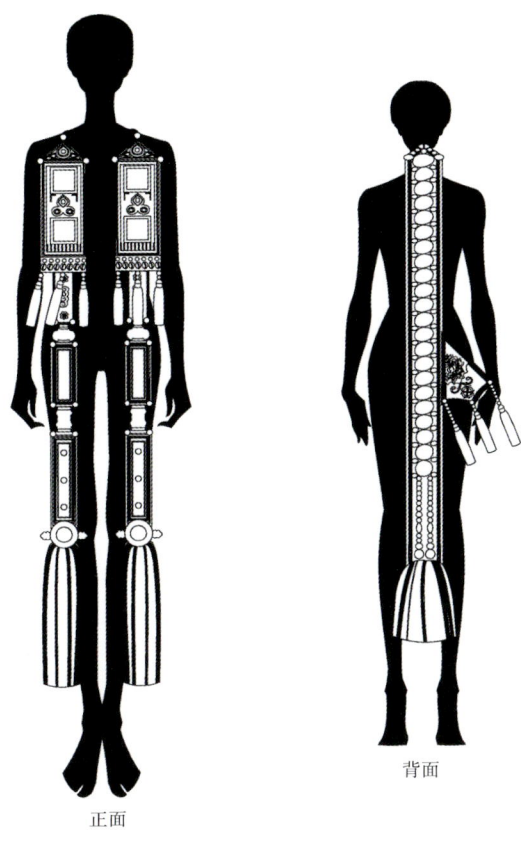

图七 裕固族头面效果示意图

图八 裕固族头面造型图

第二章 裕固族传统服饰

079

裕固族荷包

正面　　　　　　　　背面

图一　裕固族荷包主图

　　荷包为甘肃省肃南县裕固族传统服饰中一种普通的挂件装饰，属裕固族妇女精致的刺绣作品。本荷包由甘肃省肃南县国家级非物质文化遗产传承人杨海燕提供。

　　裕固族是一个爱美的民族，荷包是裕固族妇女佩戴在胸前或腰间的一种绣花佩饰，是裕固族最早流行的服饰品之一。大部分以几何形为主，由圆形、方形、三角形（心形）等各种图案变形而成。荷包数量以3、5、7等单数居多，分别盛放钱币、香料、针线、鼻烟等物品，上部以彩色串珠链连接，每个荷包底部垂挂彩色缨穗。荷包上精美的刺绣图案造型优美，工艺精湛，色彩和谐，极富浓郁的民族特色和装饰趣味，具有很强的观赏性和极高的艺术价值，是裕固族服饰文化艺术的一块瑰宝。这也是它之所以流行至今、经久不衰的缘故。

　　该款荷包面料选用青布、蓝布、红布剪成花边，织锦绸缎镶边，各种丝线七色、九色线合股，仿彩虹绣。织锦缎、绸缎、滚边拼接的面料富丽华贵、高档喜庆。

　　荷包主色调为朱红，配以各色珠、穗，

花纹、图案，造型结构精巧；图案由浅入深、由深到浅，同一色中求变化，变化中求统一，看似图案简单，但色彩协调艳丽，显得美观大方。特别是当荷包连接在一起，组合搭配成各种几何造型，点、线、面图案疏密设计穿插变化，更显得题材丰富。鹿羔、马驹、鸟、蝴蝶等动物图案的变形，形象生动，寓意深刻，栩栩如生；加之刺绣工艺精良、立体感强、各色串珠丰富，整体服饰色彩对比强烈，喜庆艳丽，是裕固族妇女配饰的典型代表。

该款荷包工艺采用手工缝制，剪、绣、滚、镶、嵌、串、系扎等相间其中；各种材料搭配得当，样式独特，配色大胆，拼绣图案精细华美，花纹图案独具本民族的生活特色。既有历史的继承性，又有不同时代的革新与创造。精美的刺绣荷包，除了具有一定的装饰功能外，也具特有的实用价值。

图片来源
图一　周涛　摄影
图二、图六　郭浩　制图
图三、图四、图七　蔡珍珍　制图
图五　葛星　制图
图八　范素琴　制图

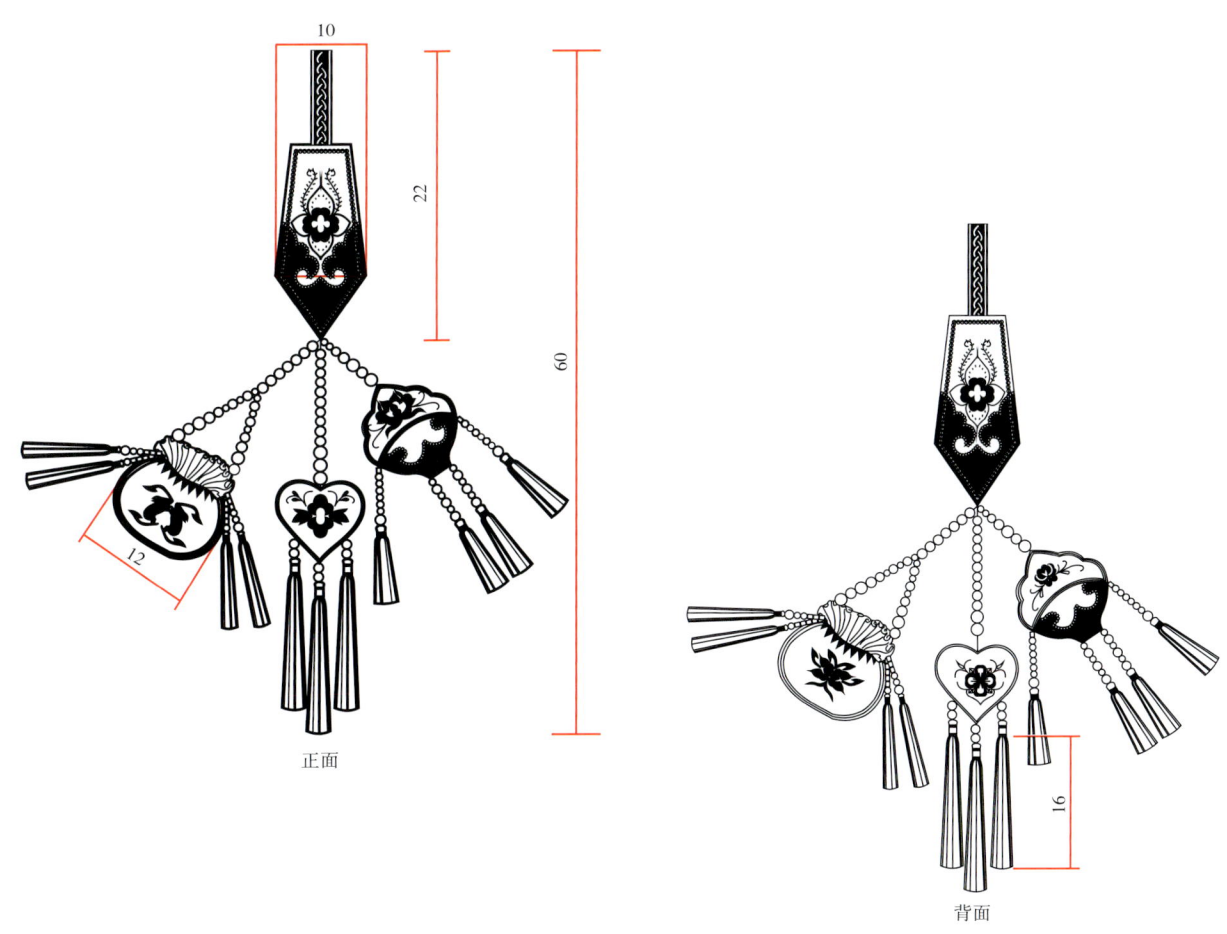

图二　裕固族荷包尺寸图（单位：cm）

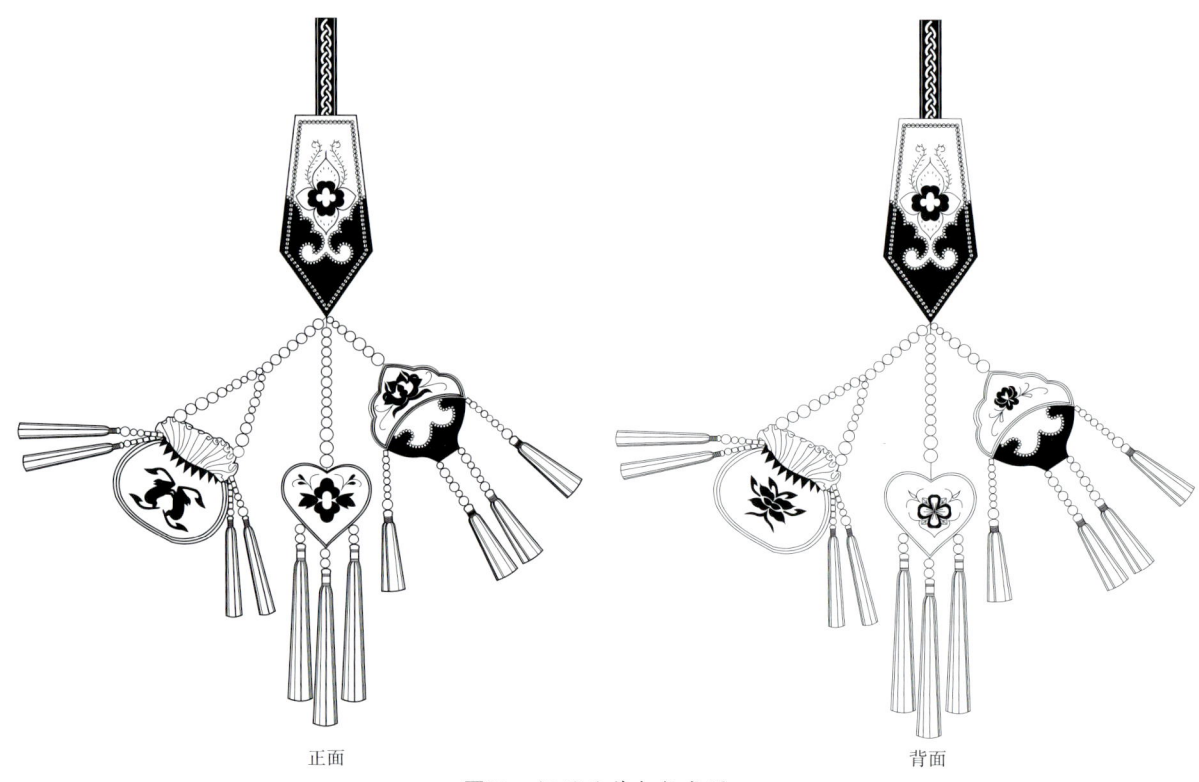

正面　　　　　　　　　　　　　背面

图三　裕固族荷包款式图

正面　　　　　　　　　　　　　背面

图四　裕固族荷包色彩分析图

正面　　　　　　　　　　　　背面

图五　裕固族荷包线描图

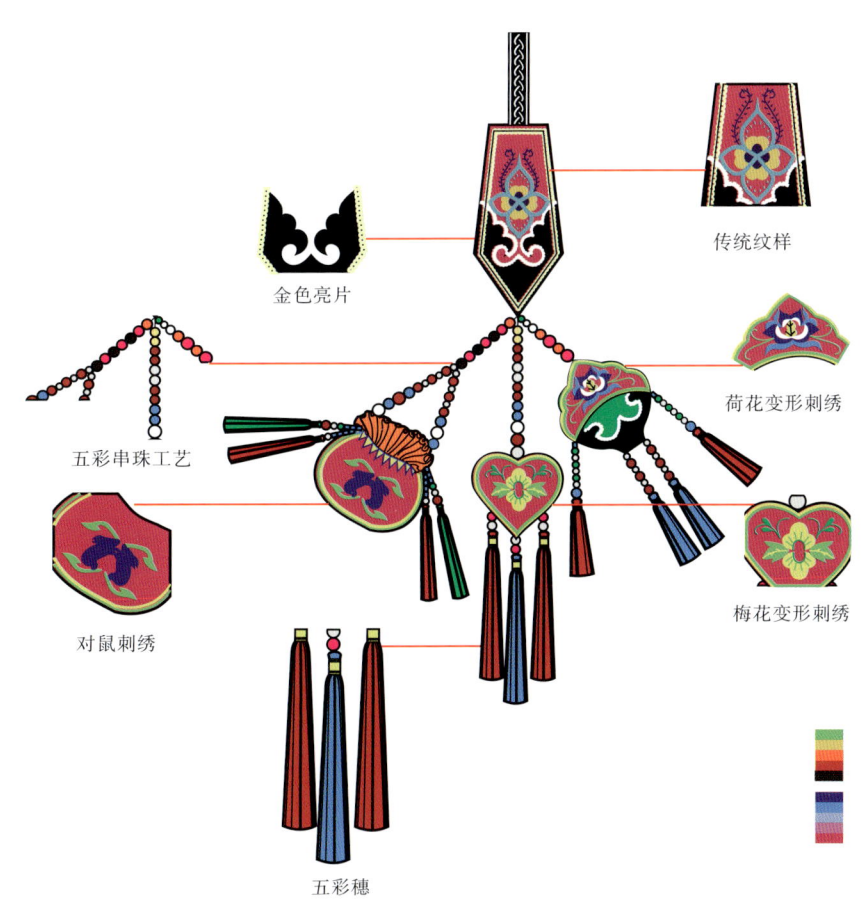

图六　裕固族荷包工艺分析图

图七 裕固族荷包效果示意图

图八 裕固族荷包造型图

第三章 裕固族传统餐饮

裕固族高车穹庐扎格斯

图一　裕固族高车穹庐扎格斯主图

简单、快捷、方便是游牧民族传统炊事活动的特点。裕固族所用的炊具都体现简单、适用、便于搬动的设计理念，主要考虑户外使用。裕固族传统餐饮没有煎炒烹炸等复杂操作，烹饪形式主要以煮和烤为主。用来煮肉、煮饭、熬酥油茶的传统炊具是锅，裕固族人称之为"扎格斯"。与扎格斯配套的是用来支撑锅具的架子，称为锅叉子。一口扎格斯，一个锅叉子，构成了裕固族最简单、最实用的灶具。

扎格斯有铸铁制的，也有黄铜造的。现选择两口比较有代表性的做一介绍。图一至图四所示裕固族传统扎格斯收藏于肃南县康乐乡高车穹庐。铸铁制成，造型简洁，口阔底窄，有对称双耳，无盖，无纹样装饰。口径43厘米，底径30厘米，高16.5厘米。与之配套的锅叉子也是铸铁制造，总高34厘米，直径37厘米，由三圈环形铁箍和四支支架用铆钉装配而成。四支支架对称固定于环形铁箍上，支架顶部向内折回（其中有两支折回部分已断裂损毁），形成具有弹性的结构，便于支撑锅体，而支架底部经过弯折与地面形成弹性接触，利于稳定。三圈环形铁箍中间的一圈有一段空出四分之一圆，与两边支架形成一个可以添加柴火的入口。据裕固族牧民介绍，这样的锅叉子是被改造后的样式，传统的样式只有三个支架，造型更加简洁，重量也更轻，便于携带。

图五至图十所示裕固族传统锅具收藏于康乐草原裕固王府牙帐内。主体由黄铜锻造，锅口和锅底略窄，腰粗，无耳，有锅盖。锅体和锅盖有红铜装饰纹样，既掩盖了锅体接缝，又增加了美感，锅盖表面装饰还起到了加固锅盖把手的作用。锅体口径34厘米，底径32厘米，腰部49厘米，高度26厘米；锅盖直径35厘米，高10厘米。此有盖铜锅较传统铁锅功能更多，除了用来煮肉，还可煮酥油茶。与铜锅配套的锅叉子结构样式与

图一所示锅叉子基本相似，但做工更加精致，增加了一圈铁箍使得结构更加牢固，四支支架与顶部铁箍连接处增加了小铁环，便于搬动，最特别之处是在顶部铁箍上添加了黄铜卷草装饰物，与铜锅相呼应，增加了锅叉子的美感，同时利于散热。总体而言，这套王府用的铜锅和锅叉子要比普通牧民用的铸铁扎格斯造型更加完美，材料、结构和工艺更加精湛。

作为一种户外炊具，扎格斯（锅）和锅叉子在造型设计上与游牧民族的生活方式相适应，形式追随功能，是适应于实际生活需求的优秀设计。

图片来源

图一、图二、图五、图六　周涛　摄影
图三、图四、图七至图十　伊铸鑫　制图

图二　裕固族高车穹庐锅叉子

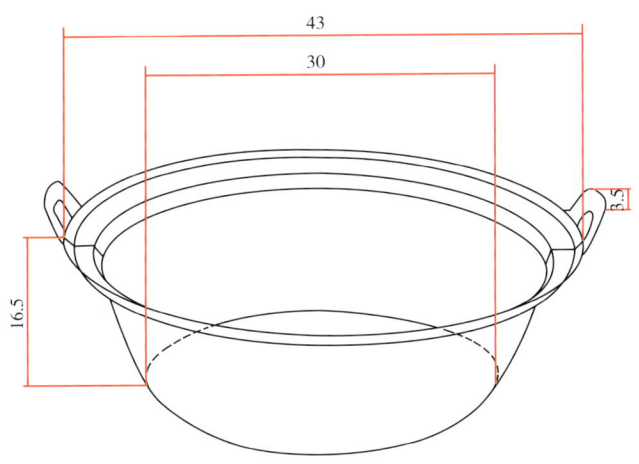

图三　裕固族高车穹庐扎格斯尺寸图（单位：cm）

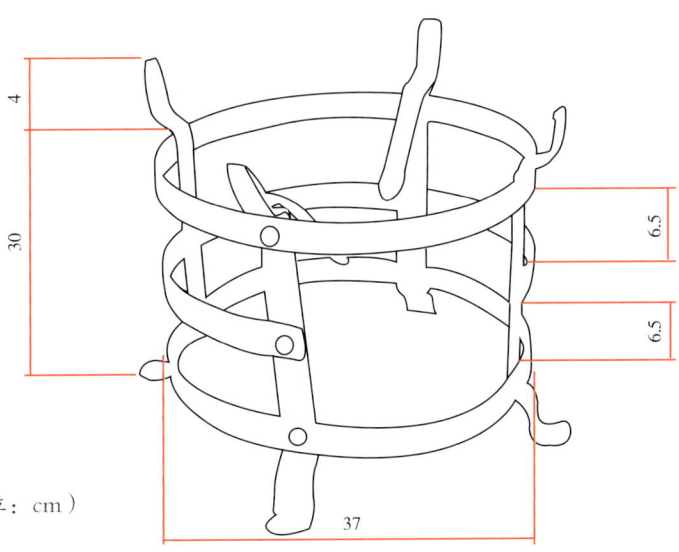

图四　裕固族高车穹庐锅叉子尺寸图（单位：cm）

图五 裕固族王府牙帐铜锅

图六 裕固族王府牙帐铜锅使用情境图

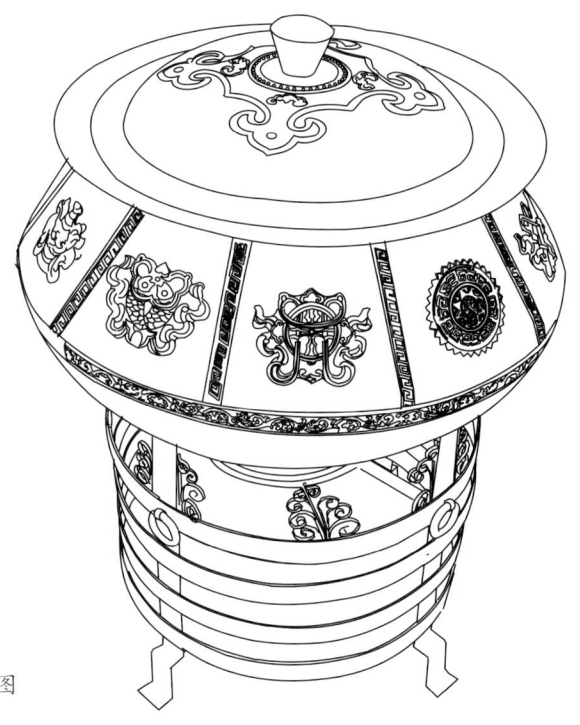

图七 裕固族王府牙帐铜锅工艺图

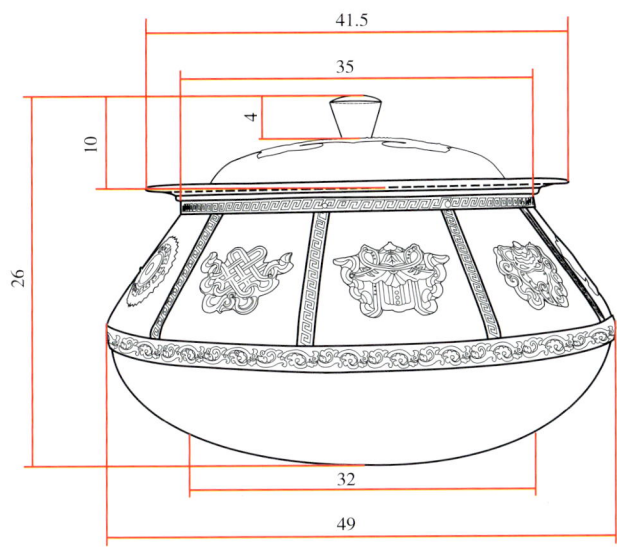

图八　裕固族王府牙帐铜锅正视尺寸图（单位：cm）

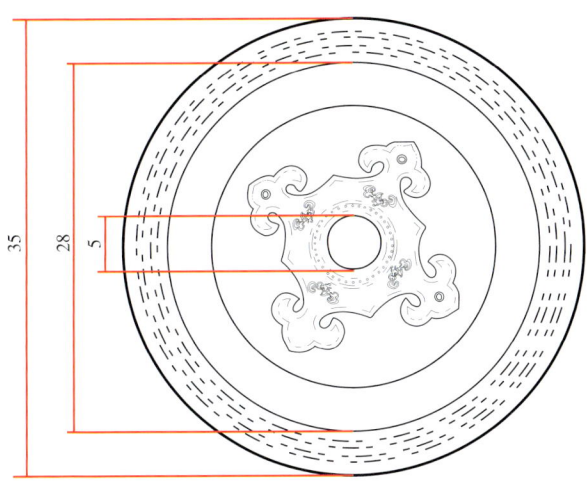

图九　裕固族王府牙帐铜锅俯视尺寸图（单位：cm）

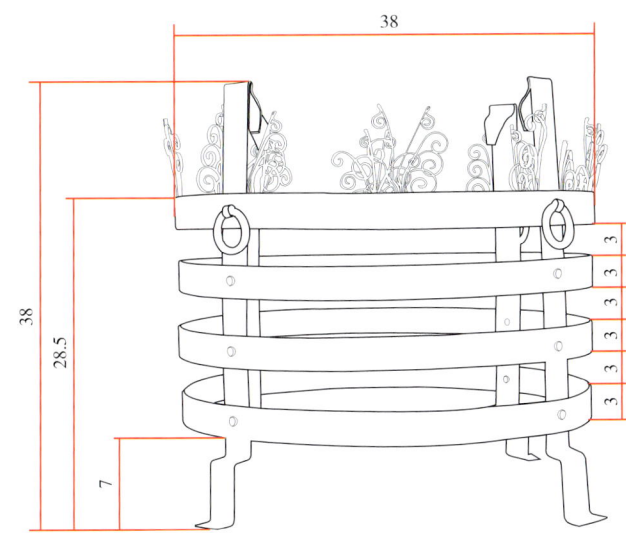

图十　裕固族王府牙帐锅叉子尺寸图（单位：cm）

裕固族巴赫加

图一　裕固族肃南博物馆巴赫加主图

裕固族餐饮器具中，制作酥油奶茶的器具种类较多，其中有一种用来捣碎茶叶及其他配料的小型器具比较独特，裕固族称之为"巴赫加"，俗称"茶窝窝"。

巴赫加的功能是将块状的砖茶捣碎，便于放入锅中熬煮。此外，也可以用来捣碎曲拉、青稞、姜、核桃仁、花生、芝麻等粒状或块状配料，这些配料可以作为制作酥油茶的辅助食料，用以增加酥油茶的独特营养和味道。基于这一简单的功能需求，一只巴赫加由两部分组成，即用来盛放食料或茶叶的容器和用来捶捣的手柄，这与我们日常所用的捣蒜、捣花椒、捣药材的工具造型相似。

由于巴赫加所捣之物是砖茶和食料，硬度较小，为了减少重量，制作容器"窝窝"的材料选用木头；用来反复施力的捣锤则选用石头，这样比较重的材料有利于保证捶捣的力度和强度，从而提高效率。捣锤手柄不宜太细，只比容器略小一些即可，这样尽可能减少捣锤与容器之间的空隙，防止食材碎末从缝隙溅出。

传统的巴赫加采用手工制作。具体方法是从山上找来优质松木，用锯子截好所用的一截，把烧红的木炭放在截好的木块中间烧，火候差不多时用刀子或锉把木块中间掏空，即形成需要的窝窝状容器。有的为了外形美观，还要用刀对器具外部进行精细旋切，制作成工艺精美的巴赫加。

图一至图三所示是收藏于肃南县博物馆的一只巴赫加。使用一段长约 17.5 厘米、

直径约10厘米的优质松木制成，容器内部深度只有7厘米，这样底部的厚度就达到了10.5厘米，厚实的底部能经得起长时间的捶捣，结实耐用。这只巴赫加外形没有雕琢，只把树皮剥去，造型粗犷。为了防止器具开裂，用动物毛皮将上端包裹了一圈，展示了裕固族原汁原味的造物风格。捣锤由石块磨成光滑细腻的椭圆柱状，与容器的粗犷形成对比。图七至图八所示是2013年7月底在张掖市召开的玉石博览会上展出的一只巴赫加，造型和工艺与肃南博物馆的基本相同，所不同之处是器具外表面特意上了一层黑色涂料，为简单的造型增添了一点装饰和美感。图四至图六是收藏于高车穹庐的巴赫加，相比于前两个，此巴赫加造型美观细腻，精细旋刻而成的边沿、腰线、底座，给淳朴的鼓状造型增加了耐人寻味的装饰细节，在保证基本功能的前提下让这件小型器物多了一份艺术美感，是一件有收藏价值的工艺品。

随着现代生活方式的介入，一些专用机器逐渐代替传统的手工工具。但是，很多传统器具和手工制作方式永远具有不可替代的价值。人们需要的不只是现成的酥油茶，而是打酥油、捣茶、熬茶等一系列充满生活趣味的劳动过程。在用传统的木质巴赫加捣碎砖茶和各种食料的过程中，我们能体验到真实的裕固族生活。

图片来源
图一、图三　王利舟　摄影
图二、图五、图八　郭宗平　制图
图四、图六　周涛　摄影
图七　郭宗平　摄影

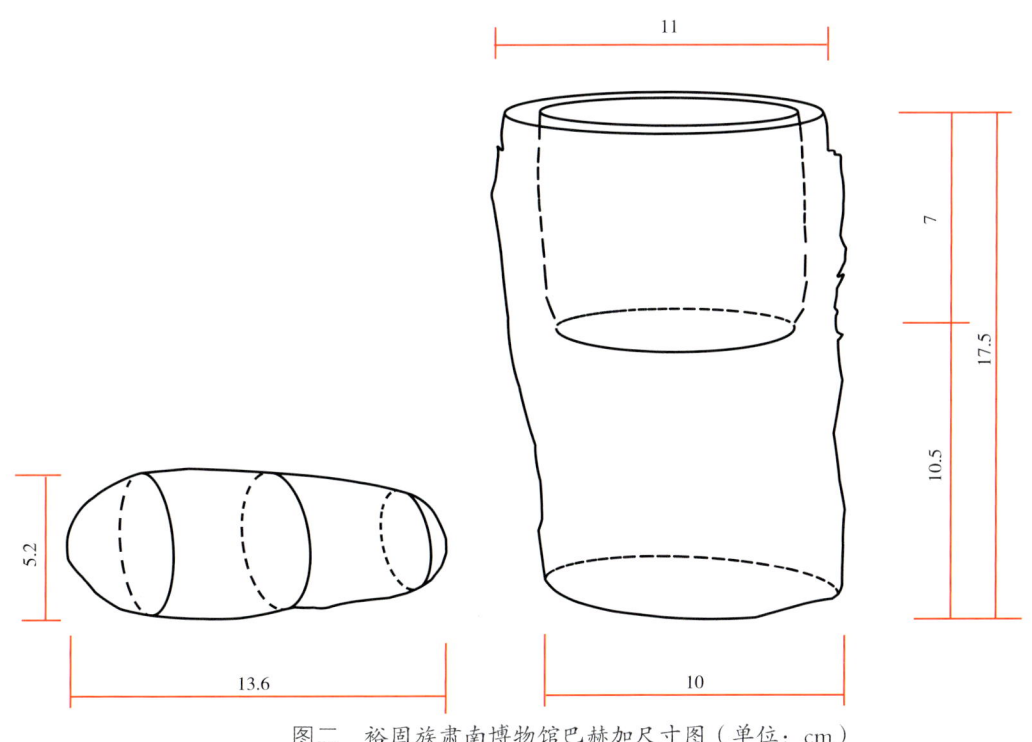

图二　裕固族肃南博物馆巴赫加尺寸图（单位：cm）

图三 裕固族肃南博物馆巴赫加内部示意图

图四 裕固族高车穹庐巴赫加

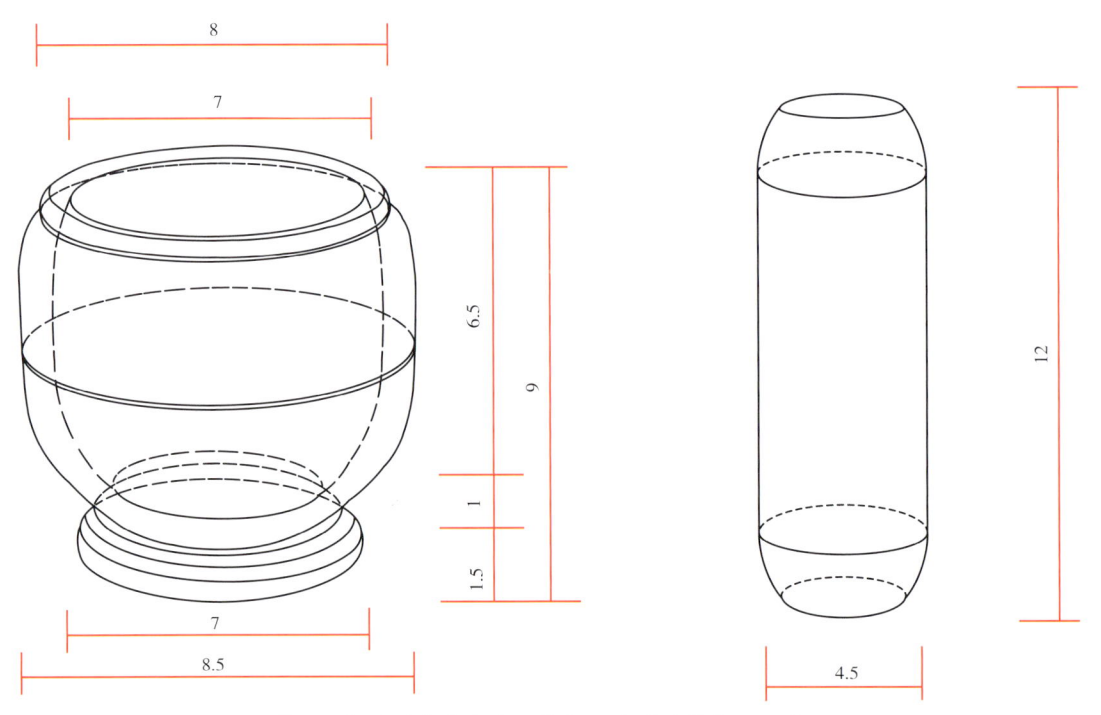

图五 裕固族高车穹庐巴赫加尺寸图（单位：cm）

图六　裕固族高车穹庐巴赫加使用情境图

图七　裕固族张掖玉石博览会巴赫加

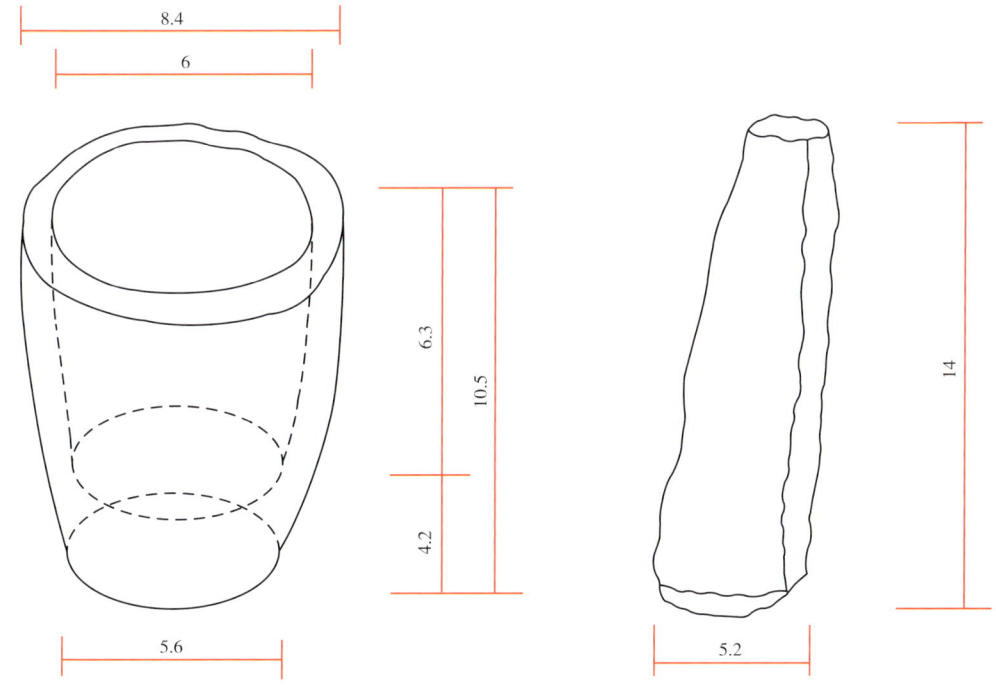

图八　裕固族张掖玉石博览会巴赫加尺寸图（单位：cm）

第三章　裕固族传统餐饮

093

裕固族酥油茶壶

图一　裕固族酥油茶壶主图（龙形提手铜壶）

裕固族传统的饮食习惯为每日三茶一饭。裕固族喝的茶是酥油奶茶，由砖茶、酥油、曲拉、奶皮子、炒面、食盐等熬制而成，喝茶时要把熬好的茶盛到专门的酥油茶壶中，然后斟入碗中饮用。酥油茶壶是裕固族人生活中一件很普通又很重要的器具。

图一至图六为一件清代留存下来的铜质酥油茶壶，该茶壶现收藏于张掖市博物馆。此壶历经百年依然光亮如新。茶壶通高30厘米，壶体最宽处直径20厘米，器身呈扁圆状，腹部上丰，向下内收成平底，壶盖有圆柱形盖钮。该壶最大的特点是其提手和壶嘴的造型，一条栩栩如生的龙呈"几"字形俯于壶体之上，提手与壶嘴总长度达28厘米，龙头和龙口部位与壶嘴完美结合，拱起的龙身与外翘的龙尾形成提手。从设计学的角度分析，"几"字形龙身符合手提的功能需要，既易于拎起壶身，放在炭炉上加热时又不易被烫，既美观又实用；雕刻精致的龙鳞增加了手提时的摩擦力。此外，壶嘴藏于龙口中，并向外伸出一段流口，倒茶时浓浓的酥油茶从龙口里流出，金龙戏水的情景颇具趣味性，提高了饮茶的雅兴。

图七与图八所示为一件裕固族常用酥油铜壶。铜壶器身呈扁圆状，直口，平肩外展，鼓腹下收。壶流从近壶底部向上伸出，流口呈椭圆形。该铜壶特点之一是，壶身上装有两根扁平状执柄，柄钩于壶身前后对称的双

系内，双执柄在功能上增加了摩擦力，便于倒茶时握紧提手。特点之二是，精美的壶盖与高直的壶身颈部造型独特，壶盖口套于壶颈直口内，整体造型似裕固族人的帽子与衣领，民族特色在壶盖部位体现比较突出。特点之三是，铜壶装饰图案丰富、精美，壶盖、壶口肩部、壶嘴等部位都雕刻有细密的祥云纹和花卉纹样，祥云纹样雕刻既是佛教文化在器物艺术中的体现，又使得铜壶增添了高贵华丽的品质。

图九与图十所示为一件收藏于肃南县博物馆的酥油铜壶，其造型与图八所示铜壶相近，提手同样为双执柄，壶盖与壶颈也是帽子衣领形状，不同之处是雕刻部位较少，只在壶盖、壶嘴端部及壶嘴与壶身结合部位有点缀性装饰，如此更显铜壶造型简洁纯朴。

综上研究，裕固族酥油茶壶造型上的特点是壶腹鼓圆、壶盖紧致、壶嘴较长，如此造型的目的是保持酥油茶的温度，因为酥油茶不宜冷饮，冷饮易得肠胃病，也不宜反复加热，多次加热，会导致酥油与茶水分离，口感极差。鼓圆形体能实现最小表面积包围最大体积，从而减少表面散热；紧致壶盖和较长壶嘴同样也是为了减少热量损失。在材料方面，酥油茶壶一般都由金属铜制造，这是因为铁易与酥油茶发生反应，而铝材质较软不易长久使用，唯有铜性质较稳定，适宜于制造酥油茶壶。

图片来源
图一、图三　郭宗平　摄影
图二、图四至图六、图八、图十　李俊　制图
图七　王利舟　摄影
图九　周涛　摄影
图十一　霍鹏剑　制图

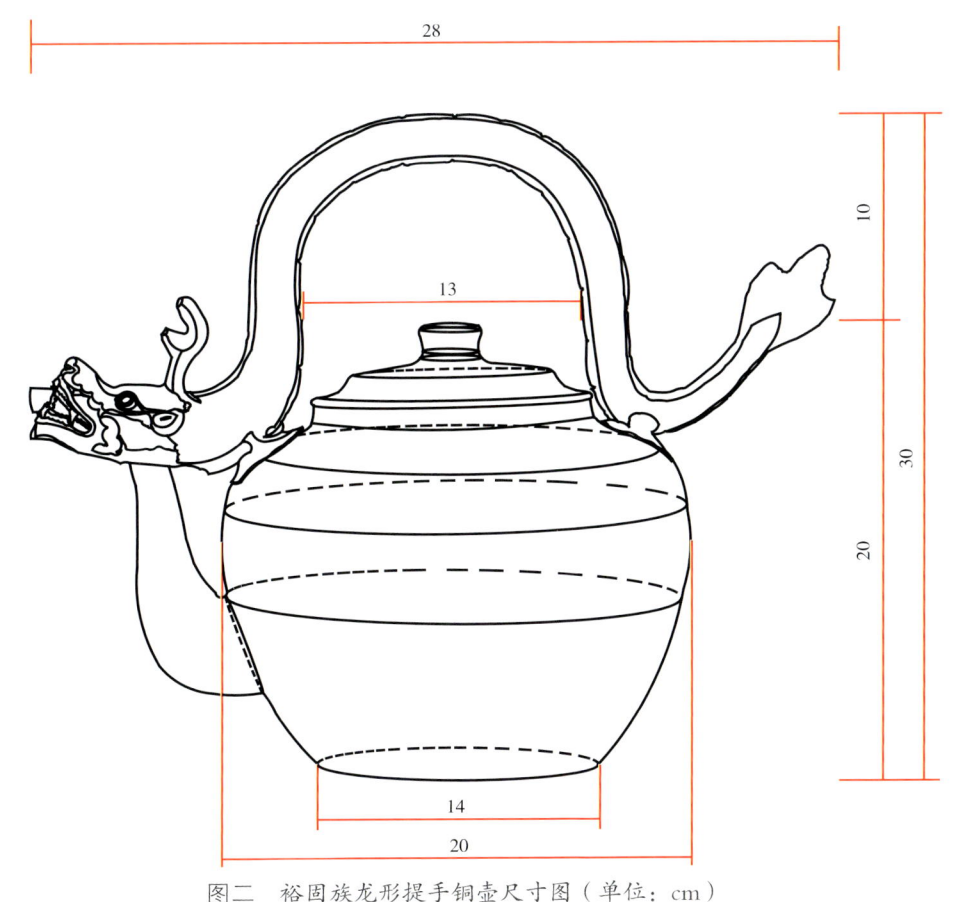

图二　裕固族龙形提手铜壶尺寸图（单位：cm）

图三　裕固族龙形提手铜壶侧面图

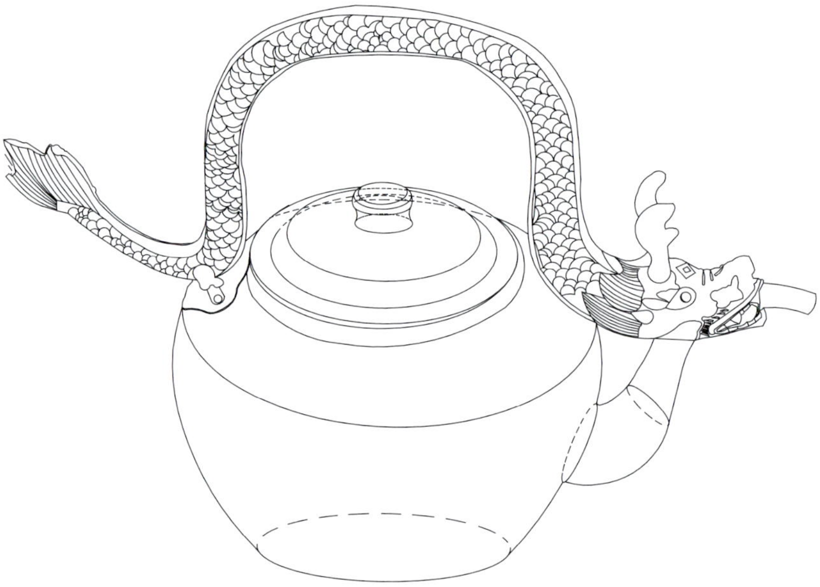

图四　裕固族龙形提手铜壶线描图

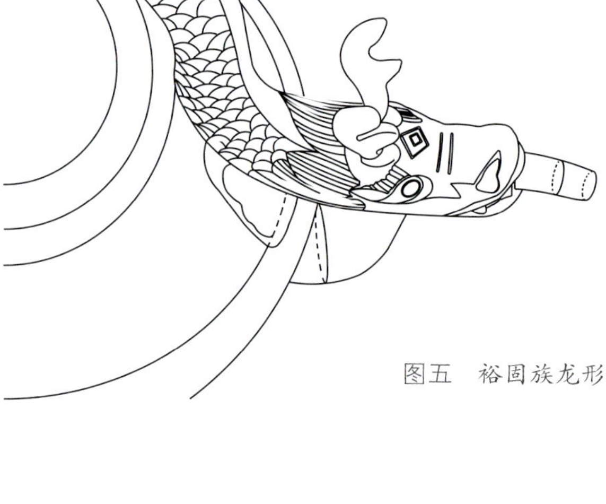

图五　裕固族龙形提手铜壶壶嘴工艺图

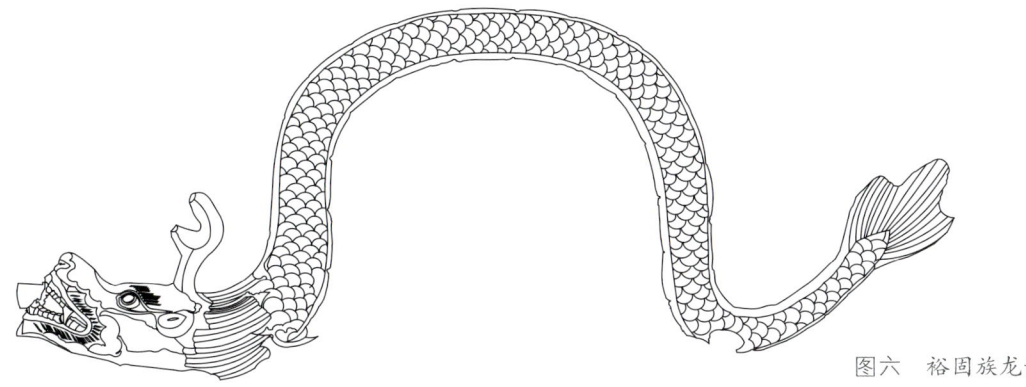
图六　裕固族龙形提手铜壶提手工艺图

图七　裕固族花卉云纹铜壶

图八　裕固族花卉云纹铜壶线描图

图九　裕固族肃南县博物馆铜壶

图十　裕固族肃南县博物馆铜壶线描图

图十一　裕固族酥油茶饮用情境图

裕固族炒面匣子

图一 裕固族炒面匣子主图

　　裕固族是一个古老的游牧民族，以传统的畜牧业为主，适应游牧生活的特点，形成了"三茶一饭"或"两茶一饭"的饮食习惯。奶、茶、炒面等在裕固族人的日常生活中占有十分重要的位置。

　　炒面匣子，也叫炒面盒子，是裕固族日常饮食用具之一，主要用于存放炒面、酥油、曲拉等食品。本案例炒面匣子收藏于肃南裕固族自治县高车穹庐中。案例造型为一个长方体的盒子，长60厘米，宽18厘米，高18厘米，纯手工制作，采用上好的整块红松木加工而成。松木板质地好，耐腐蚀，并且无节，是制作炒面匣子的优良材料。该炒面匣子结构简单、精巧，匣子四周由整块木材拼接而成，中间有隔板，将整个匣子分割成两部分，两部分容积大小不一，可因需要而定；上部为抽拉式盒盖。匣子四周木板利用相互卯榫穿插而成，采用了较为简单的平板明榫角结合的连接方式；中间隔板以穿带式连接，连接牢固可靠，隔板上端与开槽平齐，便于与盒盖紧密结合；盒盖采用开槽抽拉式连接，既避开了因高频使用而易坏的铰链式连接方式，也利于盖子与盒体紧密结合，起到良好的盖合作用；盒盖端部同样以穿带式卯榫连接，上沿突出，与其他三边盒沿平齐，便于抽拉，完整一体。

　　盒子色彩为木材本色，饰以清漆，呈深黄色，木质纹理清晰可见，表面油光，简单，大方；两端侧面饰有蝴蝶、花草纹饰。

　　炒面一般是将炒熟的小麦、青稞先用石

磨碾碎，然后将碾碎的炒面放入杵中捣成粉末，再将捣成粉的炒面放入炒面匣子储存，方便食用。裕固族人在喝酥油茶时一般都会加入适量的炒面，以增加酥油茶的口感和稠度。

图片来源

图一　胡钢锋　摄影
图二至图八　季彤　制图

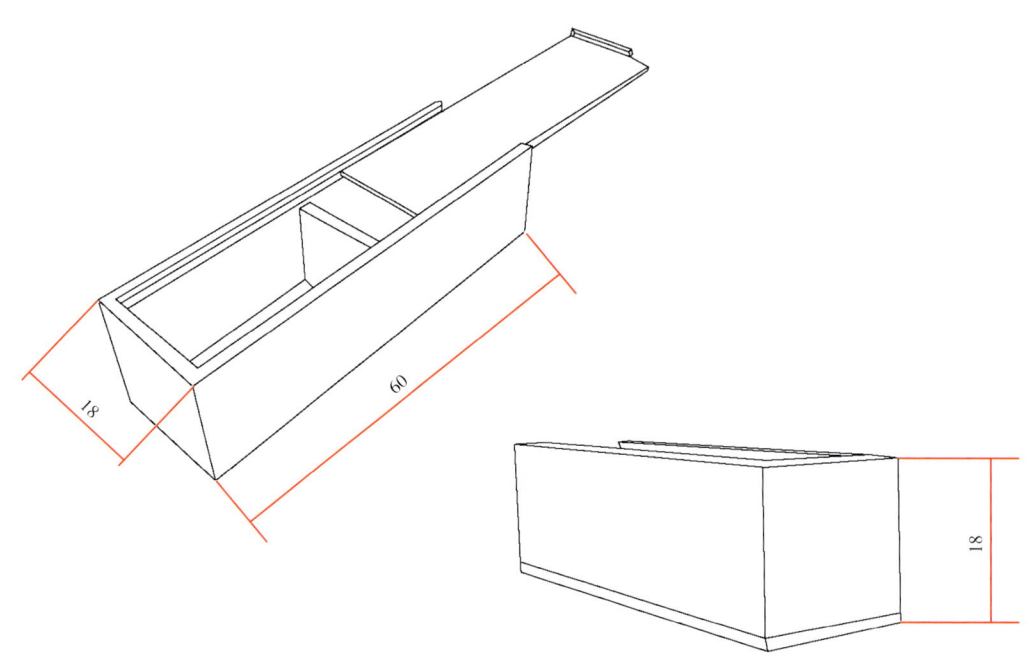

图二　裕固族炒面匣子尺寸图（单位：cm）

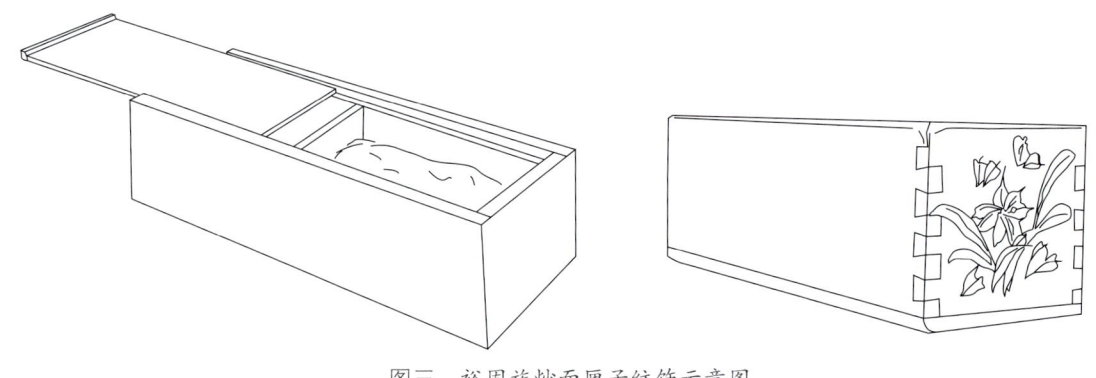

图三　裕固族炒面匣子纹饰示意图

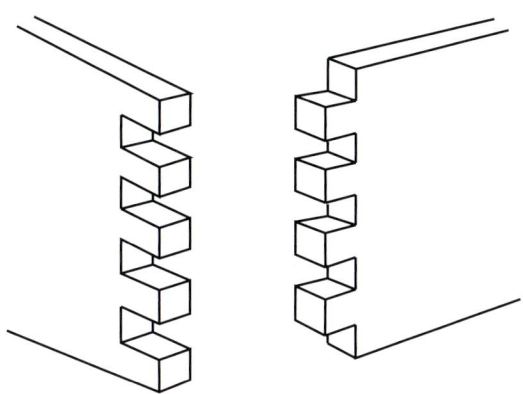

图四 裕固族炒面匣子卯榫结构示意图

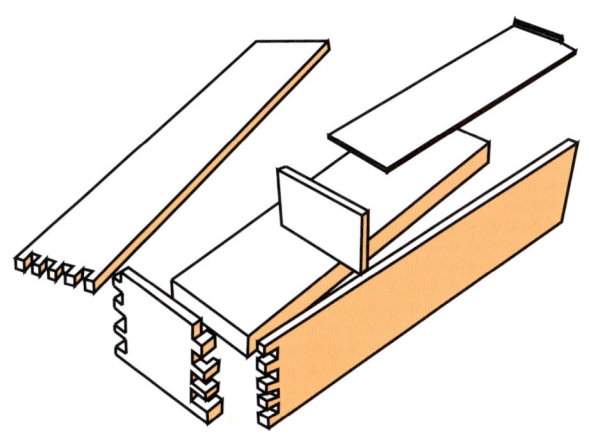

图五 裕固族炒面匣子制作工艺图

先用石磨将炒熟的青稞碾碎

再将碾碎的青稞放入杵中碾成粉末即为青稞炒面

将磨成粉的青稞炒面放入匣子中即可食用了

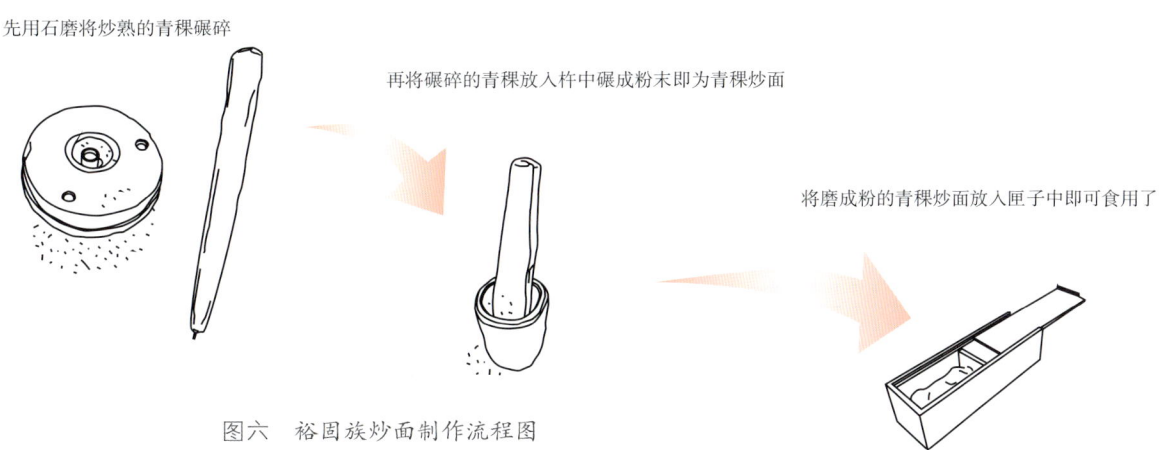

图六 裕固族炒面制作流程图

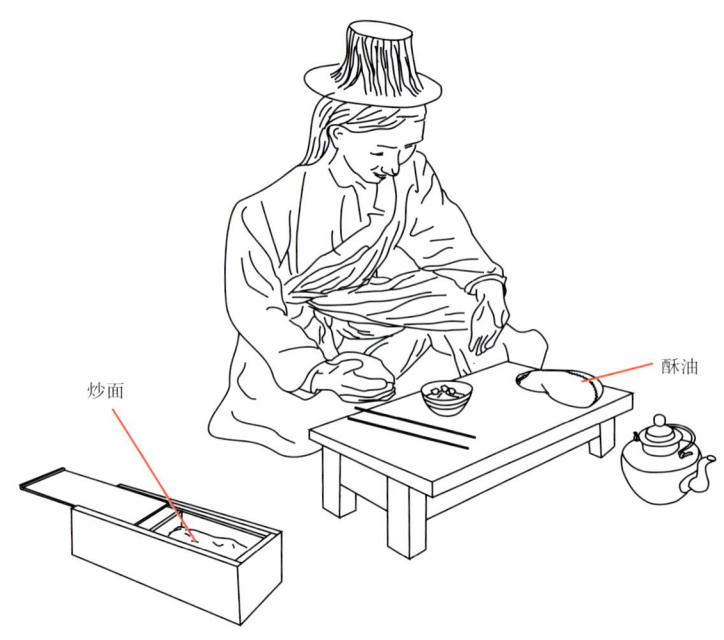

图七 裕固族炒面匣子使用情境图

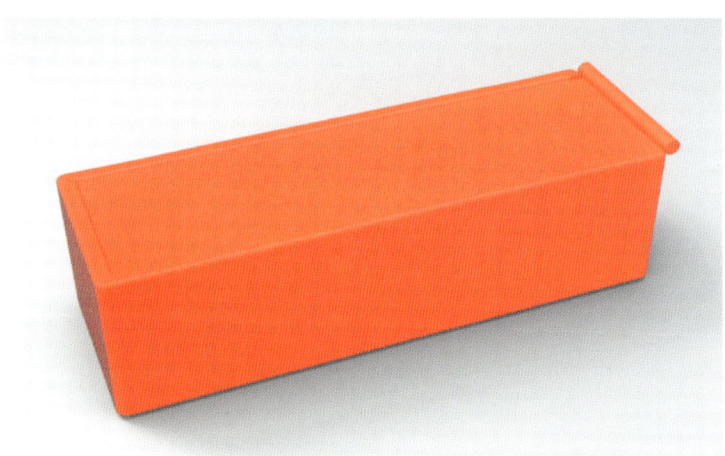

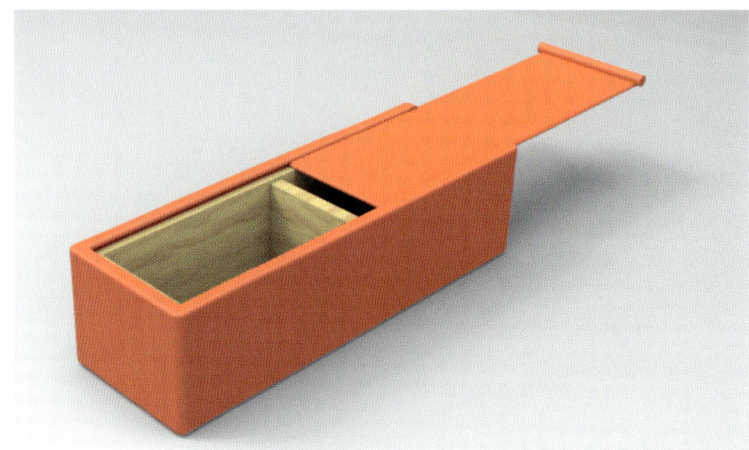

图八 裕固族炒面匣子效果示意图

裕固族手抓羊肉

图一　裕固族手抓羊肉主图

手抓羊肉是裕固族的风味名菜，也是日常生活中不可或缺的主食之一。手抓羊肉因吃时一手抓肉，一手拿刀割、挖、剔、片，把羊骨头上的肉吃净而得名。初次吃手抓羊肉，会有近乎原始之感，经多次品味，则越吃越馋，使人经久难忘。

裕固族手抓羊肉至今保持着最纯朴的做法。首先，优选肥羊宰杀，剥皮，掏出内脏，将羊肉按骨骼结构卸开，剁成拳头大的碎块，洗净下锅，锅内加水，放入适量姜片、花椒、食盐等简单作料。根据火候长短，有两种做法：一种为开锅肉，即汤刚沸腾，血丝退去，即可捞出来吃，这种肉鲜嫩可口；另一种做法是将肉煮烂，直到脱骨为止，这种肉松软浓香。煮肉既可在室外，也可在室内。室内煮肉用火炉即可，至于所用的锅，现在人们已不局限于传统的扎格斯，铝锅使用也较多。室外煮肉采用可搬动的铁锅和配套的锅叉子，这是裕固族延续以前游牧生活的做法。

煮好的羊肉装盘即可食用。由于肉块较大，桌上一般放几把腰刀供切割使用。裕固族传统吃法是，手抓大块羊肉直接入口，或蘸盐吃，配以大碗青稞酒，场面凸显裕固族人的粗犷与豪爽。当然随着餐饮方式的变化，现代手抓羊肉吃法也越来越多样化，或蘸蒜泥陈醋以减少膻味，或配以新鲜时蔬以平衡羊肉的温热，避免上火。手抓羊肉作为裕固族招待客人的上乘佳品，待客要遵循一定的礼节。一般要将羊胸叉部分或尾巴放在盘中，首先敬献给贵客食用，然后其他人才能动手吃。

手抓羊肉的做法与吃法，与裕固族的生活环境和独特的生活习惯有很大的关系。裕固族人生活地区天气寒冷，热量消耗较大，羊肉性温热，吃手抓羊肉可以高效地补充身体热量。此外，裕固族曾经一直过着游牧生活，外出游牧，炊事和餐饮快捷方便是必须考虑的，手抓羊肉做法简单，操作方便，适宜于游牧生活的需要。

图片来源
图一、图五　王利舟　摄影
图二　杨永贤　摄影
图三　霍鹏剑　制图
图四　郭宗平　摄影

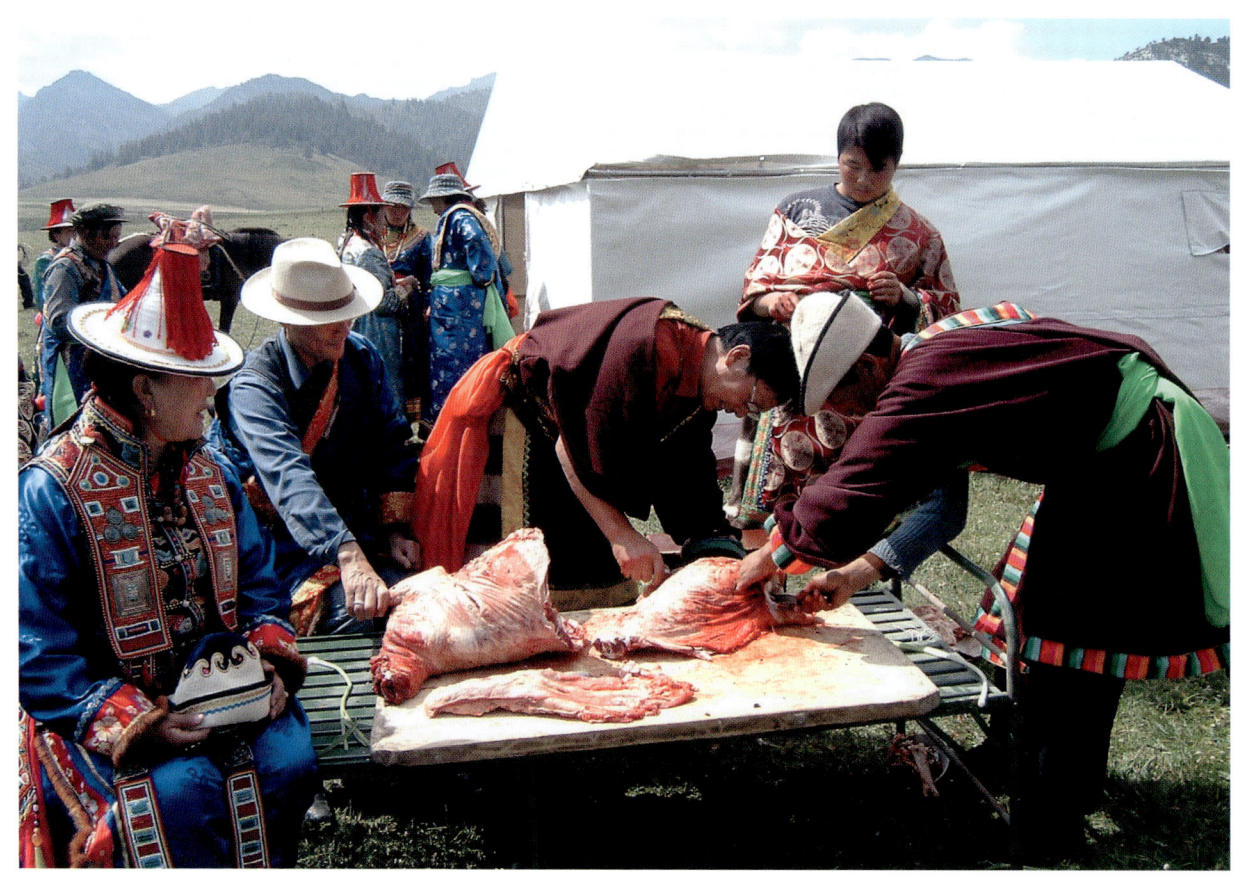

图二　裕固族卸羊肉情境图

用火炉煮羊肉（室内）　　　　　用扎格斯煮羊肉（室外）

图三　裕固族煮羊肉情境图

图四　裕固族用铝锅煮羊肉示意图

图五　裕固族手抓羊肉装盘示意图（配蘸料）

裕固族烧壳子

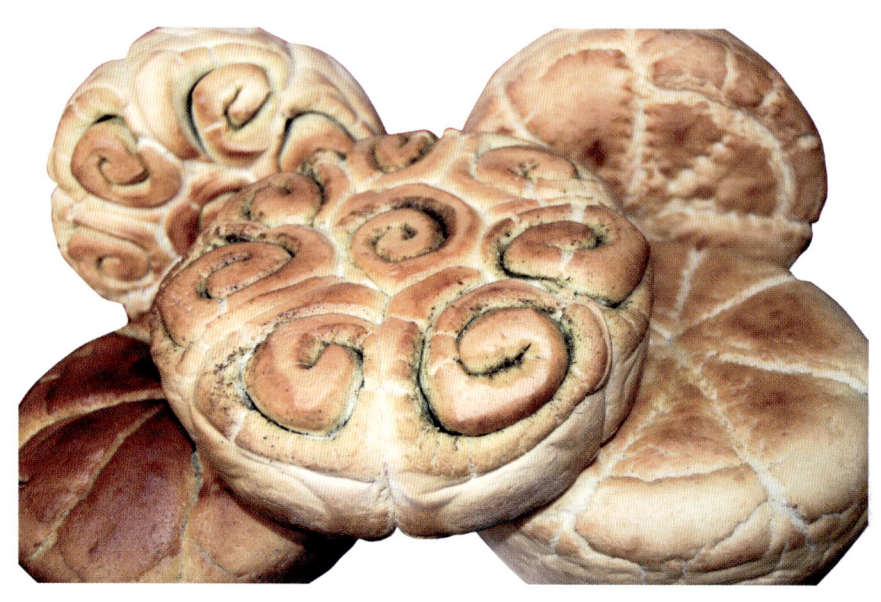

图一　裕固族烧壳子主图

烧壳子是一种用发面烤制而成的面点食品，是裕固族的一种传统特色主食，既可作为家常主食，也可作为外出时的干粮，同时也是做席待客的桌上美餐。烧壳子为圆形，色泽焦黄，口感香脆，通常与酥油奶茶搭配食用。大的直径约20厘米，厚约8厘米，每个重量约2.5斤，造型多样，有花卷、百叶、石榴、桃形等形状。烧壳子采用特制的铸铁烧锅作为模具，采用羊粪作为烧烤燃料，制作工艺独特，是裕固族饮食文化的一大特色。

制作烧壳子需要专门的炉灶。烧壳子的模具是由铸铁制成的扁圆形烧锅，烧锅直径23厘米，高12厘米，锅体厚约1厘米，由锅盖和锅体两部分组成，锅盖顶部有一耳，用来将木棍穿入揭起锅盖，锅体两侧对称有两耳，方便拿取。烧壳子的燃料是就地取材的干羊粪，烧制食物前将羊粪点燃，把烧锅埋入羊粪，利用高温消毒，待羊粪火焰烧过后，剩下的灰烬将保持一天的恒温（约68℃），这个温度适合烤制烧壳子。

烧壳子采用发面制作，可用白面，也可用玉米面。前一天需将面用酵母发好，每10斤面需搭配3到5颗鸡蛋，并和入适量素油。第二天一早即可搭碱和面开始制作，制作过程包括和面、切块、造型、入锅、烧烤、出锅、除灰等步骤。首先把和好的面切成块，每块约2.7斤，然后把面块擀成烧锅大小的圆形，接着用刀或梳子在圆形面块上塑造花型，然后将面放入烧热的烧锅内盖上盖，扒开烧好的火堆，把烧锅埋入火内开始烤制，约一个小时后即可出锅。做工考究的还要用一小团面蘸上油在烧壳子滚一遍，目的是除去残留的灰渣。花卷造型的烧壳子制作时有些特殊，切块时每块约3两多，擀成薄饼状，抹油，撒香豆粉，再卷成花卷，八个花卷挤在一个铁锅中，等烤熟后连在一起，造型独特。

烧壳子这一特色面食的产生和发展与裕固族的生存环境、生活方式息息相关。裕固族是游牧民族，牧民外出时常需携带干粮，烧壳子含水分较少，易于保存，类似于新疆的馕。裕固族牧民都养羊，羊粪是最廉价的燃料，同时羊粪燃烧过后能长时间保持恒定的温度，烧壳子充分利用了这个温度，扁圆形烧锅埋入羊粪，上下左右四面加温，保证了烧烤温度的均匀。裕固族人就地取材，利用最简单的烹饪原理、最低碳环保的工艺做出了最纯正的天然食品。

图二　裕固族烧壳子用的烧锅

图片来源

图一、图二　郭宗平　摄影
图三、图四　伊铸鑫　制图
图五、图六　贾理赟　制图

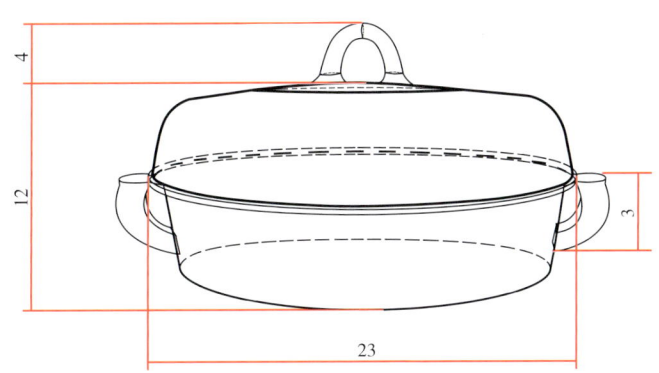

图三　裕固族烧锅尺寸图（单位：cm）

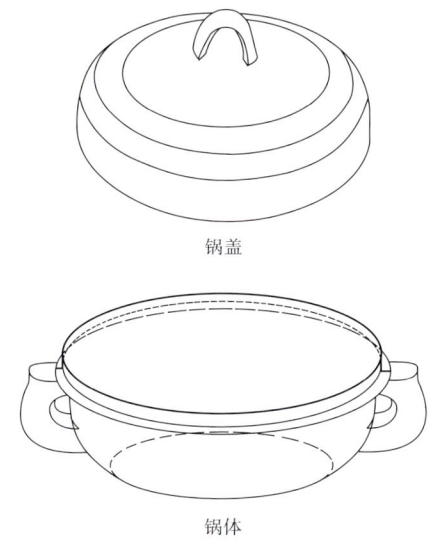

锅盖

锅体

图四　裕固族烧锅锅体和锅盖解析图

图五　裕固族烧壳子炉灶

第三章　裕固族传统餐饮

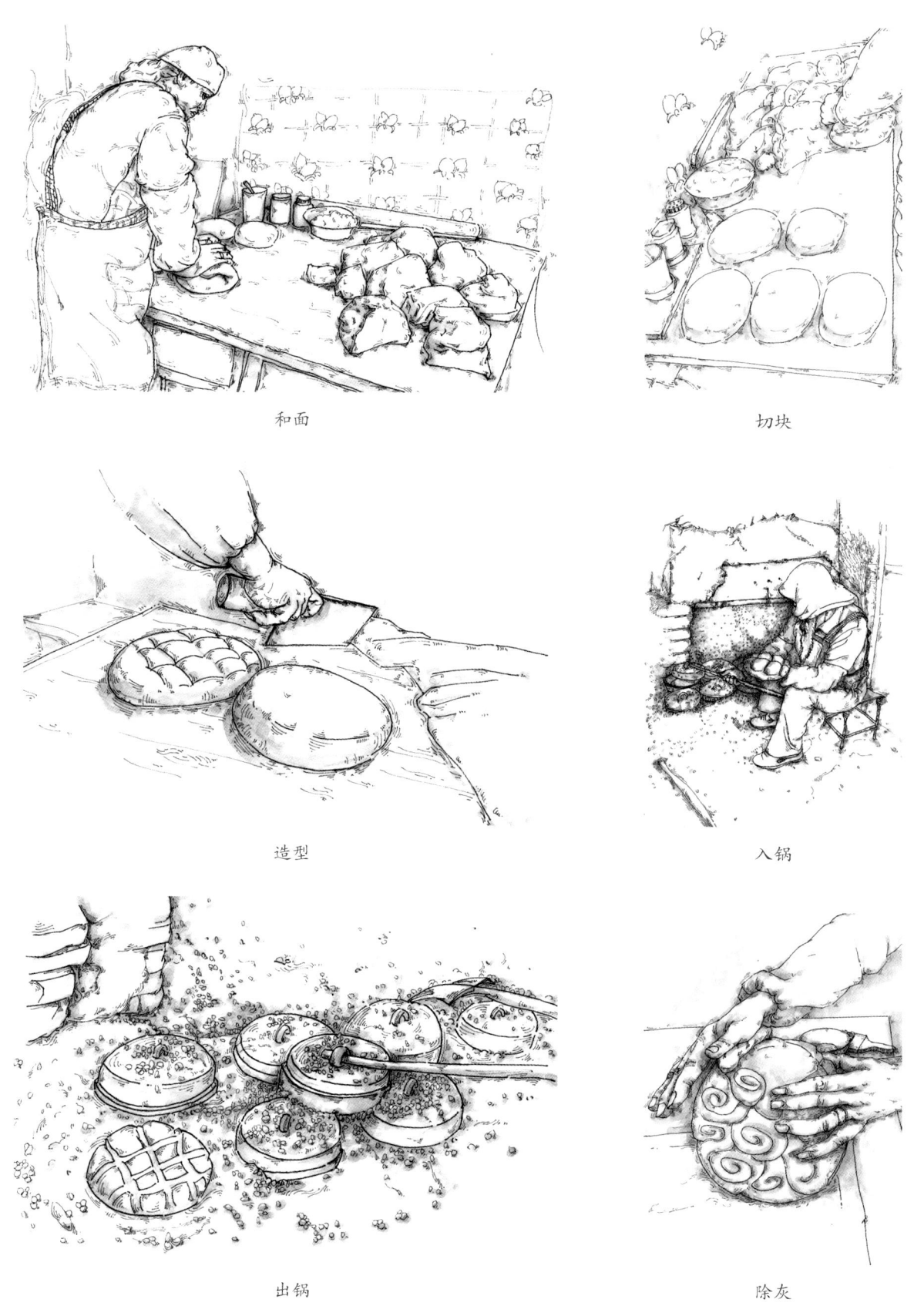

和面　　　　　切块

造型　　　　　入锅

出锅　　　　　除灰

图六　裕固族烧壳子制作流程图

第四章 裕固族传统生活用具

裕固族鹰膀烟具

图一　裕固族鹰膀烟具主图

烟具大体分为三类：即旱烟烟具、水烟烟具和鼻烟烟具。本案例为旱烟烟具，也叫烟袋锅，现收藏于甘肃肃南裕固族自治县博物馆。它由烟杆、烟斗和烟袋三部分组成。烟具通长33厘米，以整根雄鹰翅膀骨为烟杆，直径约为2.5厘米，杆身光滑圆润，两端骨节清晰。烟袋为牛皮缝制，烟袋背带上穿有狼牙，用以将烟袋缠绕在烟杆上，便于携带。烟斗为黄铜制作，色泽亮丽，底部为圆柱形，上有宽沿，呈盘状，内腔呈斗形，有孔，镶嵌在鹰骨上，孔与鹰骨内腔相通。

烟具是日常生活用品，它反映出不同历史时期受众所处的社会状态及生活习惯等。裕固族为西部游牧民族的分支，早期裕固族人长年生活于马背之上，他们迁徙时多是步行或骑马，旱烟杆由便于携带的短烟杆逐步发展成一种类似棍棒工具的长烟杆，既可击蛇驱兽，又可拔草探路，还可拒敌防身。此外，烟杆也是长者的"戒尺"，用以即兴训诫晚辈。

该烟具设计结构简单，采用鹰骨为烟杆材料，廉价易得，光整圆润，且无需涂饰。在鹰骨粗端设有烟斗，烟斗处采用圆形铜片包裹，结合紧密，边缘线条明晰又平滑自然，与端部鹰骨骨节浑然一体。烟斗与回绕铜皮镶嵌，焊接位焊痕清晰，未经打磨，体现其时较粗犷的焊接工艺。烟斗造型精致，比例恰当，美观得体。烟袋为附属部件，用整块牛皮缝制而成，袋口为圆弧形，搭盖为三角形，顶端连接细长的系带，一体成型，牢固可靠。系带末端穿狼牙，用于将烟袋缠绕到烟杆上，便于携带，白色的狼牙融实用功能与装饰效果于一体。为了链接牢固可靠，在狼牙末端用金属薄片缠绕、敲实并在中心处钻孔，结实耐用。整个烟具造型呈弧形，烟斗在鹰骨粗端上翘处，一方面吸食时装于烟斗中的烟丝不易倾洒，另一方面将空留的鹰骨细端作烟嘴，构思精巧。

使用时，摸出别在腰间的烟具，伸进装

烟的牛皮袋，满满地挖一锅子烟丝，用拇指压实，左手托起叼在嘴边，待烟抽完，曲起左脚，搁在右腿上，亮出鞋底，拿烟锅在上面磕打，将燃尽的烟灰磕出。烟斗设在鹰骨粗端弧形的上翘处，加重了烟斗端的重量，磕起烟灰更为省力，同时弧形烟杆极大方便了吸食和磕灰。

鹰骨烟具在裕固族中较为常见，根据使用者社会地位或家境的不同会有不同的工艺制作，有的制作更为精细，装饰精美。

图片来源

图一、图八　胡钢锋　摄影
图二、图三　秦凯强　制图
图四、图五、图七　季彤　制图
图六　戴永凤　制图

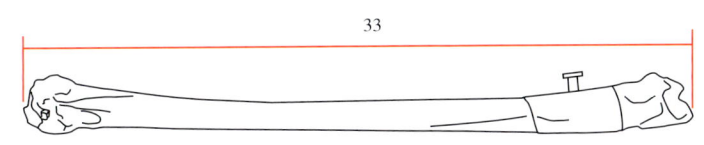

图二　裕固族鹰膀烟具尺寸图（单位：cm）

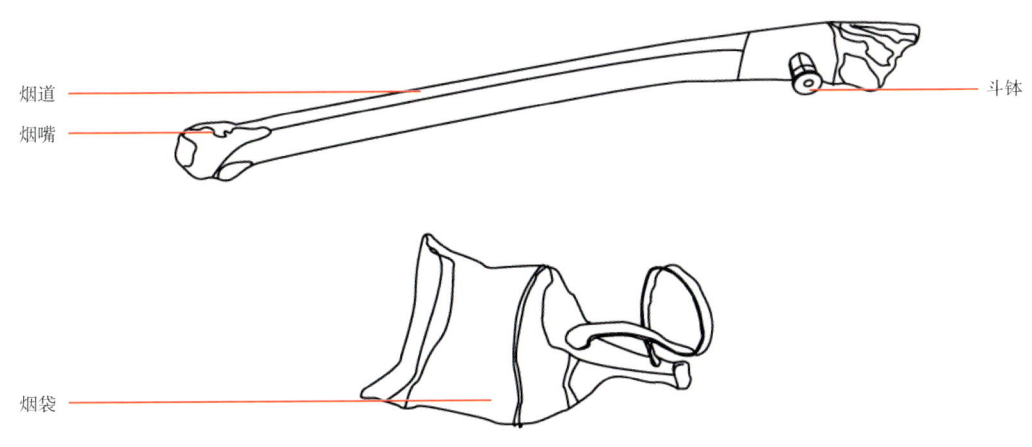

图三　裕固族鹰膀烟具结构名称图

图四　裕固族鹰膀烟具线描图

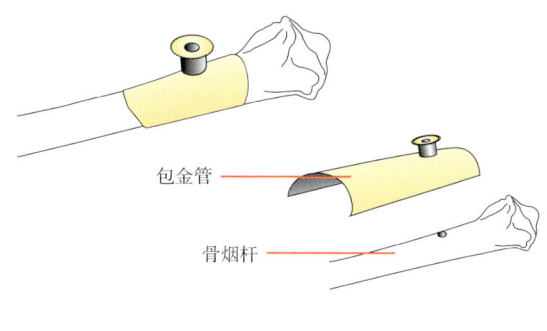

包金管

骨烟杆

图五　裕固族鹰膀烟具局部分析图

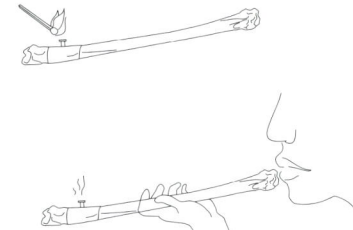

图六　裕固族鹰膀烟具操作示意图

图七　裕固族鹰膀烟具色彩分析图

图八　裕固族铜烟具

裕固族腰刀

图一 裕固族腰刀主图

腰刀，裕固族手持类随携式小型器具。裕固族腰刀具有浓郁的草原民族风格。由于刀身较短，多用于前刺，鲜用于劈杀，适合近身格斗，不仅能直刺，也能割能砍，是牧民生活中不可或缺的工具。

本案例现收藏于中华裕固风情走廊高车穹庐景区。通长约22厘米，宽4厘米，柄长8.6厘米，刀背最薄处不到0.2厘米。刀整体呈竹叶形，器身平直略往上曲翘，平背、短柄、平首，刀一面开刃，为薄刃，刀刃自手柄处向前聚成尖锋，锋利无比，刀刃顺着刀背的走势，逐渐趋于平直，直至末梢。背有脊，脊部加厚起棱，该刀刀背厚实沉重，在使用时可产生较大惯性和力量。

该腰刀整体分为刀鞘和刀体两部分，此刀鞘以铜皮回绕、鞘体中心绑缚固定的对称结构构成，鞘口由三道铜丝排列固定，每道铜丝由6根细丝组成，形成弦纹。箍口处有铜环与皮绳绑缚，皮绳的一端用于穿绑刀柄身上的孔，这样便于固定刀鞘与刀体，皮绳穿过孔，在孔的另一端打扣便可完成固定动作。

刀体分为刀身和刀柄两部分。该刀刀身为钢质的，刃锋。钢刀用炒钢反复折叠锻打而成，淬火后极为锋利坚韧。刀身嵌入刀柄中部，这样增加两者的牢固度，在身、柄交界处有金属裹附，增加刀的使用寿命。柄身由牦牛骨制成，色泽温润，耐磨；柄端往往浅刻并缠绕银丝、铜丝，做装饰的同时增大手部摩擦，便于操持。其装饰特点是刚柔相济、吞吐自如、飘洒轻快、矫健优美。

该案例从功能设计的角度讲堪称完美。靠近手柄处的刀刃十分钝化，与整个刀背不相伯仲，此设计有它的优点：首先，钝化的刀刃对操作者构不成伤害；再者，在对肉、皮进行撕、割中需要用大力时，操作者可以手握住钝化的刀刃，即用一手握柄，一手可推握刀背做推切动作，这样就减小了力矩，

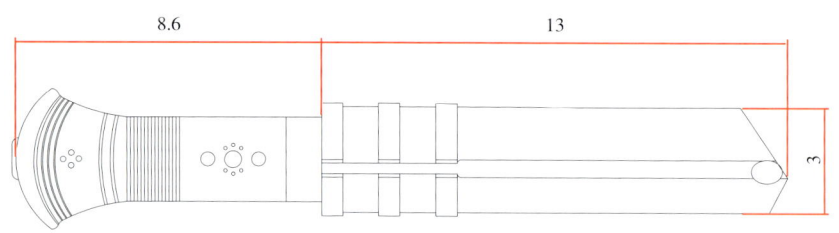
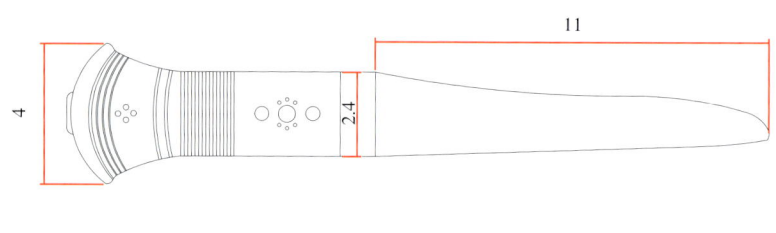
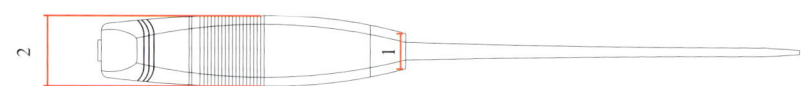

图二 裕固族腰刀尺寸图（单位：cm）

从一定程度上也就节省了人的力气。刀刃到中前部分突然变薄，这是因为使用腰刀的整个过程中只用到腰刀的中前部。此案例的刀背比其他手工类的刀背要厚得多，最厚处达到了 1 厘米，这是由于在使用过程中经常需两手着力于刀背使力。

腰刀具有携带方便、使用灵活、用途多样的特点。在日常生活中可以作为炊食具使用，战时则可以防身卫体。至今裕固族仍有随身佩带腰刀的习惯。

图片来源
图一 胡钢锋 摄影
图二、图三、图五、图六 季彤 制图
图四、图七、图八 戴永凤 制图

图三 裕固族腰刀刀体、刀鞘解析图

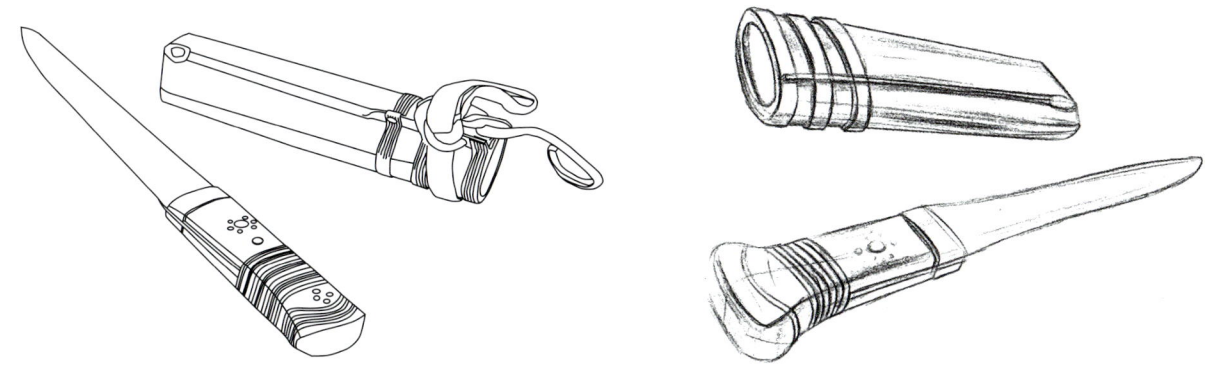

图四 裕固族腰刀线描图

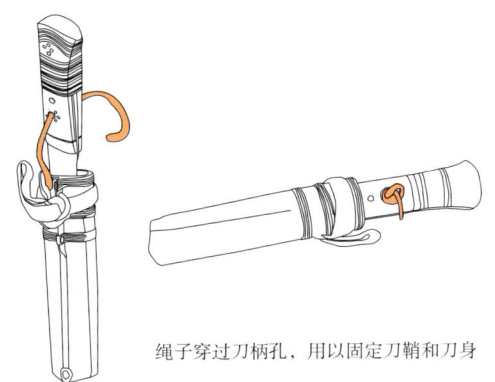

绳子穿过刀柄孔，用以固定刀鞘和刀身

图五 裕固族腰刀工艺分析图

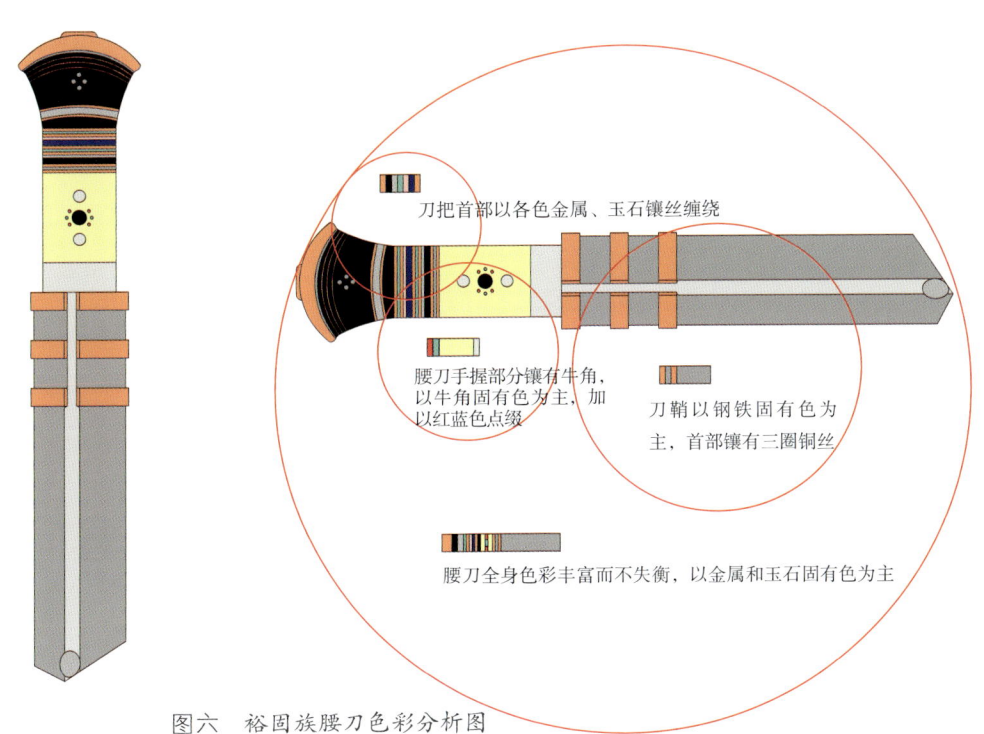

刀把首部以各色金属、玉石镶丝缠绕

腰刀手握部分镶有牛角，以牛角固有色为主，加以红蓝色点缀

刀鞘以钢铁固有色为主，首部镶有三圈铜丝

腰刀全身色彩丰富而不失衡，以金属和玉石固有色为主

图六 裕固族腰刀色彩分析图

第四章 裕固族传统生活用具

图七 裕固族腰刀使用情境图

图八 裕固族腰刀佩戴方式示意图

裕固族弓箭

图一 裕固族弓箭主图

弓箭能在较远的距离准确而有效地杀伤猎物，携带、使用方便，且可以预备许多箭，连续射击，杀伤力大，故深受以牧猎为生的少数民族所青睐。裕固族弓箭具有浓郁的草原民族风格，本案例现收藏于中华裕固风情走廊高车穹庐景区。弓通长98厘米，弦长83厘米，上弓片（渊）弦高19厘米，下弓片（渊）弦高13厘米，弣（抚）中部弦高10.5厘米，弓宽2.5厘米，厚约1厘米。

该案例为复合弓，由多部分组成，结构精巧简洁，设计合理，便于发力射击和骑马携带。该弓箫和抚渊结合处均包裹有光鲜的狐狸皮毛，用以避免擦伤弓弦，亦起到装饰作用。该弓因是仿制品，其渊用木材制作，

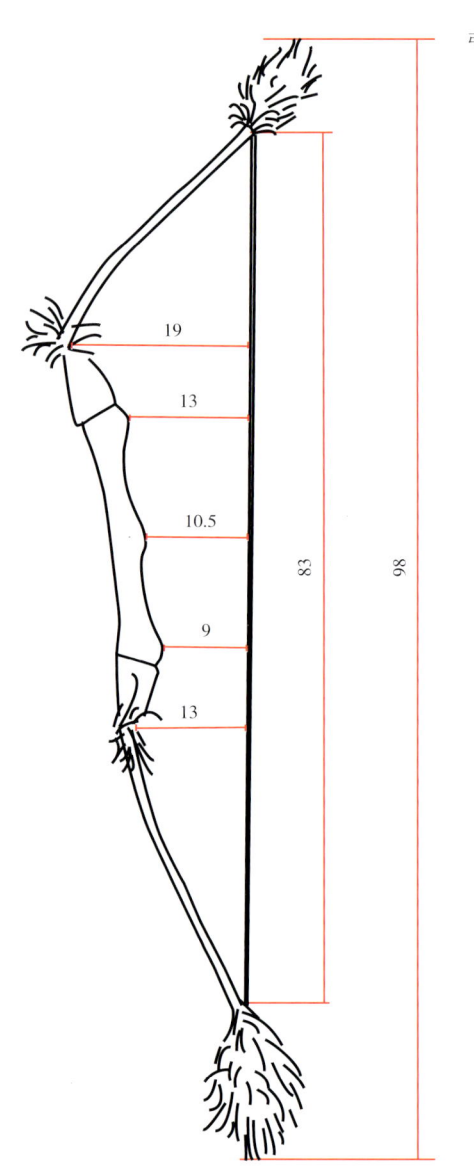

图二　裕固族弓箭尺寸图（单位：cm）

上部呈扁平形，下部为圆形，上有细线缠绕，密集平整；在抚渊结合处以粗线密集缠绕，排列整齐。抚同样是木头的，弓面（面向射手的一面）有两段凹弧，侧面呈阶梯状，便于抓握；弦为马鬃搓绳而成。裕固族所用的弓弓面为角制，角被用来加强弓臂部分。他们会选用牛角，因牛的角相对于其他动物的角比较有弹性，而且较长，广受欢迎。此外，裕固族还会用动物胶（主要有鹿胶、马胶、牛胶、犀胶等）将动物的腿后腱（来自牛、鹿等）黏在木制的弓背部分。因为腱有橡皮圈的利用，经拉扯后能够迅速地回到原位，大大加快箭矢的飞行速度。

该案例从功能设计的角度讲，堪称精湛。手握处（抚）弓面弯曲自然，边缘倒角光滑，迎合了四指的弯曲，中间突出的部位很好地将食指和中指进行分离，用以控制箭的精准度，也便于发力和抓握。弓的上背（渊）与弦呈圆弧形，下背与弦呈三角形，这样设计的优点是：上部圆弧形便于斜挎在肩上，下部三角形则更易装放于弓袋中，拿取便捷快速。细线和粗线的缠绕，配以狐狸毛皮的包裹，既有功能需求之妙，亦有装饰之功。其装饰特点是整齐划一，调和有致；蓬松的狐狸毛，轻盈飘洒，与木质弓干刚柔相济，再配以具有裕固族特色的弓袋与箭箙，则更显优美。

图片来源
图一　周涛　摄影
图二至图九　田李莹　制图

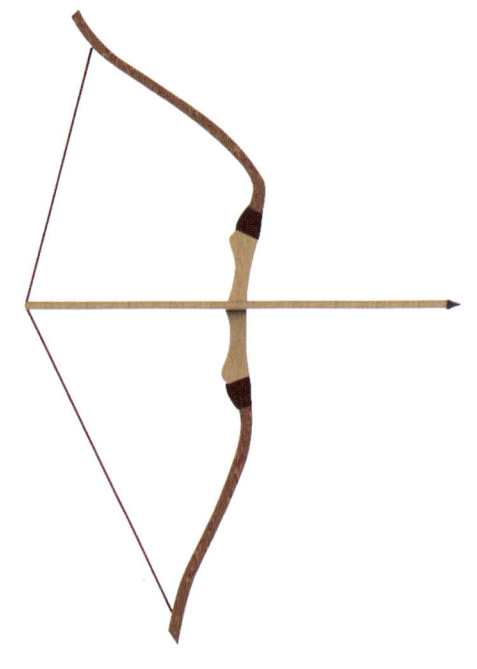

图三　裕固族弓箭击发效果图

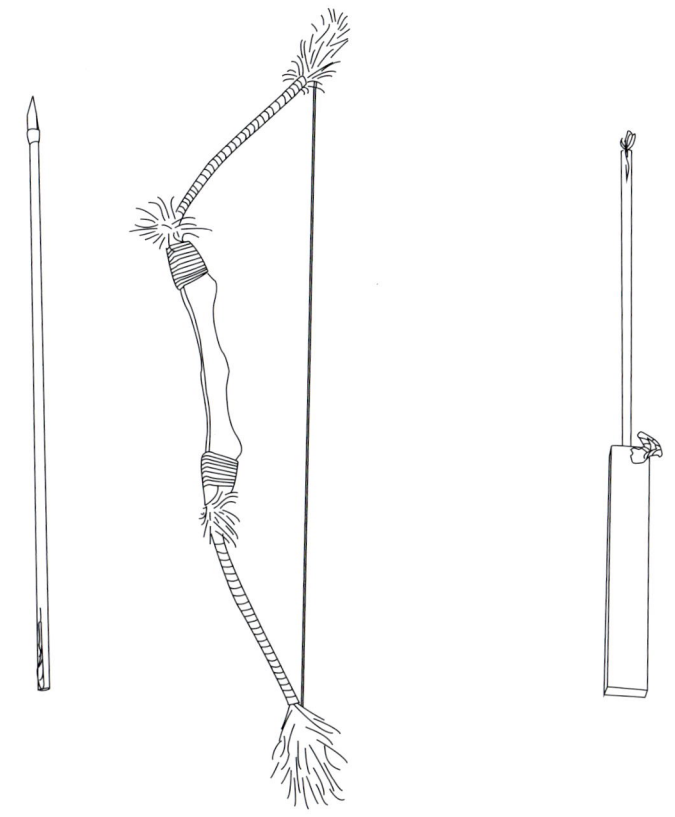

图四 裕固族弓箭线描图

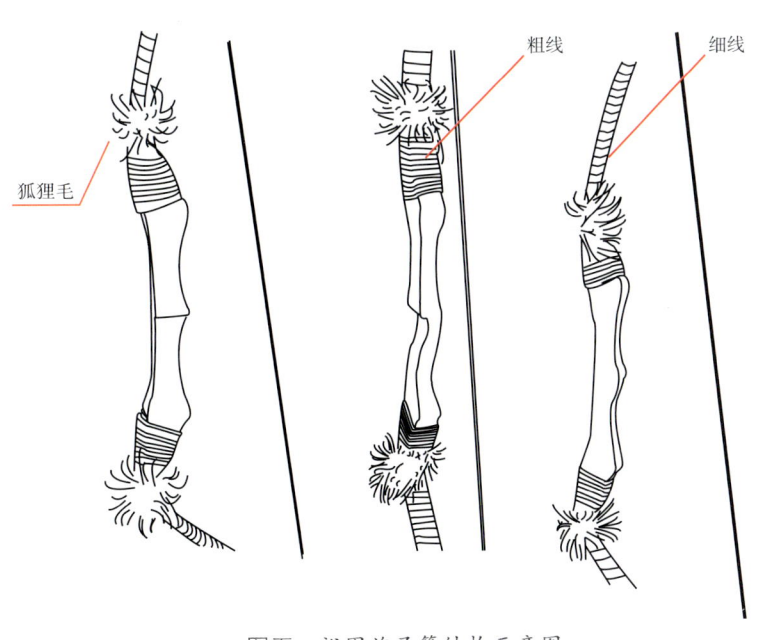

图五 裕固族弓箭结构示意图

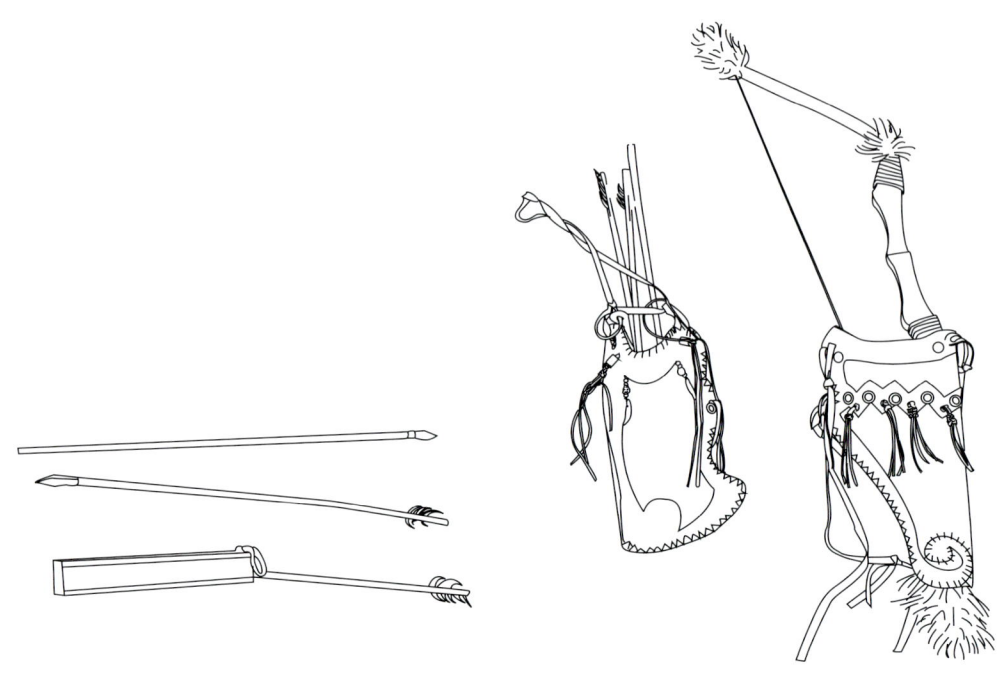

图六　裕固族弓箭收纳图

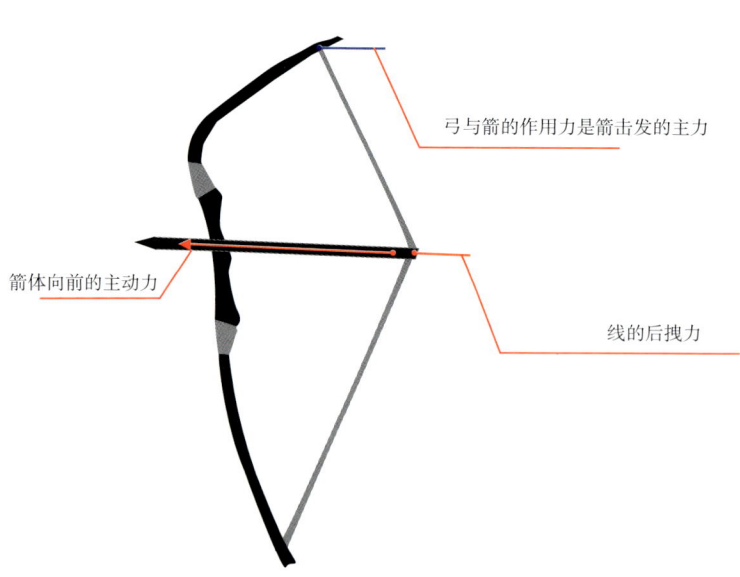

图七　裕固族弓箭击发受力分析图

图八　裕固族弓箭携带示意图

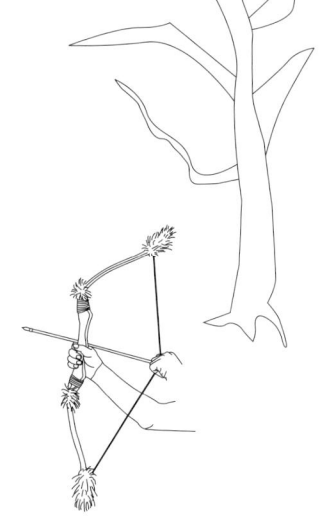

图九　裕固族弓箭使用情境图

第四章　裕固族传统生活用具

121

裕固族宝剑

图一 裕固族宝剑主图

宝剑素有"百兵之君"的美称，极具杀伤力。该案例宝剑现藏于裕固族康乐草原的王爷牙帐中。此剑外表精美，剑长约100厘米，刃长72厘米，剑柄长约20厘米。该宝剑剑锋尖突，剑身呈柳叶形，正中起脊，剑柄、剑身都镶有龙纹，纹饰精美。剑柄、剑梢头部为二龙戏珠纹，木质剑身雕刻长龙，剑尾镶有二龙戏珠纹。一般的剑没有花纹，此剑的龙纹象征高贵至尊，体现王爷尊贵的身份和地位。宝剑剑柄端部有小篆体"七星宝剑"字样，手柄顶端有环，可以挂饰品。剑柄、剑身、剑尾各镶嵌一颗宝石加以点缀；剑鞘一侧盘龙，穿插绳子，可以挂在身上或墙上。该剑为钢制，刃锋，木质剑鞘，外壁蒙皮，鞘身横束铜镂铜箍二道，鞘背为铜镂提梁。剑身底部两面饰有纹样和文字，剑锋处有仙云托起北斗七星图案。

此剑以皮蒙于鞘面，是取其威严独尊之意。造型古雅庄重，装饰华丽，格斗和防护功能相对而言要弱许多，主要是在重要场合为体现王爷的威仪而佩带使用。

剑为具有锋刃之尖长兵器，其大小长短视人体为标准，所以必须因人而定。古人将剑佩带于腰际，使用时可割可刺，能够抵御匪寇与野兽。剑的招式以劈、砍、崩、撩、格、洗、截、刺、搅、压、挂等为主。通常可以做出三种攻击范式，即截、削和刺。剑的工作部位是前端，锋利的刃面可以切割，尖锐的剑头可以刺戳。操持部位在尾端，适合人单手握持，这种把持方式还可以增加刺击力，在实战过程中具有更加灵活的优点。剑的末端收口处突起，可有效地防止手部因出汗等原因造成剑滑落的情况出现。剑局部镶嵌铜包饰一是为了增加牢固度，二可以防止木柄裸露而致朽烂。剑柄断面多为橄榄形或椭圆形，便于握执。柄末端的镈也用铜铸制，既可以在柄末端放置地面时减少柄的磨损，也可以防止木柄末端的开裂，从而延长剑柄的使用年限。

图片来源

图一　胡钢锋　摄影
图二、图四　张胜如　制图
图三、图六、图七、图九、图十　李治英　制图
图五　季彤　制图
图八　宋博　制图

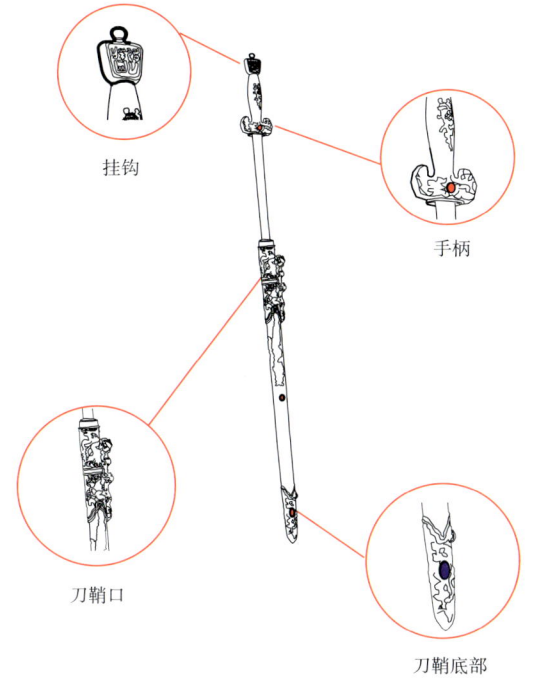

图三　裕固族宝剑结构名称图

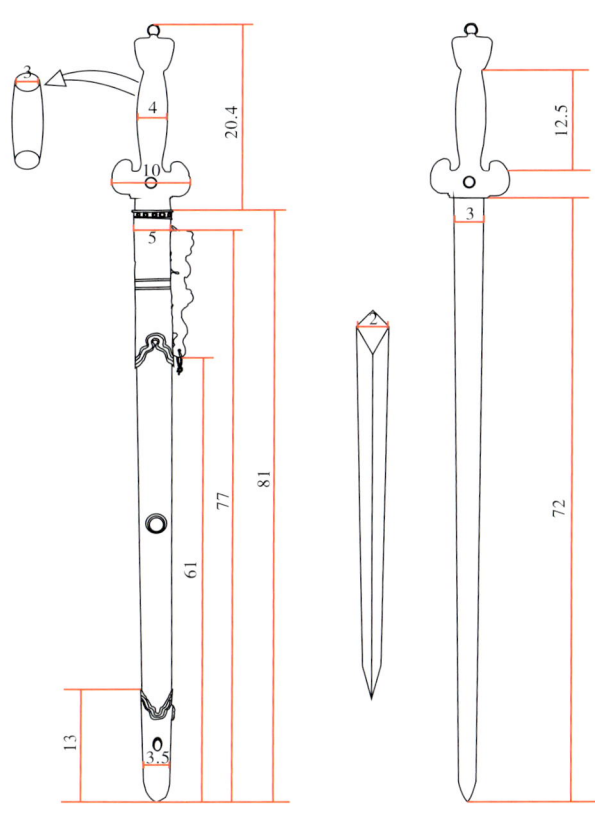

图二　裕固族宝剑尺寸图（单位：cm）

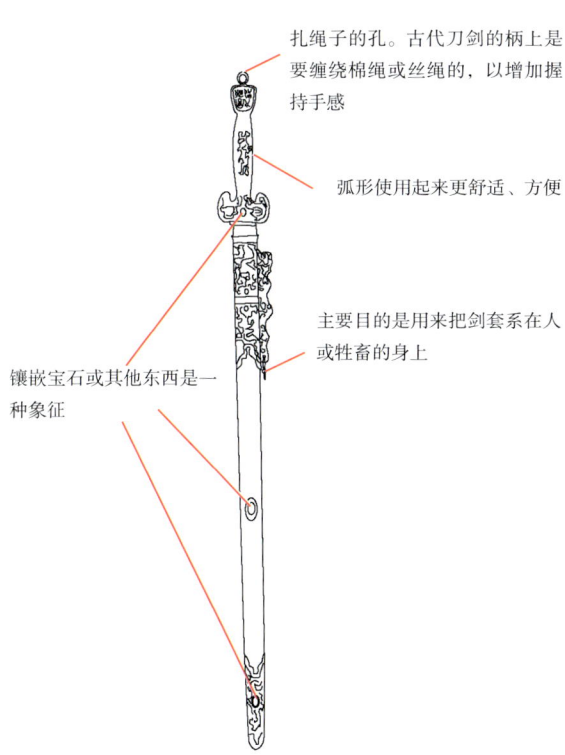

图四　裕固族宝剑剑身工艺分析图

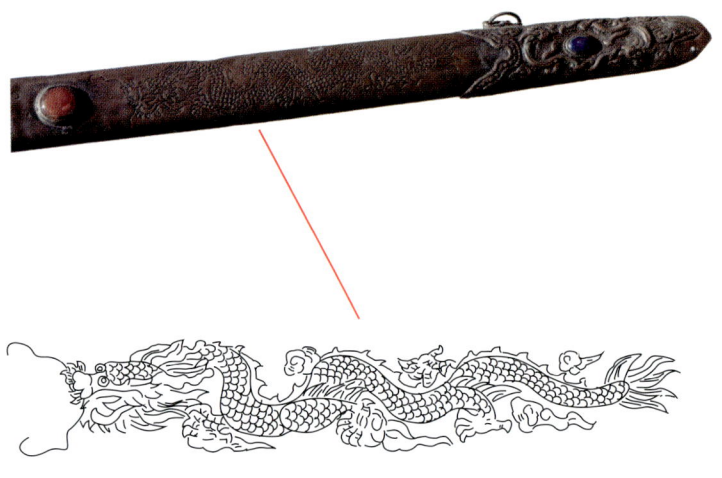

图五 裕固族宝剑剑尾纹样示意图

图六 裕固族宝剑手柄工艺分析图

图七 裕固族宝剑剑刃纹样示意图

图八　裕固族宝剑纹样示意图

图九　裕固族宝剑操作示意图

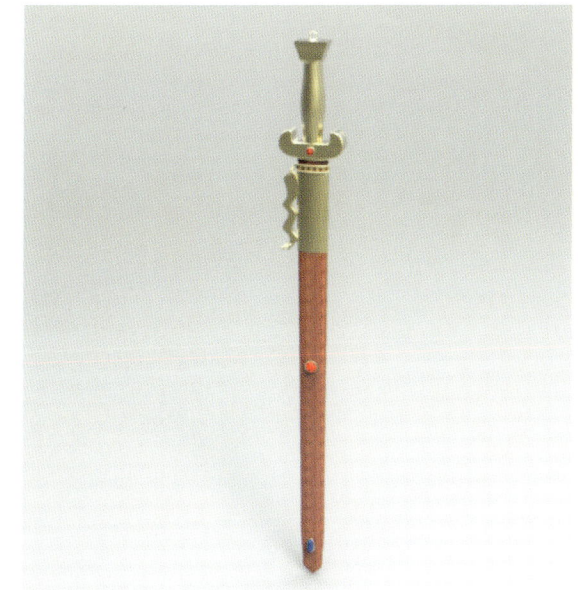

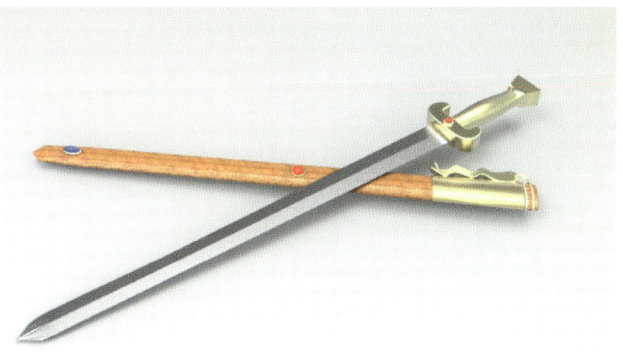

图十　裕固族宝剑效果示意图

第四章　裕固族传统生活用具

裕固族褡裢

图一　裕固族褡裢主图

　　褡裢是裕固族人日常生活中必不可少的一种装载生活用品及随身物品的工具。裕固族的褡裢是用裕固族特有的褐子制作而成，以羊毛为主要材质，也有的用棉线或羊毛手工编织而成。中间开口，两边各有一布袋，布袋上各有一条绳子，用来捆绑固定或手提使用。褡裢两侧用裕固族特色的有祥瑞意义的彩纹缝合，四个角系上各色彩绳，极具装饰性。褡裢也称"万能袋"，适用于日常生活劳作和外出使用，不仅可肩背，亦可挂在马背或自行车上，也常被民众挂于家中作装饰物，日常出行时，其独特的绳带和绳扣的连环结可防止物品掉落。

　　裕固族的褡裢根据实际需要有不同型号。本案例采集自裕固族康乐草原上的回鹘牙帐中，有大小两个型号，大型褡裢长约

120厘米，宽约50厘米；小型褡裢长约80厘米，宽约30厘米。不同大小的褡裢对裕固族人有不同的用处，大型褡裢可以储存食物、马料等，使用时一般用马驮或用车拉；小型褡裢一般用于装一些日常生活用品，可外出携带使用，使用时将之搭在肩上即可。

褡裢的传统工艺是先染羊毛，再将羊毛用手捻轮捻成纱线，作为经线的纱线稍粗，用三到四道细纱纺成，要求粗细均匀。纺线过程也称为土染。褐子织法相对简单快捷，编织紧密、结实、牢固，可延长使用年代。最后将织好的褡裢的主体两头向中间对折留30厘米左右，用黑色或深蓝色或深褐色的多股纱线将重叠部分的外边缝接好即可。

裕固族褡裢不仅实用，而且也是一件工艺品，其手工技艺历史悠久，民族色彩极为浓厚，其颜色以对比色调为主。主色调以大红、深红、褐色、深蓝、普蓝为主，配色有主次和条状排列，其色彩艳丽明朗，对比中有协调。裕固族褡裢的图案丰富多彩，多为条状二方连续、几何图形的大小二方连续构成，边饰以直线和点状纹为主，反映了裕固族的艺术爱好和审美情趣。

裕固民众用自己的聪明才智创造出优秀的传统手工技艺和最具地方特色的古老的手工艺品。虽然作为行囊背包的褡裢已渐次退出了民众的生活舞台，但作为民族工艺品及旅游纪念品，褡裢却成为很多家庭的软装饰陈设。褡裢以回归自然的独特美感和文化内涵重新吸引着人们。在广大的村庄和牧区，我们还是能看到马、驴、摩托车上搭着褡裢出行的人，褡裢对他们来说仍是携带方便、实用性强、耐用实惠的重要生活用品。褡裢的手工技艺在裕固族传统手工艺中具有比较浓厚的文化内涵。在长达几千年的发展过程中积淀了裕固族人的生活经验、精神体验及独特的审美价值观。

图片来源
图一、图九　胡钢锋　摄影
图二、图三、图五至图八　季彤　制图
图四　强进　制图

参考文献
贺维礼.褡裢——维吾尔人的钟情之物.标准生活，2012(10).

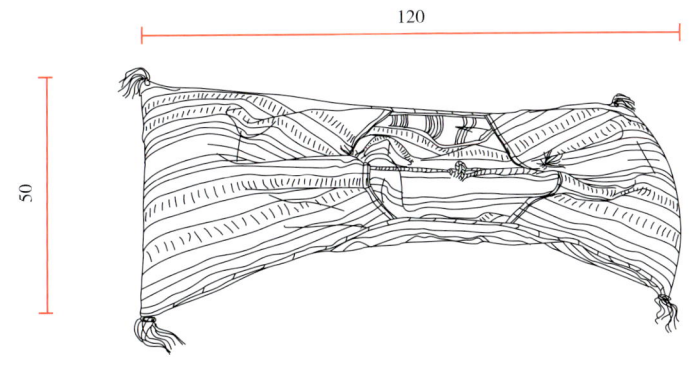

图二　裕固族褡裢尺寸图（单位：cm）

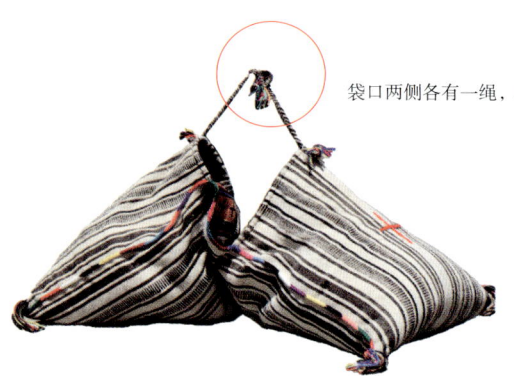

袋口两侧各有一绳，用来固定褡裢或手提使用

图三　裕固族褡裢绳带解析图

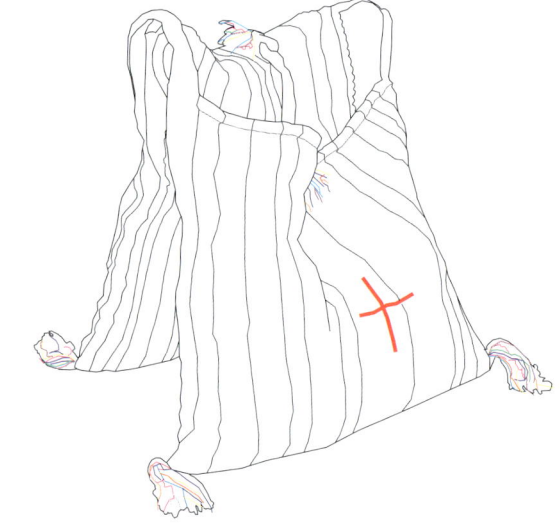

图四　裕固族褡裢线描图

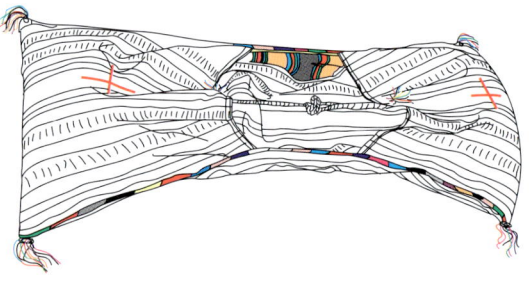

图五　裕固族褡裢色彩分析图

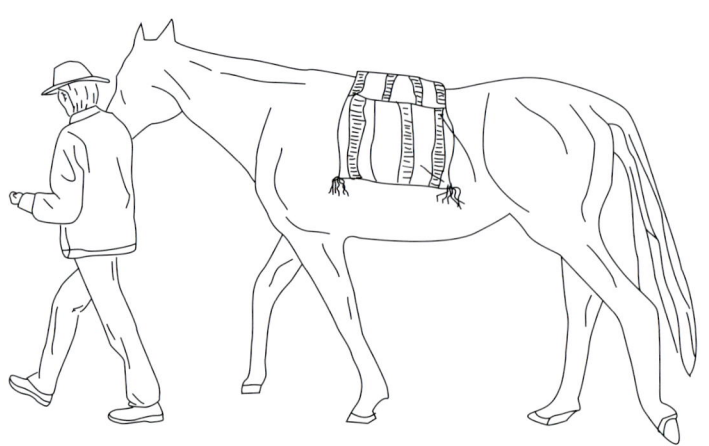

图六　裕固族褡裢效果示意图1

图七 裕固族褡裢效果示意图 2

图八 裕固族褡裢使用情境图 1

图九 裕固族褡裢使用情境图 2

第四章 裕固族传统生活用具

129

裕固族草筐

图一　裕固族草筐主图1（方筐）

裕固族自治县地处河西走廊中部祁连山北麓的狭长地带，草原面积广阔。随处可得的芨芨草成为草筐的主要材料，因此，草筐成了裕固族日常生活中必备的工具。

草筐是裕固族常见的盛器之一，容量较大，草筐的筐口一般大于筐底，结构扎实牢固。本案例采集自肃南裕固族自治县居民家中。草筐的编织程序分为取料、筐筷制作、编底、竖身、上筐筷。取料包括筐身经骨、筐底阔骨、口夹、筐筷等。

此采集案例草筐有三种不同的型号，方筐筐身长59厘米，高38厘米。圆筐分大、小两种，大筐直径72厘米，高27厘米；小筐直径46厘米，高18厘米。草筐一般用来盛放作物或外出采集时使用。草筐材质软、重量轻，韧性强，极具实用性，是人们家中必不可少的生活器具。草筐的编制方法大致相同，用芨芨草以挑和压的方法构成经纬交织的纹理，在制作过程中全凭双手和一把刀进行手工编织，并且所有接头之处都要做到藏而不露。一般编的时候先用水浸泡芨芨草，或者直接选择具有柔韧性的芨芨草编制。裕固族人创造了"经编""立编""拧编"等技法，技术达到很高水平。草筐常采用疏密对比、穿插掩压、粗细对比等手法，使之在编织平面上形成凹凸、起伏的效果，增添了立体层次，同时也显示了裕固族人精巧的手工技艺。

常用的草筐在编织时多以功能为先，但因草筐的外形和大小不同而有不同的编制方法。比如，小草筐底部是由八组硬质的芨芨草交叉呈"米"字形，芨芨草在"米"字间交叉而过，呈放射状排列，形如菊形；再以草丝绕圆心编织而成，增加了篮体的抗压强度。筐内部有时还用较宽的草编成内衬，没有过多的色彩与图案装饰，但在制作中能充分利用芨芨草的材料特性，造型美观大方，结构轻巧牢固，编织细密匀整，使用方便，由于筐小，这样的筐底比较稳固。大筐筐底是由横向和纵向两组草交叉而成，筐底比较松软。但口沿部分收口细致，手感光滑。裕固族人常常要外出采集食物，为了腾出双手，他们在编织好的草筐两边绑上一定长度的绳子，方便提拿和背拿草筐。

芨芨草编制的筐用料讲究，工艺地道。大的结实，中的轻巧，小的华丽。男子汉外出担土挑沙用大筐，姑娘们出去挑菜用的是中筐，小篮子平常盛食物、节日放礼品都显得体面和适用。草筐多就地取材，制作成本低廉，材料易得，结构简单合理，至今仍在裕固族民间广为使用。

图片来源

图一至图二　胡钢锋　摄影
图三、图五、图七　季彤　制图
图四　高森　制图
图六　梁春玉　制图

小圆筐

大圆筐

图二　裕固族草筐主图2

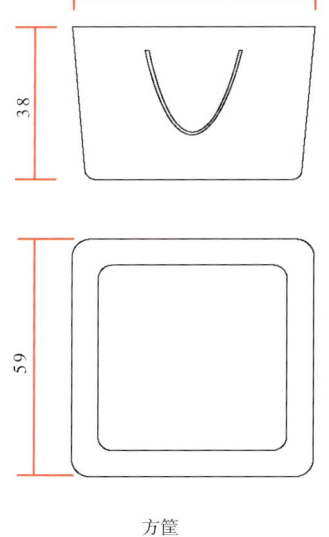
方筐

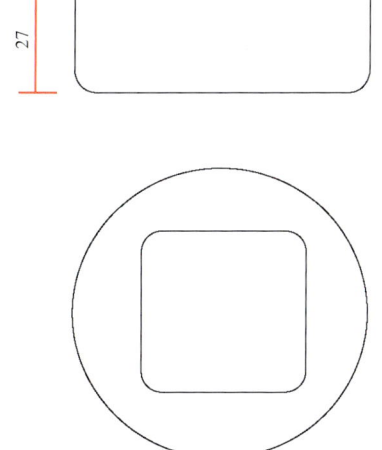
大圆筐

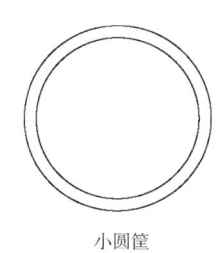
小圆筐

图三　裕固族草筐尺寸图（单位：cm）

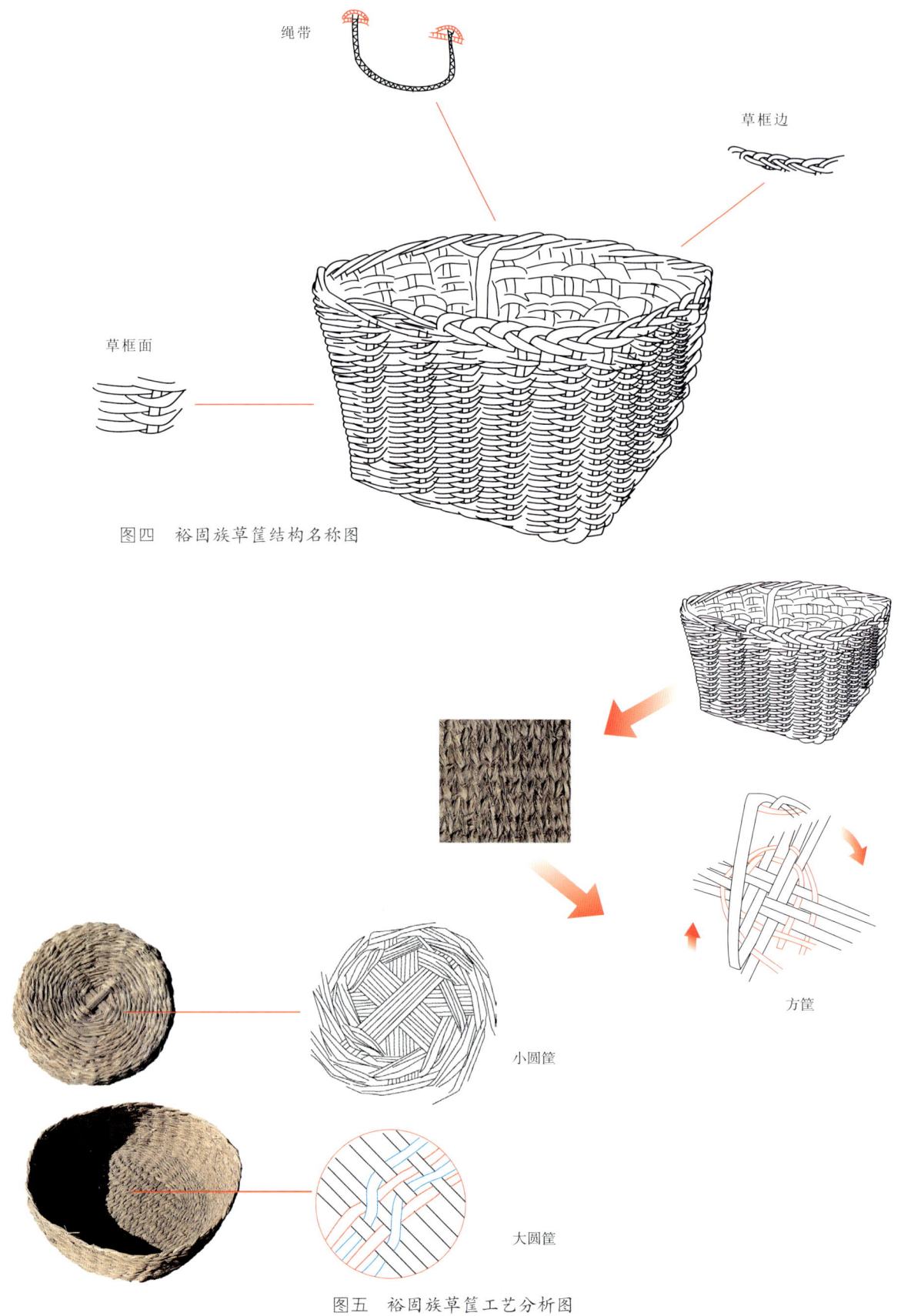

图四 裕固族草筐结构名称图

图五 裕固族草筐工艺分析图

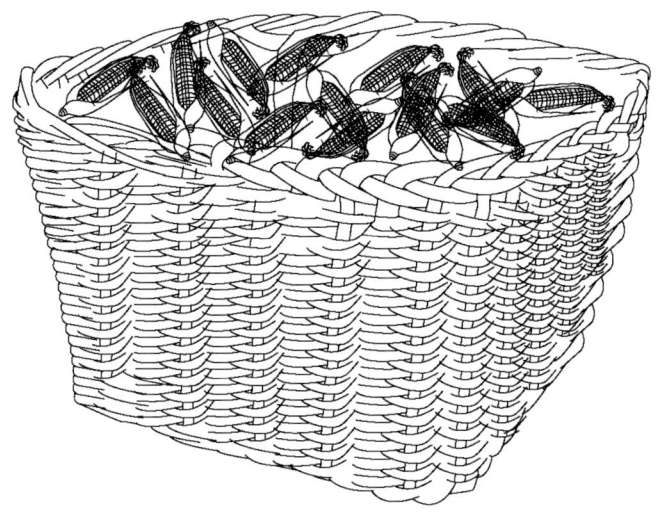

图六　裕固族草筐使用情境图 1

图七　裕固族草框使用情境图 2

裕固族牛车

图一 裕固族牛车主图

牛车，俗称"架子车"，在裕固族当地是一种既经济廉价又全天候使用，不受路面条件限制并可载人装货的多用途小型运输、交通木作车辆。牛车在裕固族民间被广泛使用，直到现今，还有人家仍在使用。

牛车的具体尺度，随使用者的使用环境及空间而变化，车的形制随使用者的功能需求制作。裕固族牛车一般比中原地区同类架子车体积构架大，行路平稳。该案例采集自肃南裕固族自治县博物馆。直辕、双辕结构，车辋长400厘米；车厢宽90厘米，进深200厘米；车轮最高处为22厘米，轮轨宽210厘米，轮径184厘米，车轮为模制，片状，每个轮子有18根车辐，集中于粗圆的车毂上，巨大的车毂也是牛车的特征之一。该牛车前后梶较短，车轴和车身固定，行车时轮与毂转动。毂上承车厢下承辐条，体积较大。双辕车的好处在于一头牛即可拉一辆车，减少牛的使用数量。

操作时，前面由畜力牵引，后由一人控制。车体大致可分为载货区、转动区、牵引区。载货区即由车轮围合构成，由长方形木质底板、框架性围栏构成，这样用木料做成车轮，上面铺木板、芨芨草编制的席或薄铁板。车轮围栏较低矮，整个将车厢围合，装货时可防止货物下落。转动区主要由车轴、车轮、轮毂等组成，车轮由两段半圆形车牙榫接而成。牵引区主要由车辀和车衡组成，其中车辀纵穿车厢底板，与车轴呈十字交叉状，可以稳固的承接与传导行车力量。该牛车车辀与牛不再是直接接触，中间有一层牛皮相隔，可以较好地保护牛，增加牛自身的舒适度，同时增加牛车的牵引力。驾牛和驾马在驾驭方式上有所区别，牛脖子粗而短，驾驭时不像马一样主要依靠马头和身体带动车辆前进，使用套牛的挽具主要着力点在脖子，衡的形状是中间弯曲隆起的木棍，这种衡的两端系在双辕上，利用牛的肩胛骨施力，拉动车辆前进，由于牛比马力气大，因而牛车是裕固族人生活中运输货物的重要农业用具。

该车的设计特点在于以货运的实用性为出发点，结构简单，构架营造采用榫卯技术，没有任何附加的装饰构件，材料价廉易得，加工制作简易，维修便捷便宜。牛车将整体构架进行了轻量化设计，其车轮较细，注重了结构力学的考究。车轮的底部也进行了架构化，既稳定又通风，还分化了车体的重量。在耐用性方面，主要是将车毂用牛皮捆扎起来，并进行相应的处理，增强其剧烈运动时的稳定性，防止开裂；将车轭的内侧用牛皮垫进行了整体的防护，有效地增加了牛的舒适性，增强了其工作时的持久性。

图片来源
图一　胡钢锋　摄影
图二、图五　季彤　制图
图三、图四、图六至图八　戴永凤　制图

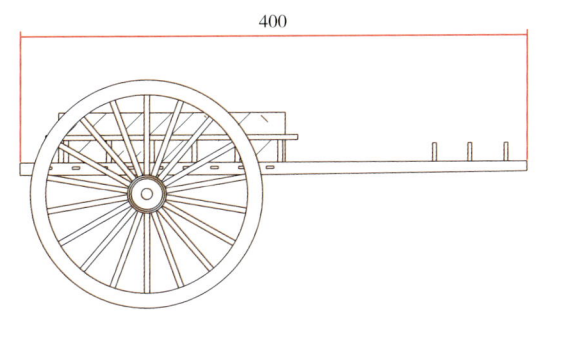
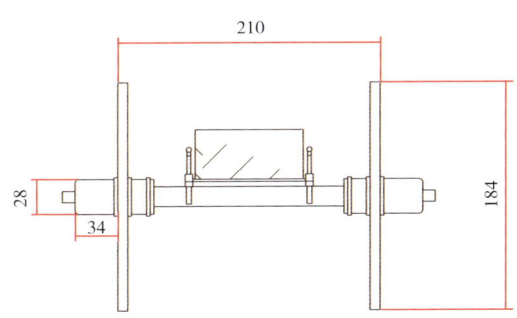
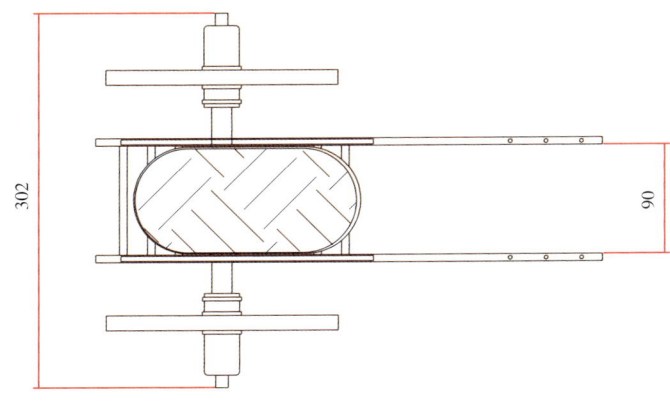

图二　裕固族牛车三视、尺寸图（单位：cm）

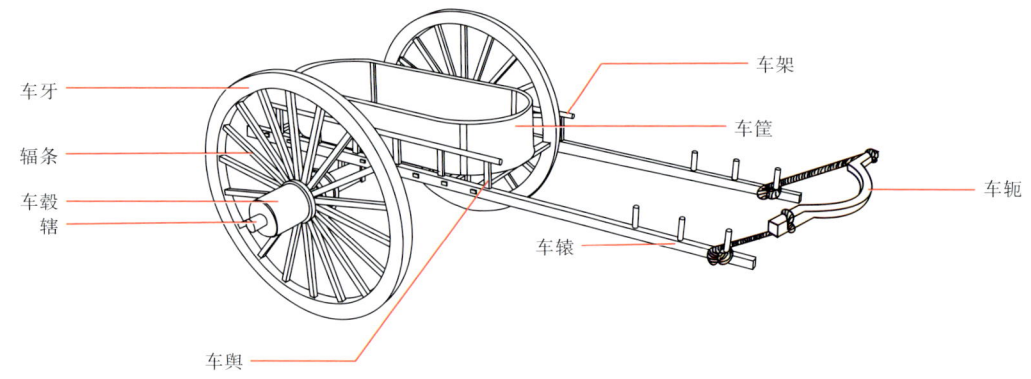

图三 裕固族牛车结构名称图

图四 裕固族牛车使用情境图

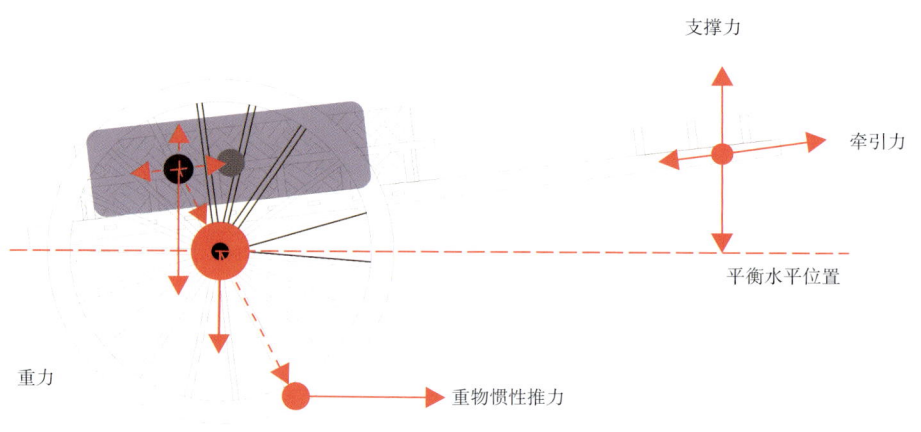

图五 裕固族牛车受力分析图

图六　裕固族牛车车轮榫卯结构图

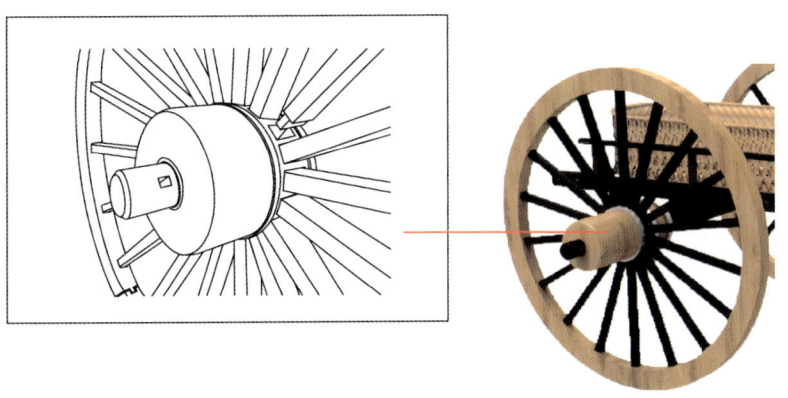

图七　裕固族牛车车毂示意图

图八　裕固族牛车效果示意图

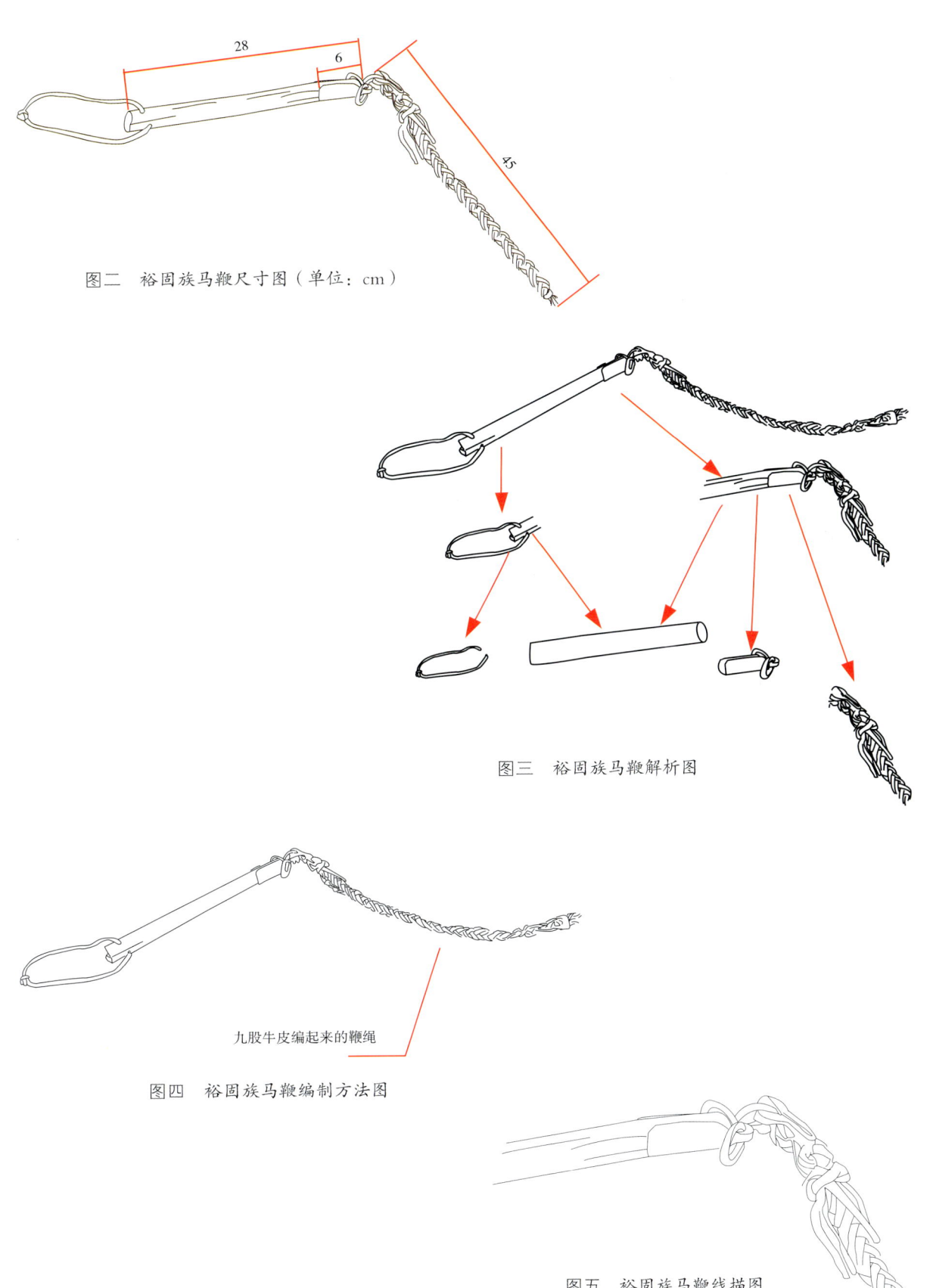

图二　裕固族马鞭尺寸图（单位：cm）

图三　裕固族马鞭解析图

九股牛皮编起来的鞭绳

图四　裕固族马鞭编制方法图

图五　裕固族马鞭线描图

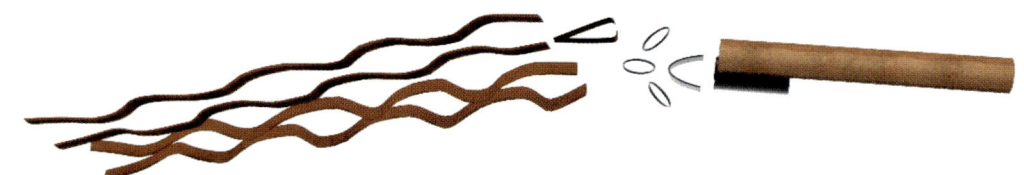

图六　裕固族马鞭解构图

图七　裕固族马鞭效果示意图

图八　裕固族马鞭使用情境图

裕固族羊号子

图一 裕固族羊号子主图1

羊在裕固族人的生活中有极其重要的地位。羊可谓一身是宝，外有羊皮、羊毛、羊角，内有羊肚子、羊骨，人们利用这些制成各种生活用品以方便日常使用；羊肉也是裕固族最主要的食物之一。由于游牧民族的生活习性所致，裕固族人家家养羊，为了区分不同家庭的羊群，裕固族人制作出羊号子用来辨别羊只。羊号子，也就是烙印，是北方游牧民族用来区分牛、马、羊等牲畜的工具。北方游牧民族牧放五畜已有数千年历史，据《北史·卷九十八·列传》中记载"烙印分群也有一千五百余年历史"。本案例便是裕固族最为常见的区分畜群的工具，收集于甘肃肃南裕固族自治县牧民家中。由于现代牧民主要将其用于对羊群的区分，所以当地牧民称之为"羊号子"，即为羊做记号的工具。该案例羊号子长47.5厘米，烙印直径10厘米。作为用于对畜群管理的工具，烙印的形状是辨别羊群和马群的唯一标识，故而不同家庭的羊号子烙印各有不同。裕固族牧民中羊号子的烙印造型图案种类繁多，多以简单的线构图案为主，亦有面形图案。在题材的选择上，主要是与裕固族牧民生活息息相关的事物，有动物类、自然类、天体类、生活类、

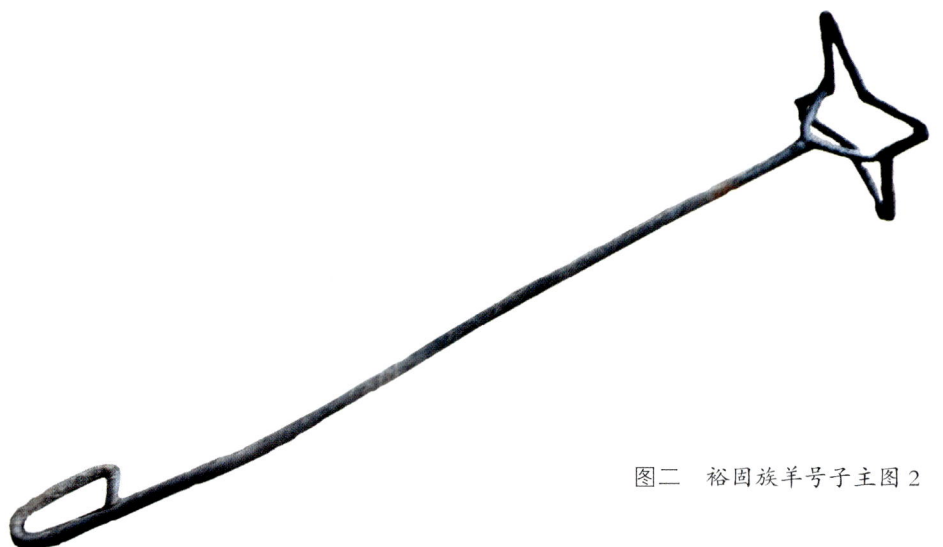

图二　裕固族羊号子主图 2

几何类、文字类和宗教类等，这些烙印图案一个个鲜活地体现了裕固族的民俗习惯、文化观念、宗教信仰及特有的思想内涵。本案例羊号子使用的便是天体类的星星图案，星星纹烙印寓意着自家的羊群可以像星星一样繁多。

烙印一般烙在牲畜的臀部、腹部和背部。便于牧民区分畜群，也因这些部位相对平整，既便于烙印，又对牲畜伤害较小，不影响其活动。案例中的羊号子是由钢筋焊接而成，根据主人的意愿设计成星星图案，按其图案形状进行焊接。一般先将烙印焊接好后再焊接到把手上，有时也可将其装于其他把柄上。该羊号子整体造型粗犷、简陋，把手以 3 号细钢筋弯折而成，末端弯折成类椭圆形，便于手握和悬挂，制作简单。

使用时先将羊号子的烙印放入火中烧热，再将烧热发红的羊号子烙在羊臀部，形成烙印即可。现今，裕固族牧民为了减少对羊群的伤害以及便于操作，往往是将烙印浸入不易掉落的染料中，再将浸上染料的烙印印在牲畜身上。

图片来源
图一、图二　胡钢锋　摄影
图三、图五、图七、图八　季彤　制图
图四　彭超菊　制图
图六　李晨　制图
图九　金明霞　制图

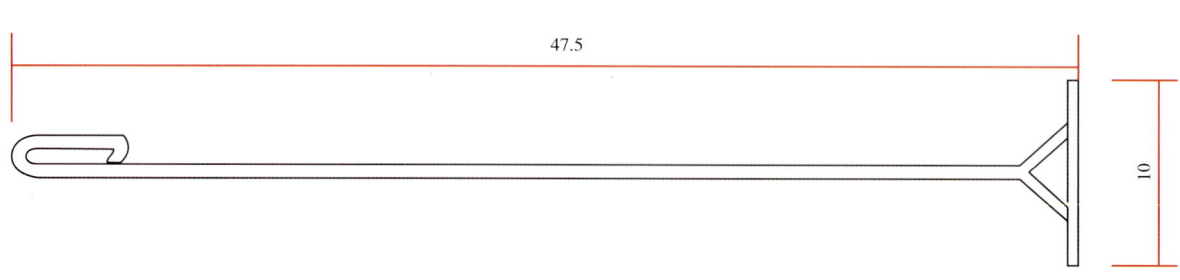

图三　裕固族羊号子尺寸图（单位：cm）

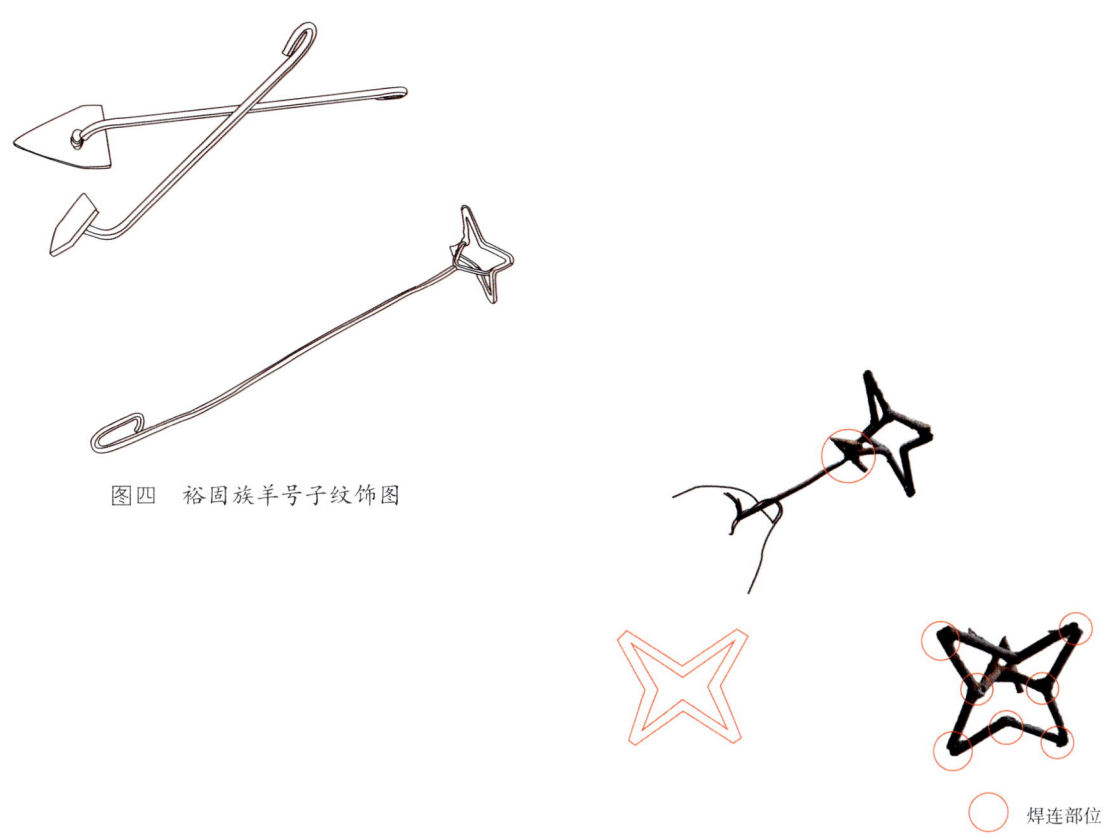

图四 裕固族羊号子纹饰图

○ 焊连部位

图五 裕固族羊号子制作工艺图

图六 裕固族羊号子效果示意图

火中烧烤

臀部烙印

图七 裕固族羊号子操作示意图

图八 裕固族羊号子使用方法图（有色染料中浸泡）

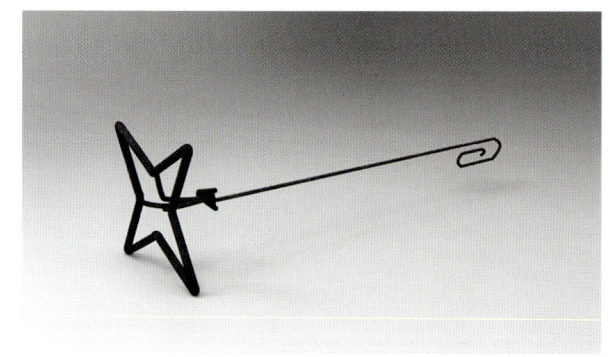

图九 裕固族羊号子模型图

裕固族牛角鼓

图一　裕固族牛角鼓主图

裕固族牛角鼓用野牦牛角制成，作为宗教活动法器，广泛用于祭祀、战争以及庆典、传统节日活动的表演中；其作为生产中联络、合作、通讯和生活互动中指挥、协调、定位的重要工具，被赋予了更多的实用功能之外的文化功能。

牛角鼓丰富了裕固民族文化生活。牛角鼓是以野牦牛角为原型进行放大或缩小创作，单蒙，鼓面直径为31厘米，鼓帮深度113厘米，这样的造型因牛角的自然曲线表现出完美视觉效果。牛角鼓的器型在视觉形式感上同时满足平直与圆曲的秩序感与完满感，是造型上各种构成因素获得的整体协调效果，任何一条轮廓线都是弧曲状态的，显现出不同弧度的曲线轮廓组合而成的圆曲体特殊的优雅、饱满的视觉效果。

牛角鼓以浑厚深远、蕴含无穷力量的声音，敲打出野牦牛走、跑、奔的鼓点，配以法号、牧笛、鞭子等，以粗狂而奔放的草原原生态打击乐展示牛角鼓的神韵，狂舞出野牦牛走、跑、奔、嬉戏、争斗等不同生活细节。通过对牦牛狂放、粗野，又不失闲适自在的生活习性的艺术再现，从侧面反映出人类与自然的和谐关系，反映了裕固族活泼洒脱的性格。

牛角鼓的装饰风格突出裕固族传统的审美特色：以沉稳干练的黑红色为基底，在鼓身的前部和腰部配以白色和金色为主的裕固族传统祥云图案、吉祥如意图案、服饰花边图案，在牛角处用一金黄色铜皮包裹，彰显坚毅的质感和富丽堂皇的艺术效果。此外，在角尖和前部还以皮条和毛边装饰，以突显原生态的民族文化元素，鼓面采取彩绘民族图腾面具的方式加以装饰，使内在结构与外在装饰和谐统一。

鼓槌以牦牛腿骨形状为原型，用生牛皮

以传统手工艺编织而成，不仅保证了声音的效果，而且模拟了原生态造型，手感舒适，握击有力，成为牛角鼓颇有亮点的细节。在材质的选择上就地取材，形象生动地将材料的内在质地与外在肌理统一起来。

牛角鼓的表演服饰是基于裕固族传统服饰形制和元素之上的概括和创新，是民族特色与粗犷风格的完美结合。在传统民族服饰的基础上，运用概括、夸张、变形等手段，通过线条、色彩、图案等的变化，配合主体牛角鼓，将一只生猛、华丽并充满速度和力量的野牦牛艺术化、形象化地展现在观者面前，强化了表现主题，并通过细节上的变化，打破了由于主题单一带来的沉闷感，使整个表演变得绚丽而看点百出，独特而回味悠长。这些细节与舞蹈造型的巧妙组合造成强有力的视觉冲击。

牛角鼓舞的表演形式灵活多样，既可以作为气势磅礴的大型广场类节目呈现给观众，也可以作为精致细腻的舞台类节目登台亮相，还可以成为牧民群众自发娱乐活动的组成部分，甚至还可以完成独舞表演，通过舞者的形体语言，展现个人的舞蹈技巧和震撼的鼓点，使内在实用与外在适人的功能设计达到统一。

牛角鼓是裕固族人在长期生产与生活实践中产生出来的关于造物的经典案例，其内部构造与外部细节的工艺设计，内在实用与外在适人的功能设计等均做到完美统一，最大化地表达了裕固族人的审美情趣、主观能动性和意志反应。

图片来源
图一　胡钢锋　摄影
图二至图八　季彤　制图
图九　裕固族自治县文化馆提供

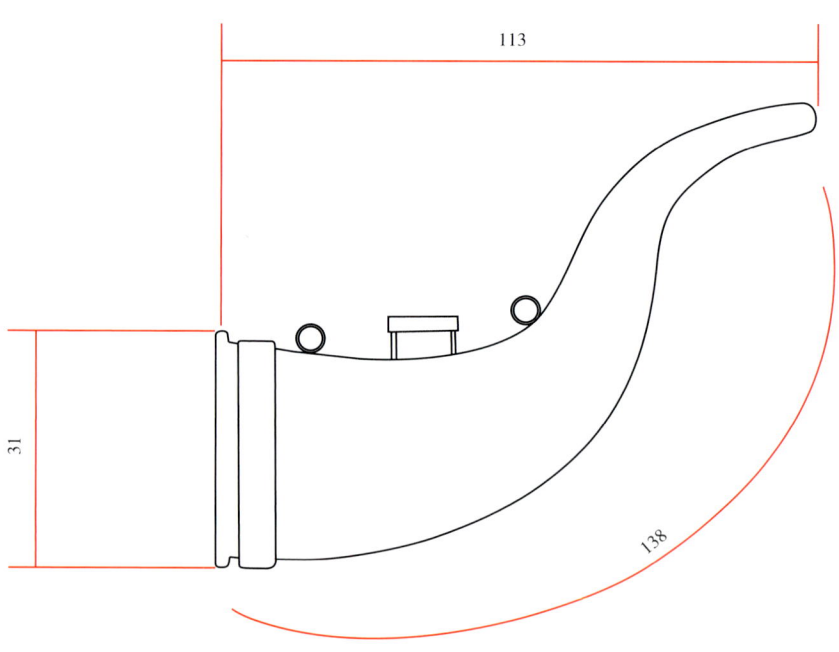

图二　裕固族牛角鼓尺寸图（单位：cm）

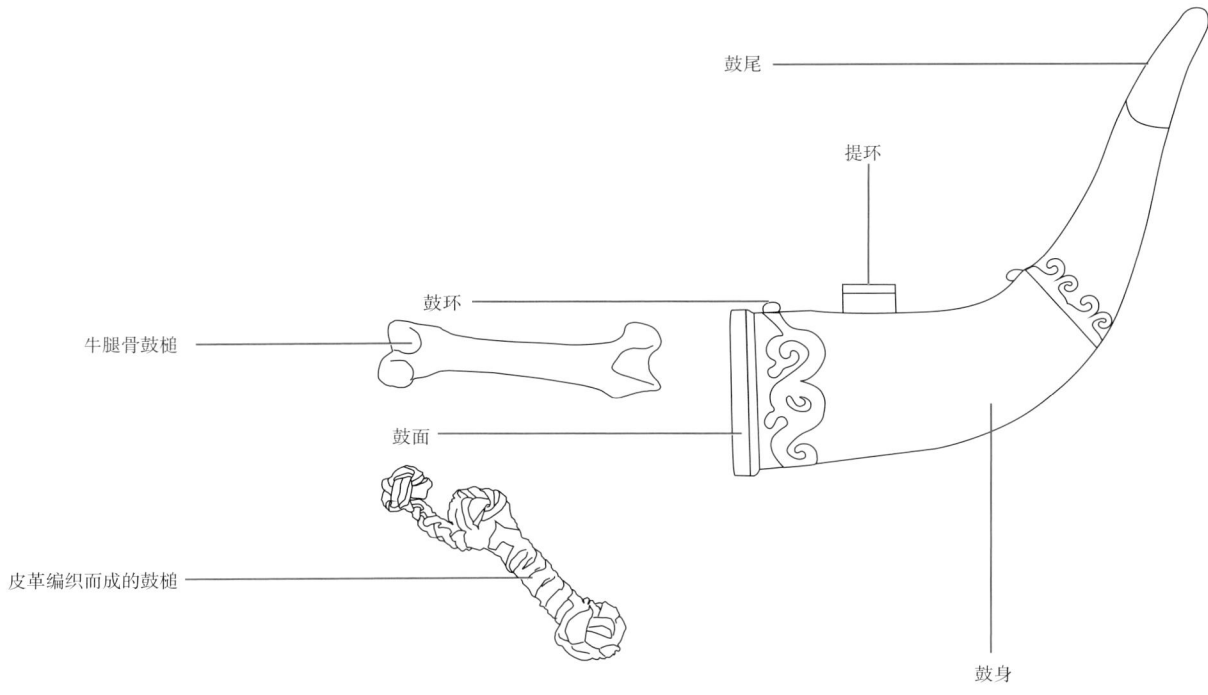

图三　裕固族牛角鼓结构名称图

图四　裕固族牛角鼓操作示意图

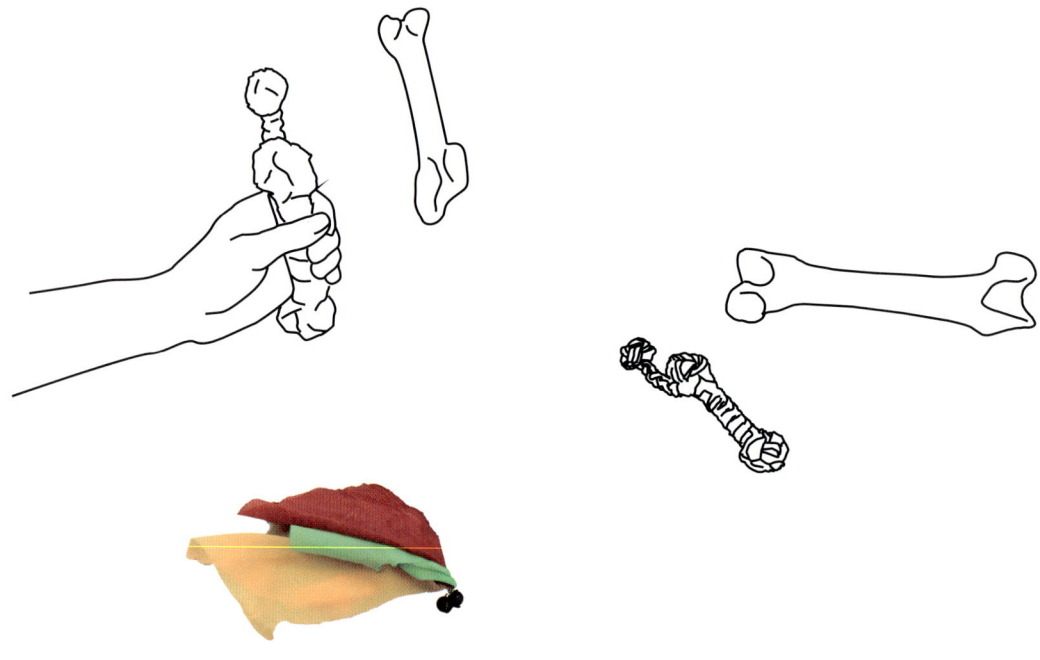

裕固族牛角鼓的鼓槌分为两种,传统鼓槌是用牛蹄骨或羊蹄骨制作而成,现在一般用牛骨形态的木质鼓槌,还有一种是由皮革编织而成。鼓槌敲击时模仿牛蹄声或羊蹄声,使牛角鼓的敲击声音更独特。槌尾系红绿黄三色彩带

图五　裕固族牛角鼓鼓槌分析图

图六　裕固族牛角鼓平面纹理图

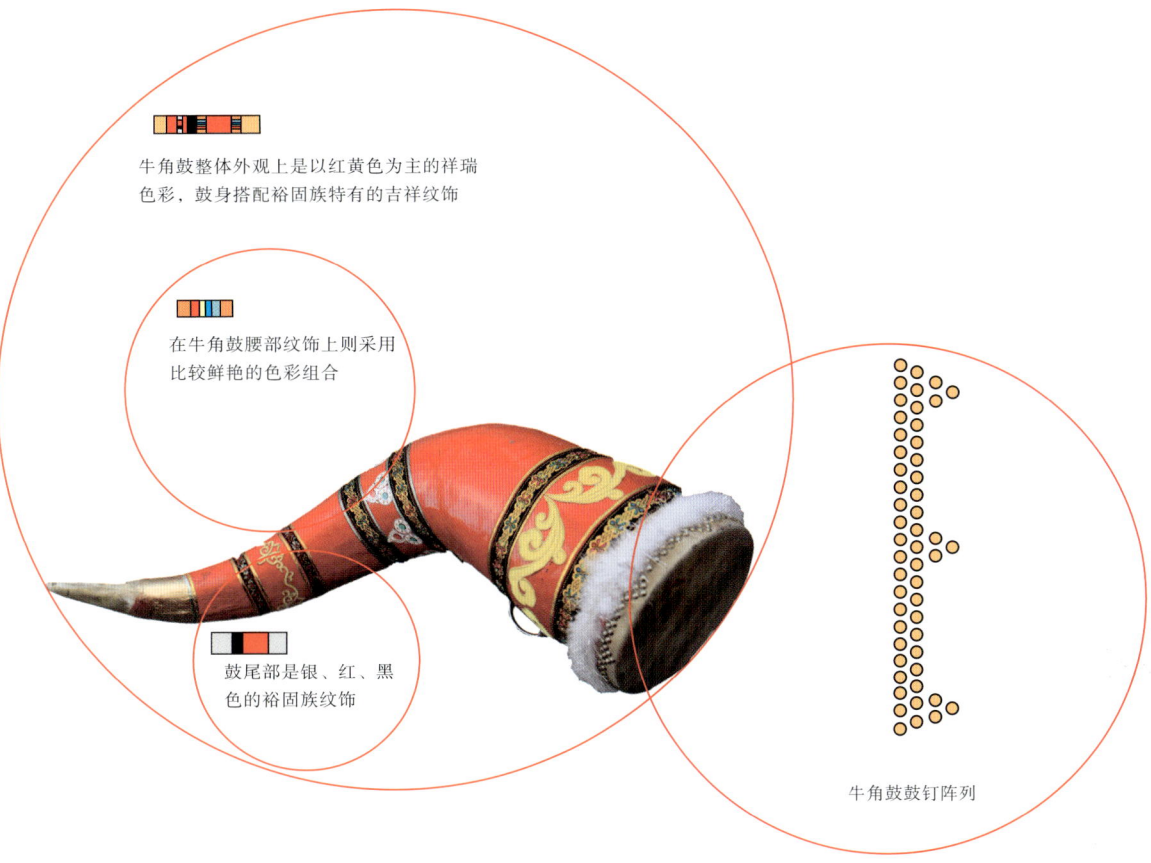

图七　裕固族牛角鼓色彩分析图

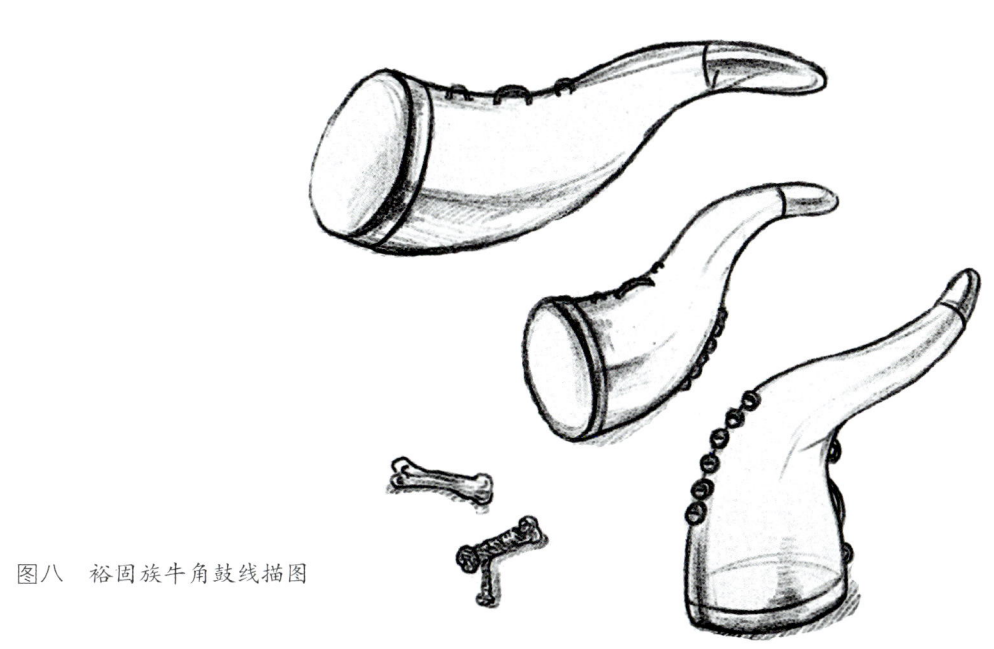

图八　裕固族牛角鼓线描图

第四章　裕固族传统生活用具

149

双人表演

多人表演

图九　裕固族牛角鼓使用情境图

裕固族天鹅琴

图一　裕固族天鹅琴主图

天鹅琴作为裕固族著名的民间乐器，历史上因战乱等多种原因，现已在民间失传。天鹅琴因传说而生，是裕固族至今为止唯一的乐器。近年来，天鹅琴作为道具曾多次在裕固族歌舞中呈现，但并未成为具有演奏功能的乐器。经过肃南文艺工作者全迎春的苦心研究，以及多名民乐乐器专家和裕固族文化研究人员的共同努力，2007 年制作了第一批天鹅琴并发放至肃南县支教中心和肃南民族歌舞团，正式开始了传统乐器天鹅琴的复兴之路，让古老的传统艺术被后人所知，其反映了肃南裕固族民众博大的智慧和丰富的创造力。

天鹅琴的外形和中国古代的琵琶类似，主要分为琴头和琴身两大部分，琴头主要由弦槽、轸子（弦轴）、山口等组成，琴身主要由品位、音箱、覆手等部分组成。和其他琴类相比，天鹅琴的琴头是最具特色的地方，栩栩如生的天鹅头部连接着琴的颈部，是自然生物形态与传统工艺的完美结合。复原的天鹅琴主体结构使用木材，大多数的琴头是以木材为底，然后在其外部上色，也有的琴头是用泥炼制而成。琴弦和普通琴类一样，用的是金属材料。一般是琴的外形制作完成以后，再在琴身上绘装饰性的花纹，增加琴的美观性。

天鹅琴的出现，表达了裕固族人一种精神上的憧憬和对美好生活的向往。

图片来源
图一　周涛　摄影
图二　梁永琪　制图
图三、图四、图五　米帆英　制图
图六　李治英　制图
图七　张锦　制图

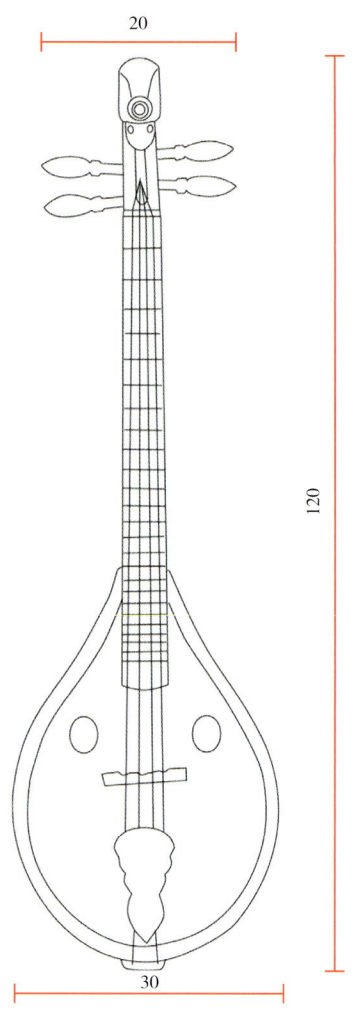

图二　裕固族天鹅琴尺寸图（单位：cm）

图三　裕固族天鹅琴色彩图

图四　裕固族天鹅琴彩色线描图

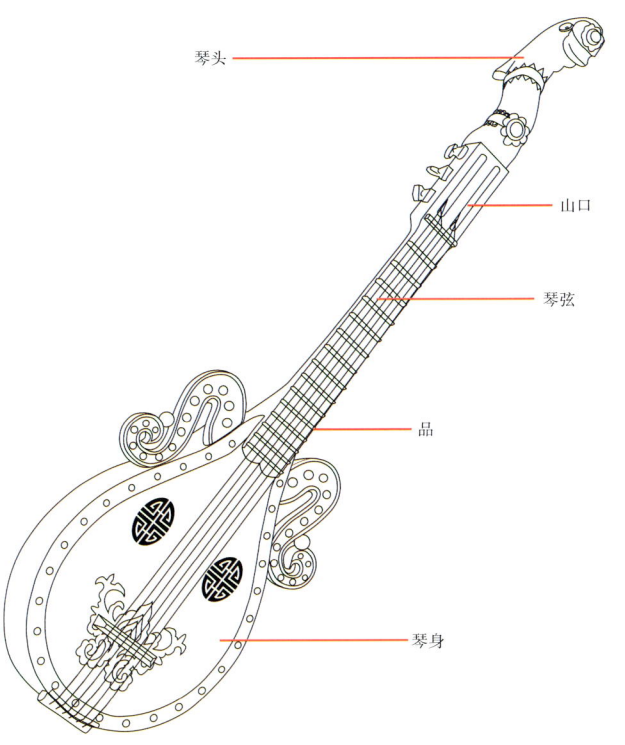

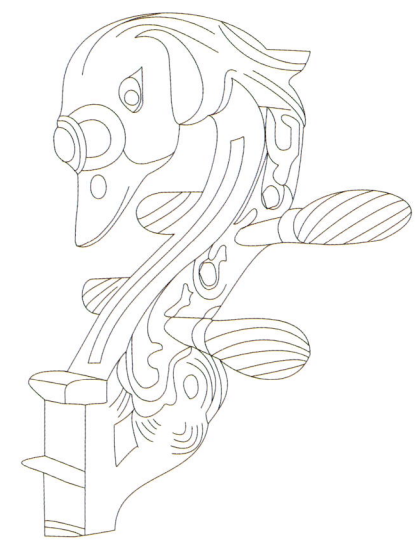

图六 裕固族天鹅琴琴头工艺图

图五 裕固族天鹅琴结构名称图

图七 裕固族天鹅琴使用情境图

第五章 裕固族传统生产工具

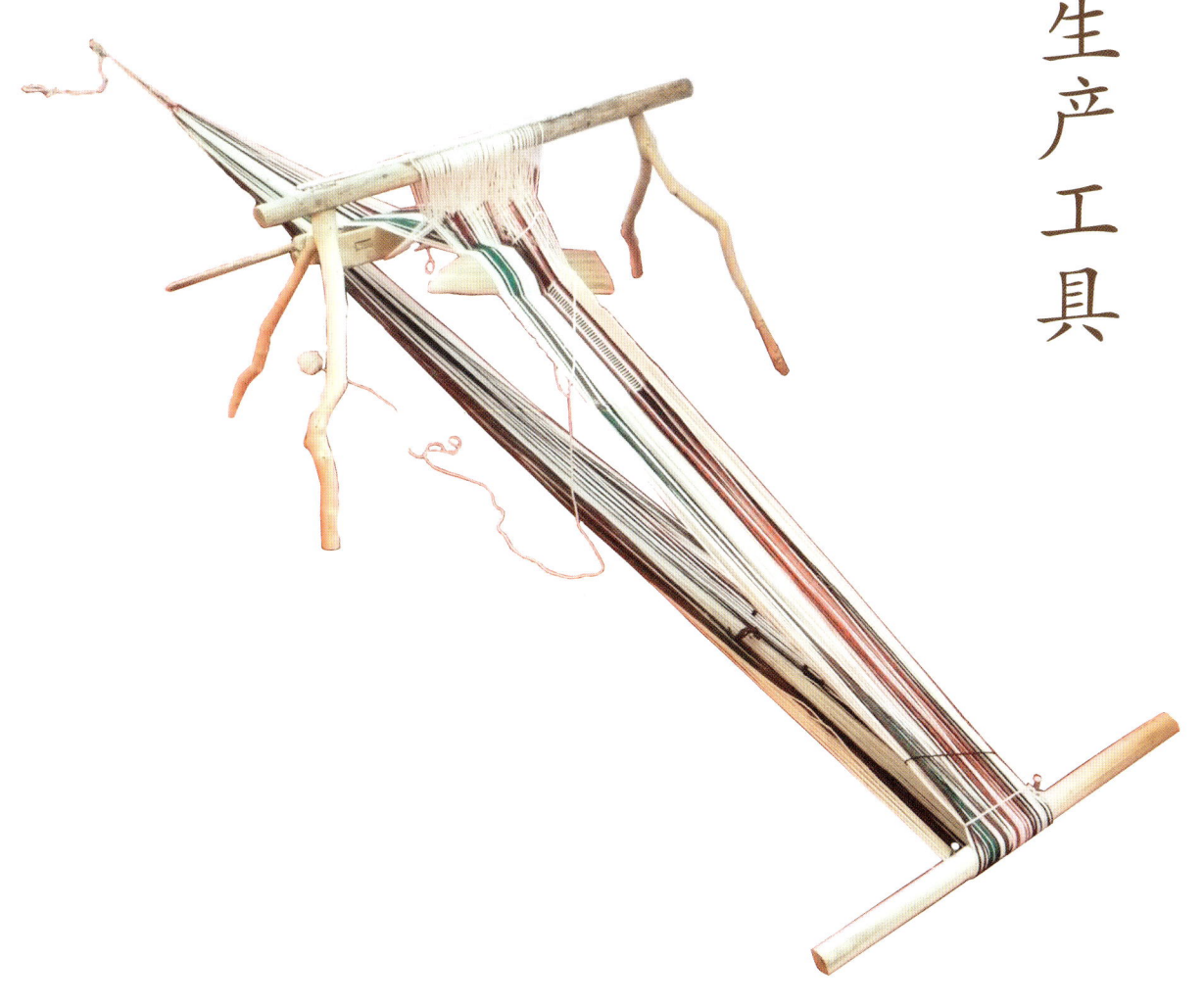

裕固族捕兽夹

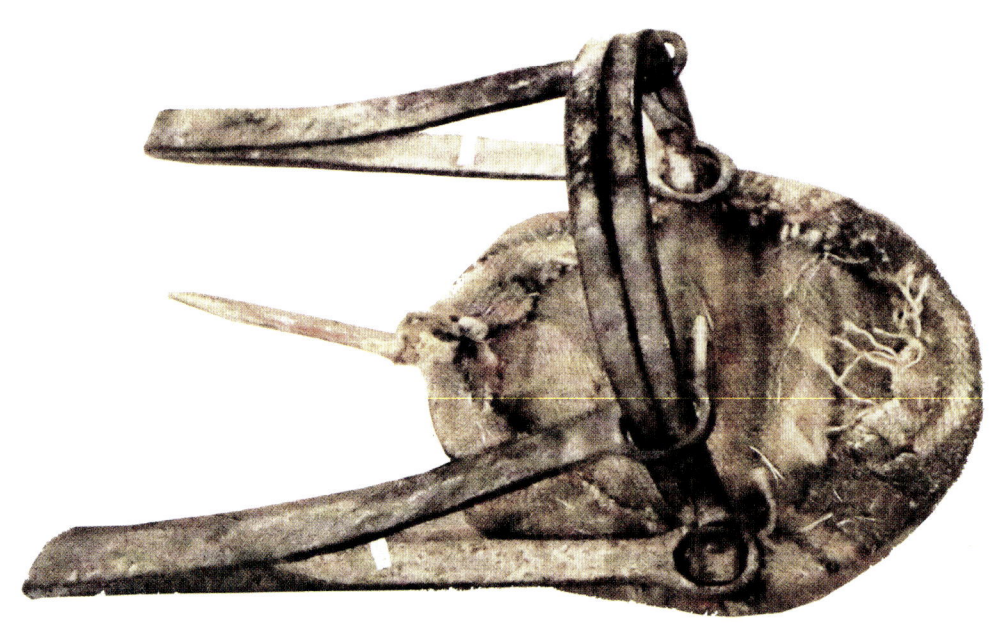

图一 裕固族捕兽夹主图

打猎是裕固族人的传统，除大规模的狩猎之外，设置陷阱捕获猎物也是其打猎的辅助手段之一，捕兽夹是裕固族人在长期的游牧生活中发明创造的捕猎装置。该案例捕兽夹底圆直径25厘米，两侧夹子长约30厘米，结构简单，方便实用。这种捕兽夹子以锻造的铁器为主要材质。安放时，用特制的别针克服夹子的力量，从而打开夹子，当猎物触发别针时，利用铁器的弹性形变产生的一瞬间的力量达到夹伤猎物的目的。夹子的尺寸不一，根据具体捕猎情况略有变化，但大致形制相同。

制作捕兽夹子主体结构的铁器一少部分是利用天然陨铁制成的，绝大部分是利用矿石人工冶炼的。他们在地上筑起椭圆形的高炉，装入矿石与木炭进行冶炼，出炉时呈液态铁，然后浇注成型。放置食物的袋子是用草原上生长的黄麻为原料经过编织而成，或者用当地常用的制褐子的边角料制作而成。捕兽夹的另一个重要组成部分是用黄麻编织的用于别住骨针（现早已换为大号钢针）的麻布。裕固族生活在甘肃省河西走廊肃南地区，这一带生长着许多黄麻植物。他们将黄麻植株割下晒干，黄麻本身包含许多纤维，且质地较粗，用它编织的布袋不但结实而且经久耐用。使用时，只需要将捕兽夹子放在事先布置好的陷阱之中固定好，并在陷阱周围放置诱饵，等待猎物主动靠近；捕兽夹子不使用时，只需轻轻取下钢针，妥善保管即可。

捕兽夹子是裕固民族最成功的设计案例

之一，随着近现代科学技术的发展，捕兽夹也逐渐被效果更好的带电的捕兽装置所取代。这个成功的设计案例表明：每个民族都在长期的劳作与生活中创造、发明了大量的器物、工具，不但都有完全适合本民族特殊地理、气候条件的精彩异常的创意设计，而且足以为当代和未来的设计师们提供有益而丰富的创意启示。

图片来源

图一　胡钢锋　摄影
图二、图三、图五　张壮壮　制图
图六、图七、图九　赵舯争　制图
图四、图八　孙光耀　制图

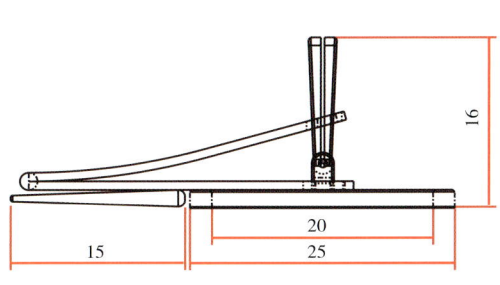
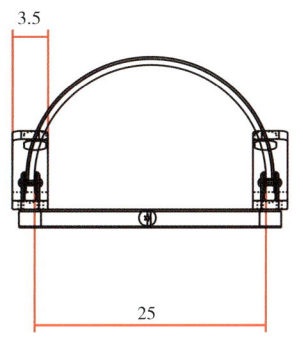
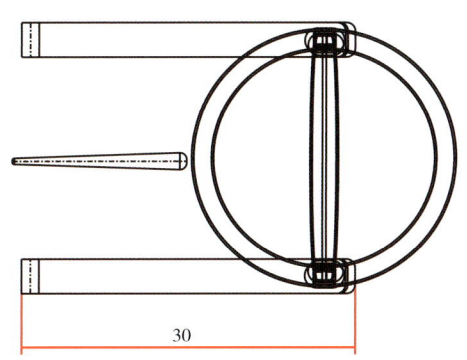

图二　裕固族捕兽夹三视、尺寸图（单位：cm）

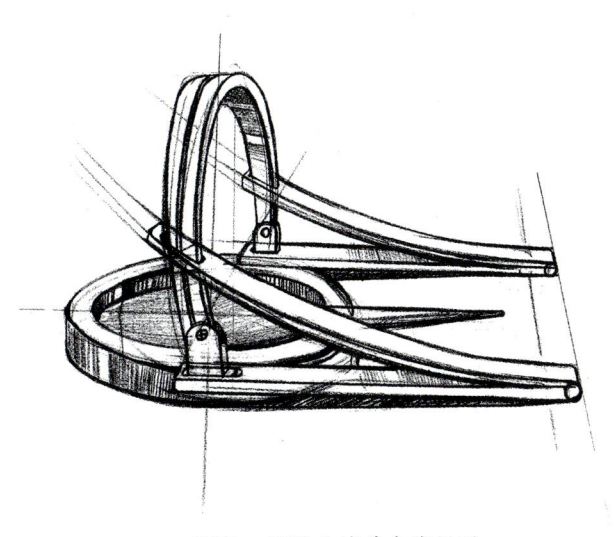

图三　裕固族捕兽夹线描图

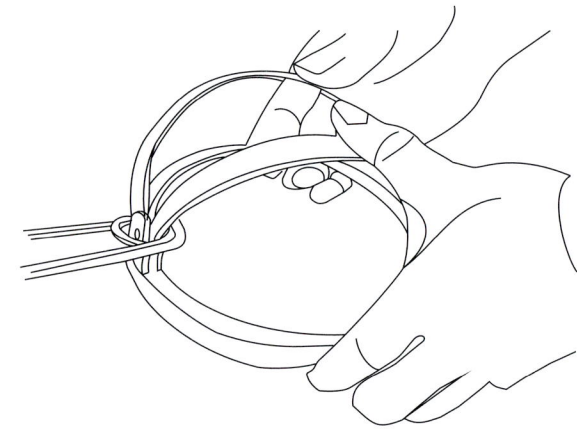

图四　裕固族捕兽夹操作示意图

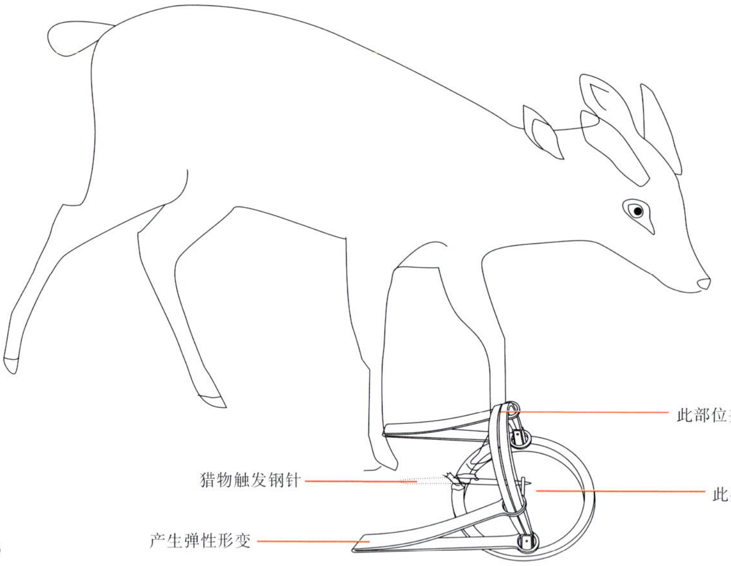

此部位夹住猎物腿部
猎物触发钢针
此处放置诱饵
产生弹性形变

图五　裕固族捕兽夹使用情境图

z
x
y

图六　裕固族捕兽夹分解图

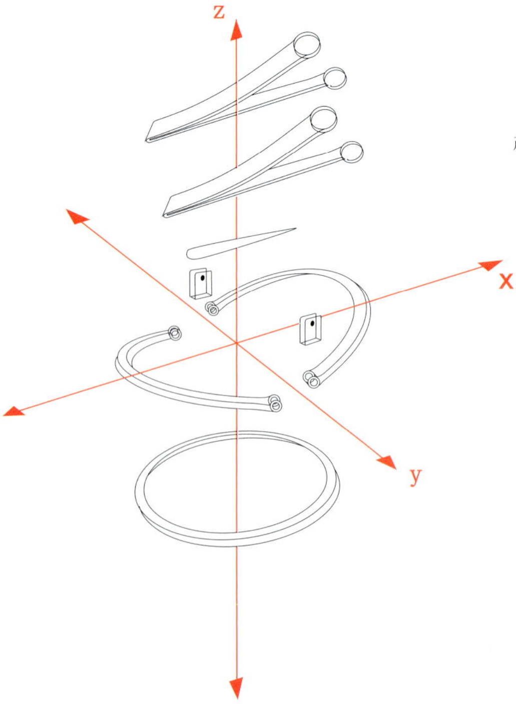

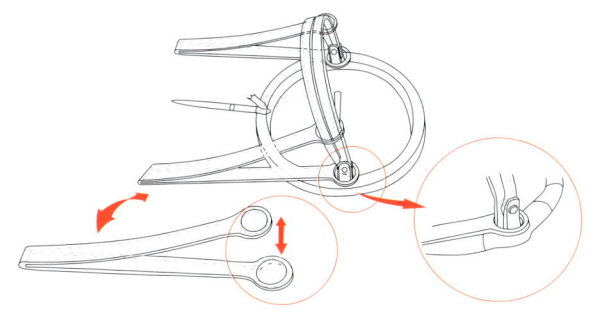

图七　裕固族捕兽夹结构分析图

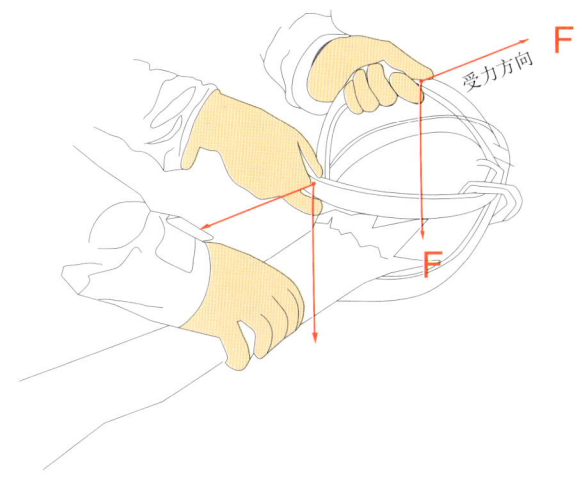

图八　裕固族捕兽夹受力分析图

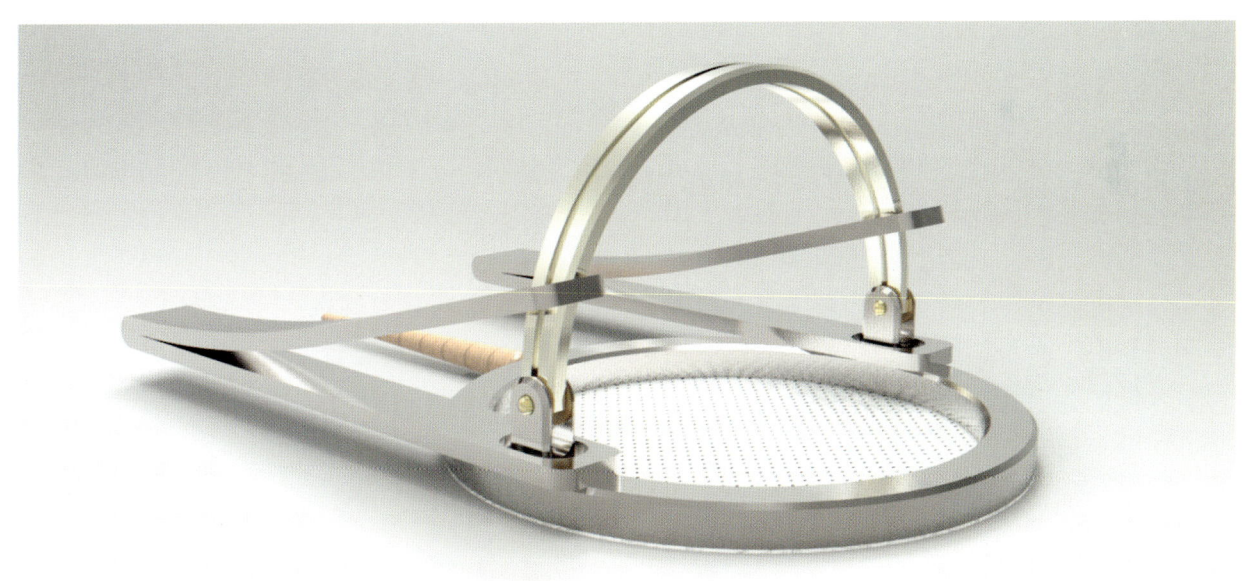

图九　裕固族捕兽夹效果示意图

裕固族土炮

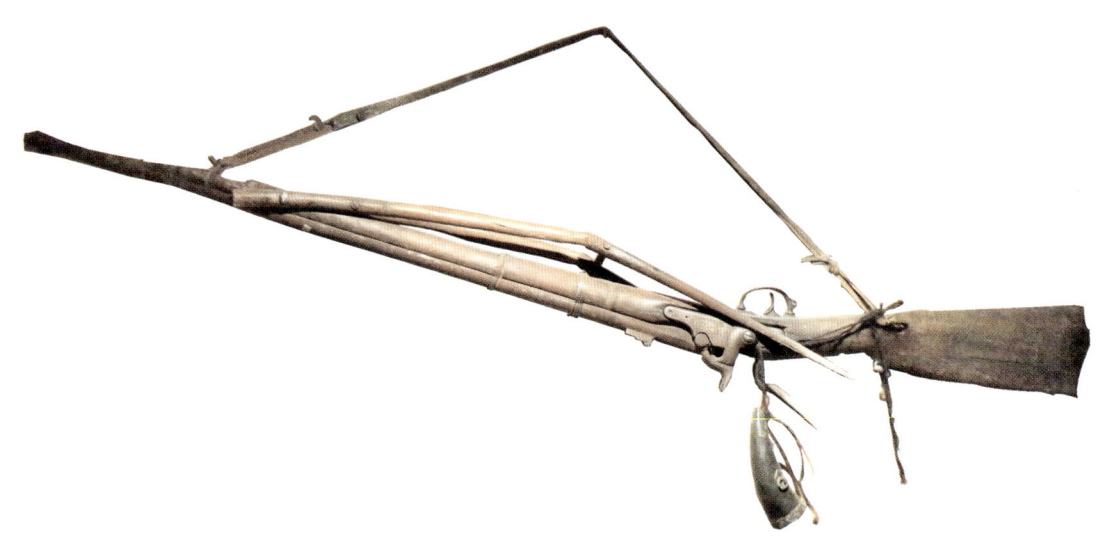

图一 裕固族土炮主图

土炮是裕固族特有的火药武器，是用铸钢（或熟铁）枪管和木制枪把组成用来打猎的枪。一般使用前膛装火药，撞机发火使用黑火药或黄火药，霰弹发射铁砂或钢珠。弹射后目标准确度没有精工的枪准，但爆破强度可以与精工的枪相媲美，甚至更强。土炮存在一定的隐患，因为本身设备的问题，发弹过程中会出现卡弹之类的问题，有时威胁到使用者的生命安全，因此，改革开放后，土炮很少被人使用，现在只有在当地博物馆才能看到。

该案例现收藏于肃南裕固族自治县民族博物馆。此土炮全长约120厘米，柄长38厘米，柄高11厘米，口径1厘米，宽12.4厘米，夹枪杆的木头长73厘米，土炮柄顶到扳机的距离是22厘米，底部接触地面支架长31厘米，牛角长13厘米。该土炮属于肩射的长管枪械，也称双杈猎枪，是主要用于打猎的火药枪，木质枪托，钢制枪管，内部装填火药与子窠（铁砂、碎瓷片、石子、火药等的混合物，其实就是反射弹药，土炮某种意义上可以理解为是霰弹枪）。枪管下的木托上装有双竹杈（有的土炮装的是钢杈），可前后伸展收回，另附有角质火药瓶，中段是火药室，外壁上有一点火小孔；后段是手持的木棍。发射时以木棍拄地，一手扶管身，一手点火，巨响之后，射出碎石或者弹丸，未燃尽的火药气体随之喷出枪口。因当时生产技术方面的限制，所用火药的推力有限，射程短，其射击精度和射程较难控制。该土炮使用的曲形木柄，更符合人机工程学的原理，便于把握操持，枪管呈细长状，枪脊上的凸起用于瞄准；枪托多为弯曲形，方便抵肩瞄准射击，枪托底面较大，利于削减肩部所承受的发射弹丸时产生的后坐力。

裕固族土炮体现出他们以发挥土炮功能效果为准绳的设计理念，不存在任何装饰性因素，以满足使用者的需求与舒适度作为可行性的判尺。土炮形制具有朴实的美感，特别是角质火药瓶的设计更是最具民族特色的表现形式，反映了劳动人民在适应自然、改造自然的过程中，充分利用自己的勤劳智慧，用低廉的成本设计出巧妙的狩猎工具，满足了日常生活中狩猎的功能需要。

图片来源
图一　胡钢锋　摄影
图二　季彤　制图
图七至图九　李治英　制图
图三、图四、图六　米凡英　制图
图五　张瑾　制图

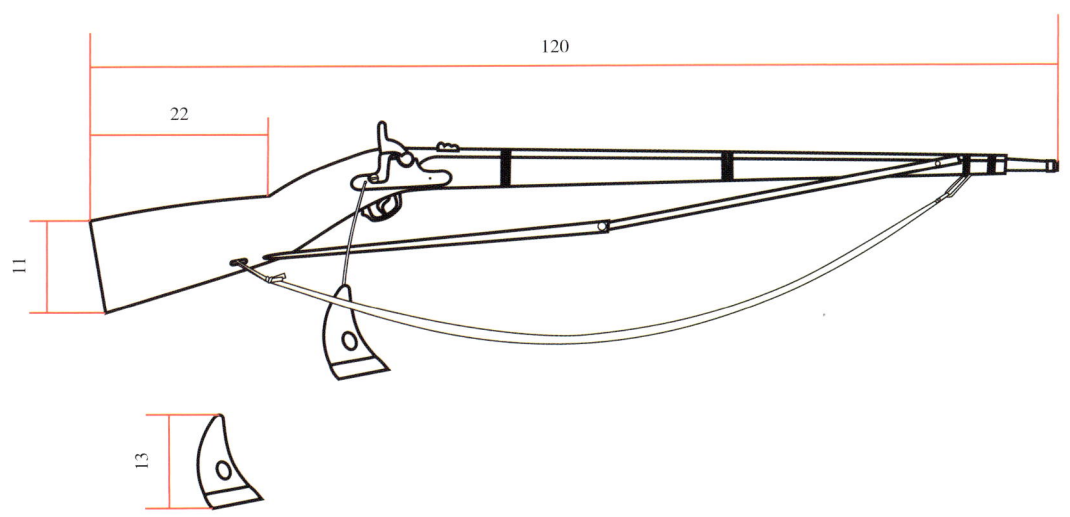

图二　裕固族土炮尺寸图（单位：cm）

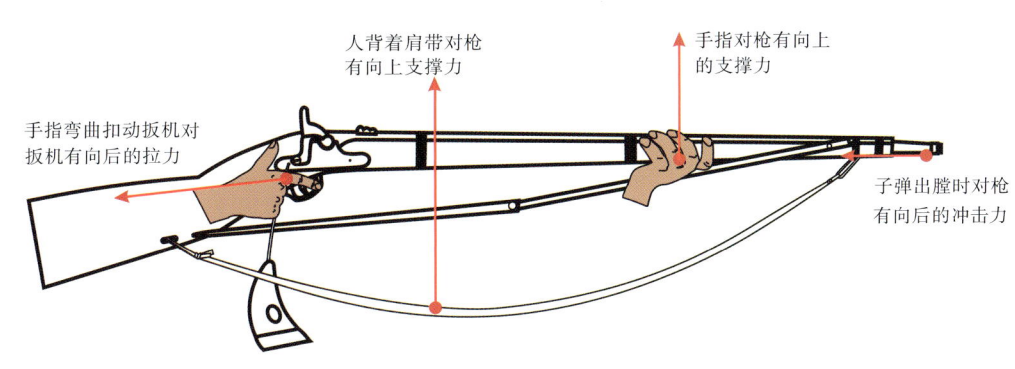

图三　裕固族土炮发力示意图

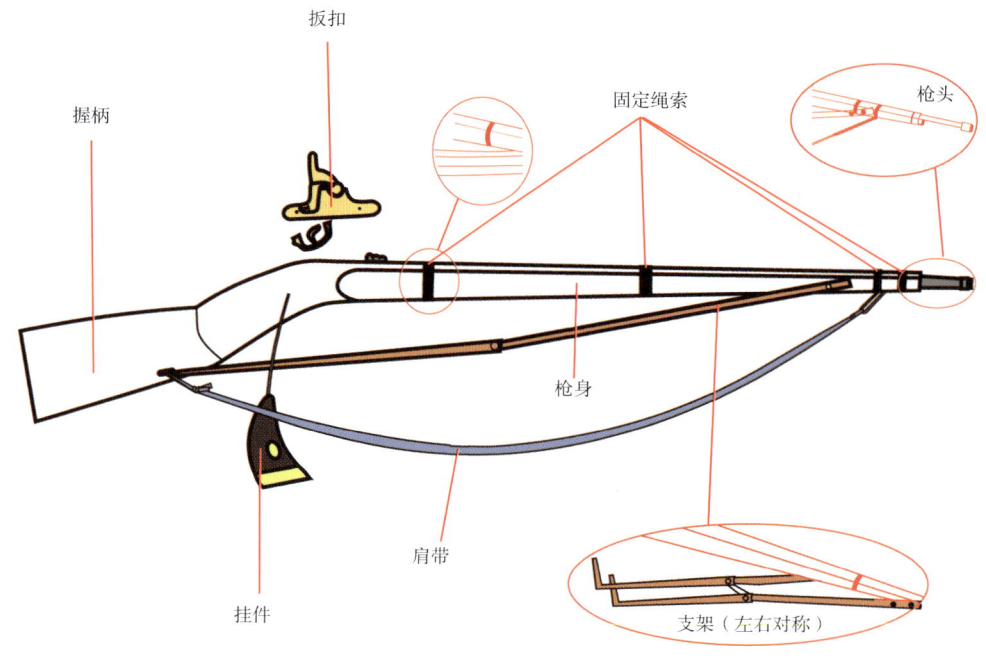

图四　裕固族土炮结构名称图

图五　裕固族土炮操作示意图

图六 裕固族土炮效果示意图

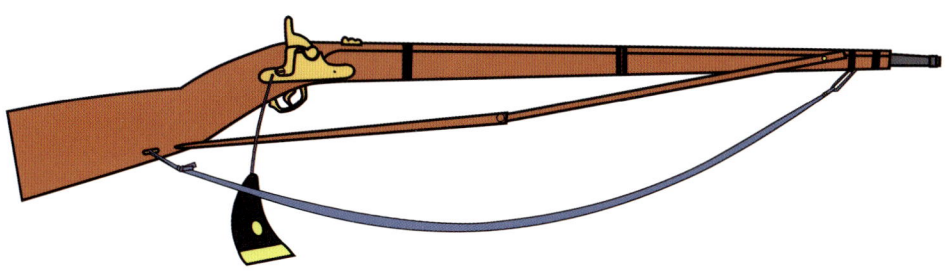

图七 裕固族土炮纹理图

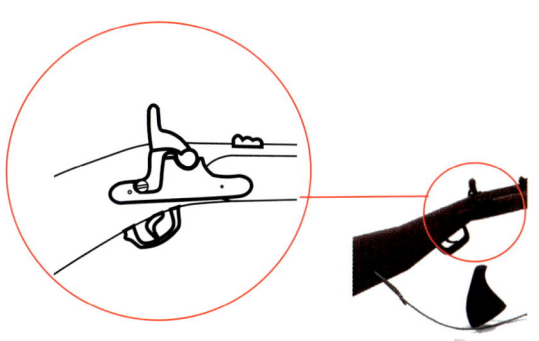

图八 裕固族土炮扳机分析图

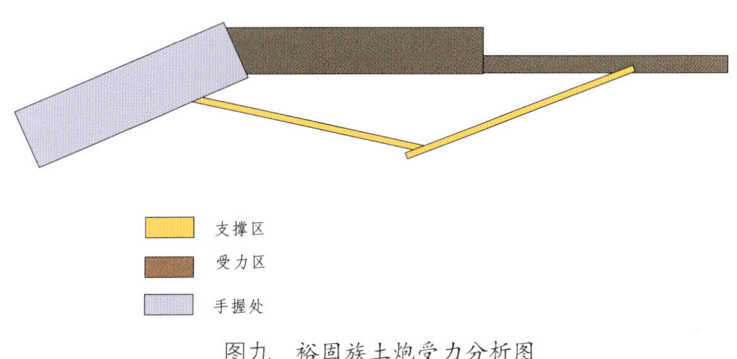

支撑区
受力区
手握处

图九 裕固族土炮受力分析图

第五章 裕固族传统生产工具

裕固族打酥油桶

图一 裕固族打酥油桶主图

酥油是裕固族生活中必不可少的食物，打酥油桶是裕固族人家家户户不可缺少的用具。酥油桶分为两种：一种是从奶中提炼酥油的桶，这种桶较大，高约4尺，口径近1尺，是牧区常见的。另一种是家庭日常用的酥油茶桶，这种桶较小，高2尺左右，直径约0.5尺；有的酥油茶桶很小，只有1尺多高，这种适宜出门携带。

提炼酥油俗称"打酥油"，工具比较简单，一只木质酥油桶和一个盛有适量水的大盆即可。酥油桶桶身几乎上下等粗，外围上、中、下各部用金属、竹、藤箍、牛皮等箍紧，一般能装60—80斤奶，桶内放有一根高出桶1尺左右的木棍（甲洛），平常总是插在木桶里。打酥油通常由一位妇女独立完成，劳作虽然单调，但却需要技巧，费体力。

本案例打酥油桶采集自肃南裕固族自治县民族博物馆，由木桶桶身和木棍组成。木棍即搅拌器。木桶用木板围成，外围箍住，桶盖中间掏空，将搅拌器插入桶中搅拌。桶身高约80厘米，桶口直径约36厘米，桶底直径约32厘米，搅拌器长约120厘米。搅

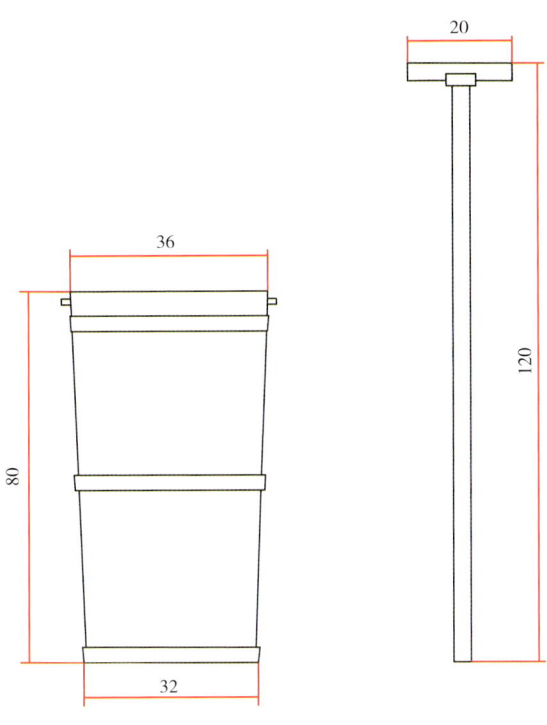

图二 裕固族打酥油桶尺寸图（单位：cm）

图三 裕固族打酥油桶桶底示意图

拌器上安有一个比桶口稍小的圆木板，防止搅拌时液体外溢。酥油桶的制作是十分讲究的，桶身用木板围成，木板之间用胶粘连，桶身上、中、下各用一圈木条围成箍。桶盖开口口径略大，以便搅拌时，液汁和气体可以通过孔上下流动。

牧民有句谚语云："百句语言有一意，千打奶桶一碗油。"裕固族人们在提炼酥油时，将新鲜的奶汁倒入打奶桶内，人们手握搅拌器上提下打，搅拌数千次后，奶水和酥油彻底分离。分离的酥油从木桶里捞出后放入盛有清水的大盆里冷却，通过用手搓揉、挤压、拍打等方法，除去酥油里的奶和水分，然后拍成扁圆形，便是酥油饼。随着科技不断进步，奶油分离器等电动或机械器具已推广到农家和牧场，人们正逐渐从繁重的劳作中解放出来，但使用奶油分离器，酥油里的奶和水分过滤不净，酥油容易产生腐烂斑点，不宜长期存放。

图片来源

图一、图三至图五　胡钢锋　摄影
图二、图六至图十　季彤　制图
图十一　韩滨　制图

图四 裕固族打酥油桶桶盖示意图

图五　裕固族打酥油桶搅拌器

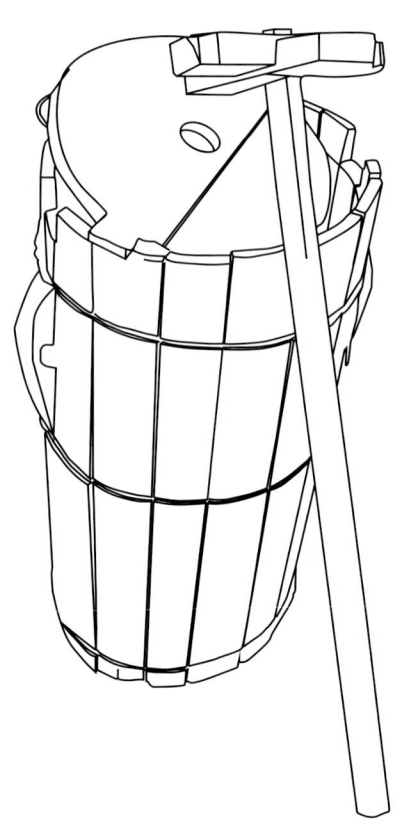

图六　裕固族打酥油桶线稿图

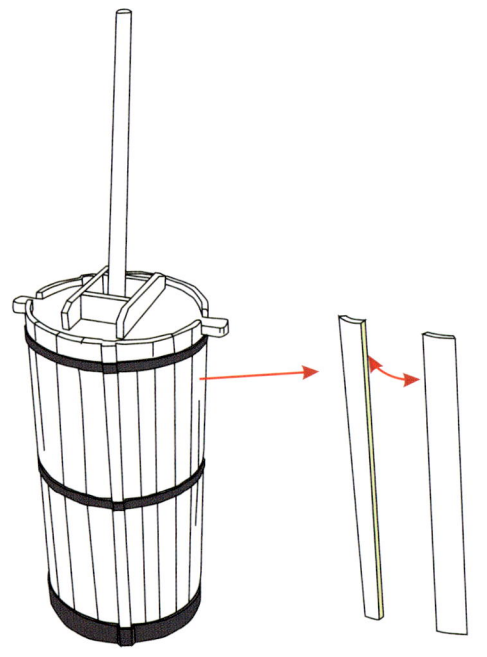

打酥油桶外壳由木板拼合而成，板与板之间用胶粘连密封。桶身由三段铁环固定

图七　裕固族打酥油桶工艺分析图

图八　裕固族打酥油桶操作示意图

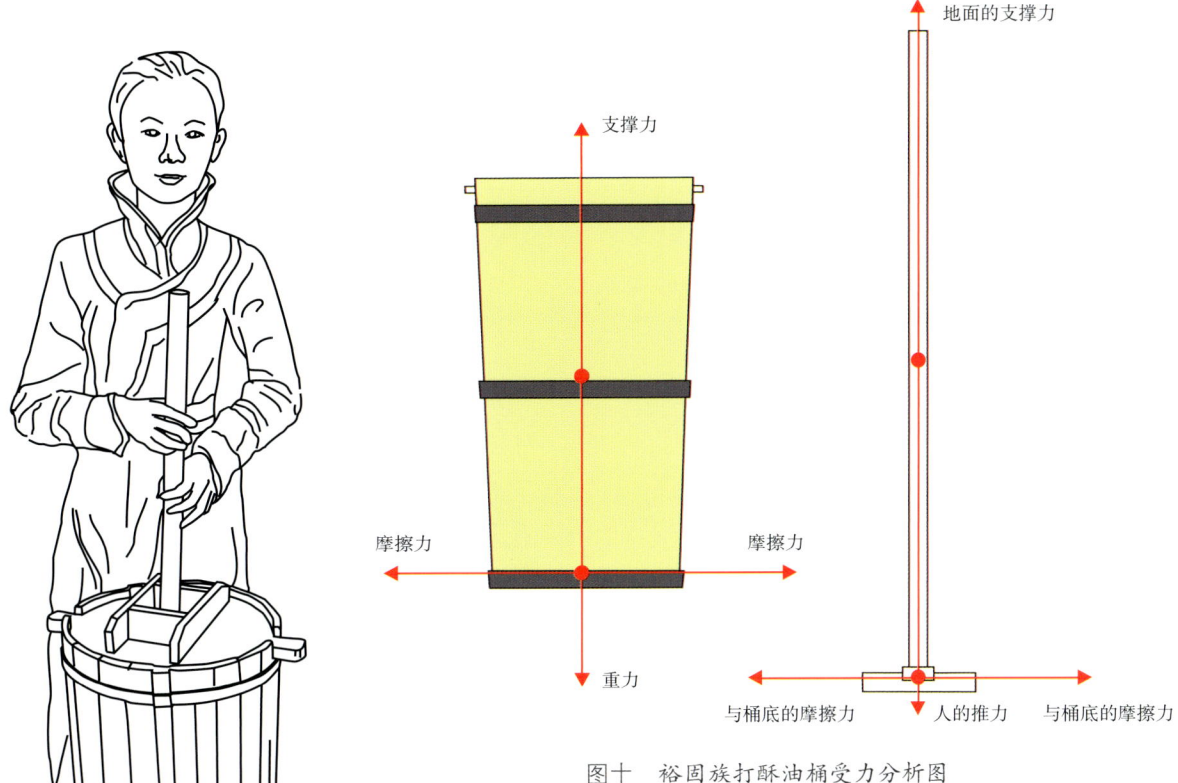

图九　裕固族打酥油桶使用情境图

图十　裕固族打酥油桶受力分析图

图十一　裕固族打酥油桶效果示意图

第五章　裕固族传统生产工具

167

裕固族石磨

图一　裕固族石磨主图

磨有用人力的、畜力的和水力的，是加工谷物等颗粒状粮食的工具。最初磨的形式为直搓式，随着形制不断演化，发展为旋转的磨，其材料一般为粗石。为满足不同生产方式和生活方式的需要，石磨有大小不同的形制。本案例石磨磨盘高11厘米，直径25.6厘米；摇把长48厘米，最大直径6.5厘米；磨眼直径约4厘米，现收藏于肃南裕固族自治县民族博物馆。该石磨分上下两扇，上扇为转磨，下扇固定，上扇边沿有一小孔便于插入木棒推磨，石磨轻巧好操作，极具实用性，是游牧民族磨炒面、榛子的一种工具。

石磨磨盘基本都是由两块圆形粗石雕凿而成的，形状各异。主体结构是一个静盘和一个动盘，静盘和动盘结构相似。石磨组成的两个圆石是平面的两层，两层的结合处都有纹理，动盘与静盘面对面放置，动盘面与静盘面平行接触。石磨上扇有凹眼，下扇有铁轴，使用时将二者套合，以防止转动时石磨上扇和下扇分离。裕固族人在磨制炒面、榛子等时，用一只手握住或者双手转动榫在动盘上的圆柱摇把即可，往前推或往后拉，使上磨盘旋转，转动的速度与流出的粉末成正比。物料从动磨盘的加料口进入石磨中，并按螺旋方式向边缘运动，沿着纹理向外运移，在滚动过两扇面时，由于两扇面的结合部分是方向相异的纹理，经过转动摩擦后谷物被磨碎形成粉末，最终被磨成粉的物料从磨盘边缘流出来。物体在石磨剪切力作用下断裂成不规则碎片，纤维被剥离，碾磨多次后得到粒径在几微米至数十微米的粉纤维素的薄片状超细粉末。

裕固族石磨这种小型劳作加工器物适合游牧民族以家庭为单位的劳动生产，妇女亦可操作。裕固族人饮食比较简单，除了节日和喜庆活动之外，平常一日喝三次茶吃一顿饭（或多次茶一顿饭），这样对炒面的需求量很大，所以小型手摇石磨就成为家家户户必备的加工工具。选用最易得最简朴的材料，运用简易的操作、简洁的构造、简便的动能满足生活的需要，体现出朴实的裕固民族的聪明智慧。

图片来源
图一　胡钢锋　摄影
图二、图五　程笑笑　制图
图三、图七　马月　制图
图四、图九　柏雅云　制图
图六、图八、图十　米凡英　制图

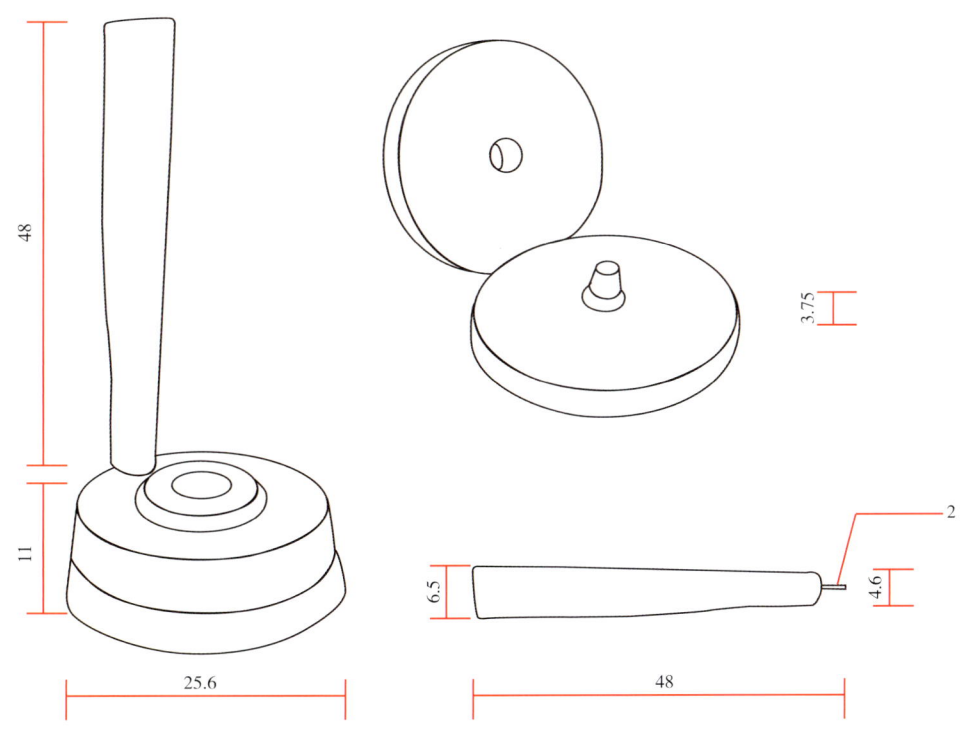

图二　裕固族石磨尺寸图（单位：cm）

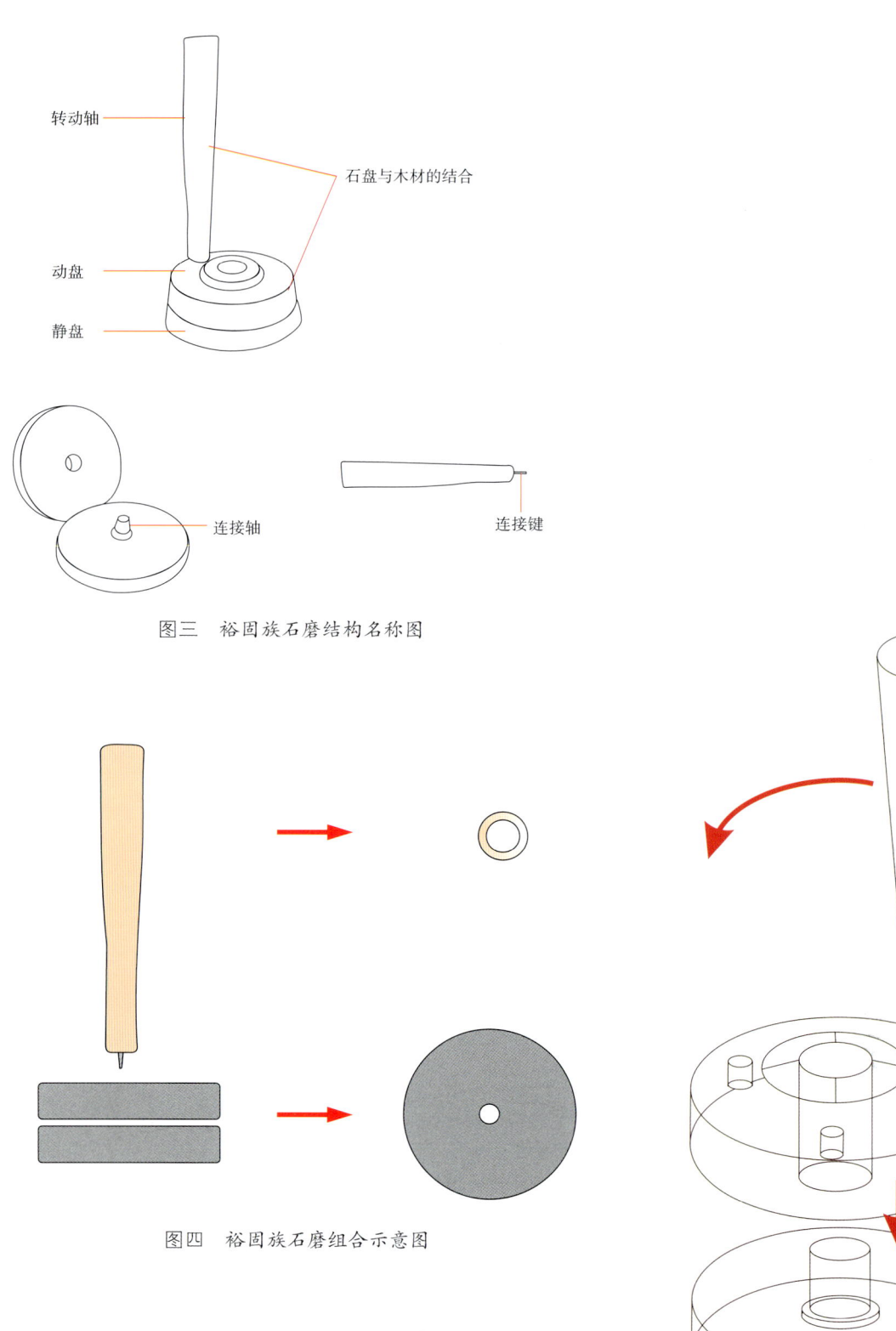

图三　裕固族石磨结构名称图

图四　裕固族石磨组合示意图

图五　裕固族石磨操作示意图

图六　裕固族石磨线描图

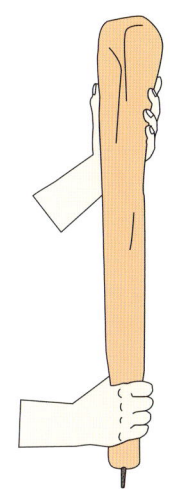

图七　裕固族石磨手握方式示意图

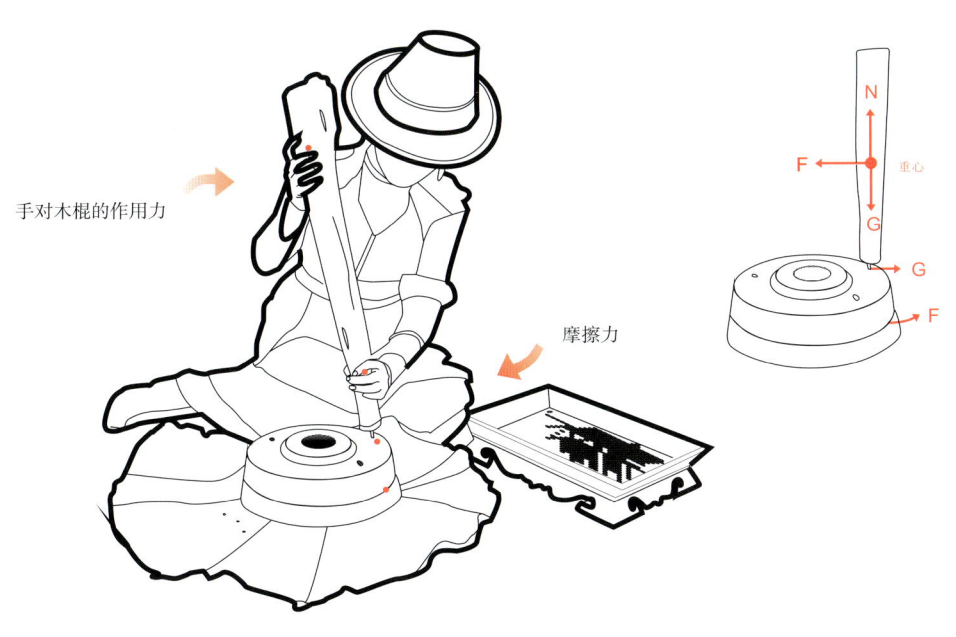

图八　裕固族石磨受力分析示意图

第五章　裕固族传统生产工具

171

图九　裕固族石磨使用情境图

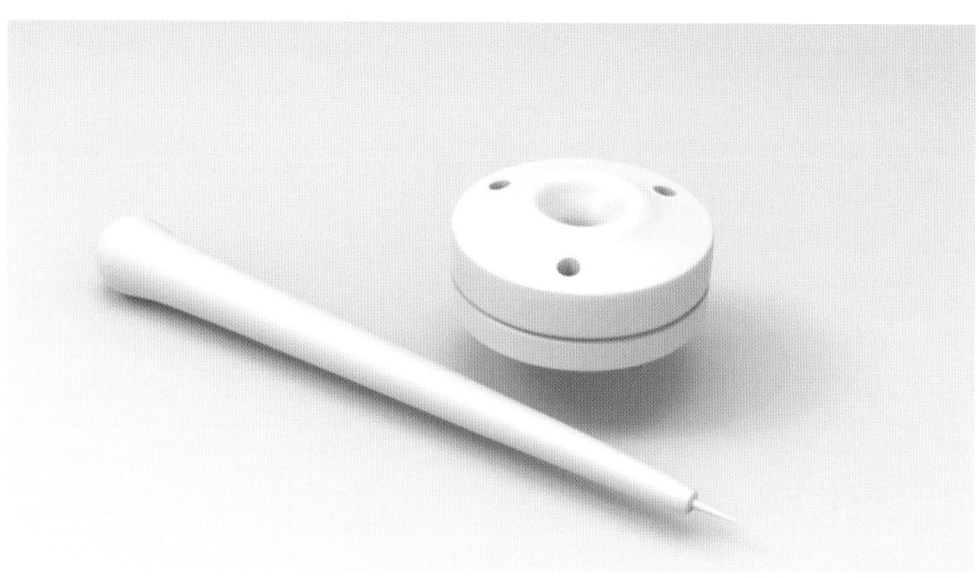

图十　裕固族石磨效果示意图

裕固族褐子织机

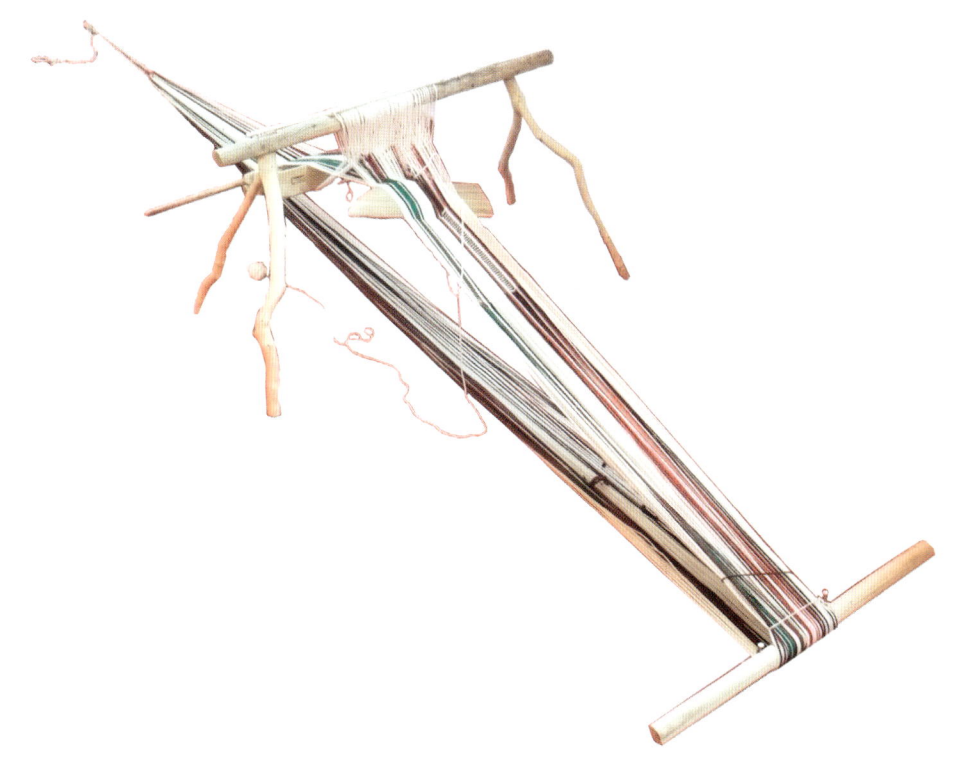

图一　裕固族褐子织机主图

褐子织机是裕固民族典型的生产生活用具。褐子作为裕固族的重要生活用品，是裕固族人用来缝制衣物、褡裢、帐篷的手工粗布，具有良好的防水、避风、隔潮、耐晒、保温的作用。织褐子的原材料是用羊毛、驼毛、牦牛毛等手工捻成的不同用途的毛线。用褐子制作的各种生产生活用品，是裕固族人最普遍、最传统的手工艺品，有着悠久的历史。

该案例织机为简单的榫卯结构，构造简单，长约300厘米，宽约80厘米。织机尺寸没有太大局限性，根据使用情况经线可延伸更远，所以此地区织机也大小不一，但其形制基本稳定。制作褐子的线根据用途分成粗、细两种，并分为两组经线穿插缠绕。织褐机的原理、性能与织麻布机、织棉布机差不多，只是原料不同，纬线也有区别。织褐子是裕固族的传统手工艺。织褐子时要在地面前后钉上一到两个小木桩，然后把捻好的毛线在木桩两端绕上若干圈，之后固定在褐架上，织造时，织工席地而坐，将经线的两端分别绑在两根横木上，使经线均匀地分成两层，上下推动褐子织机架子，以控制经线张力，且利用分经棍形成一个自然梭口，使经线相互交错，在中间喂上纬线，用褐刀平行砍几下，织第二梭时，提起综杆，使下层经线变

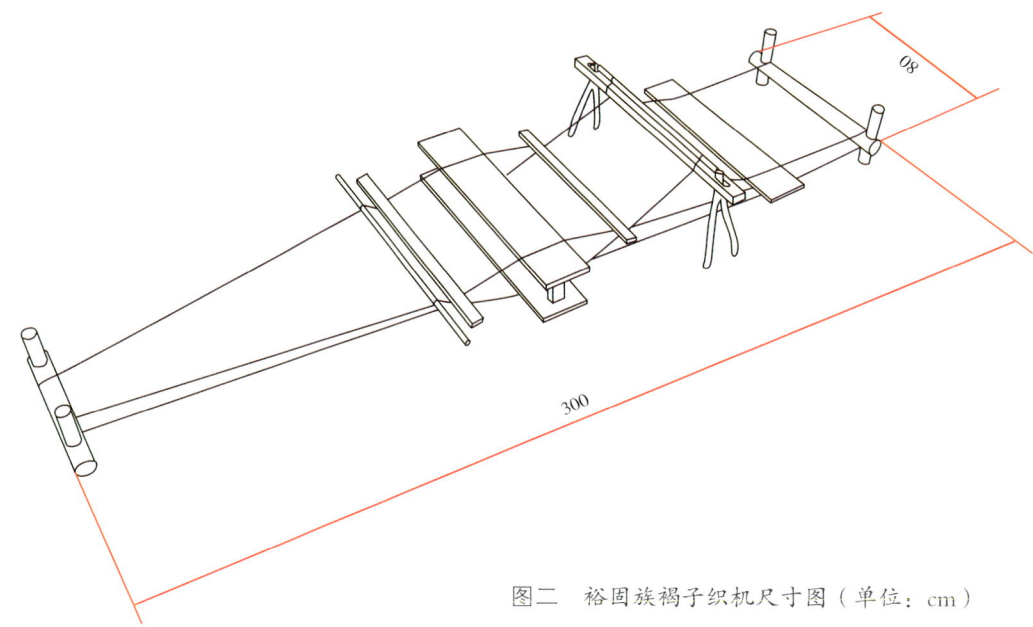

图二　裕固族褐子织机尺寸图（单位：cm）

为上层，形成第二梭口，立起褐刀固定梭口，纤子引纬，褐刀打纬，织褐子就在这样不断交替循环中进行。褐子织机虽结构简单，材质简易，只几根木棍，却包含了几项主要织造运动，"缕缕而成之，寸寸而积之"。织工坐着操作该织机，而且用经纬导辊和织线轴控制毛线张力，在一定程度上减轻了织工的劳动量。

褐子织好后，可以做成大衣或长袍穿，因为是牛毛绒，所以保暖挡寒。制作毛衣的褐子用的毛线捻得比较精细，使用的毛线也是上等的羊绒毛，制出来后又薄又轻，同时还可以染色，非常美观、耐用。有些牧民一年四季都穿着褐衫袍，这种衣服很保暖，俗称"上不沾雨，下不沾土"。其他如制作褡裢、口袋或者帐篷用的褐子多为粗羊毛、牦牛毛、山羊毛等，使用的毛线也比较粗。

生活在草原上的裕固族人还经常用骆驼毛制作褐子，再编制成驼毛棉袄、毛巾、毛袜等，这种驼毛褐子非常柔软，轻便耐用。用毛线制作的褐子还可以做成毛毯、褡裢、茶袋、粮袋、背包、被褥、鞍子、帘子等，用途广泛。

图片来源
图一　胡钢锋　摄影
图二、图八至图十　戴永凤　制图
图三至图五　季彤　制图
图六、图七　刘晨　制图

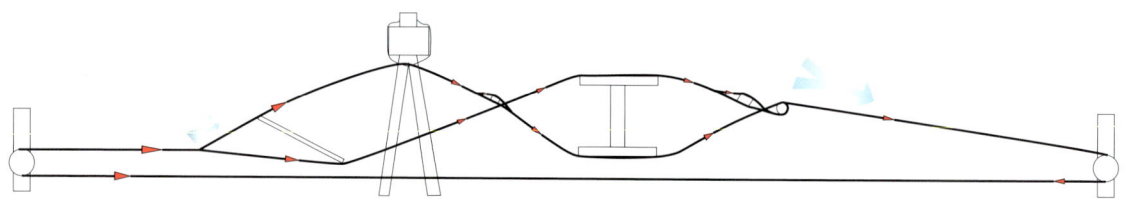

图三　裕固族褐子织机经线走向分析图

第一步，先用分线条松线

第二步，将纬线和经线穿插

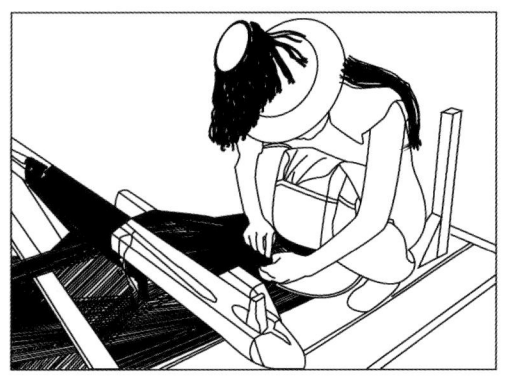
第三步，将纬线和经线交织固定

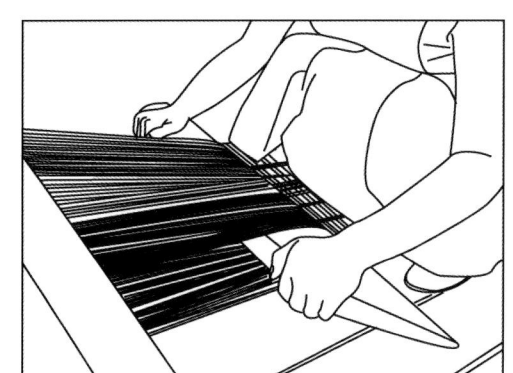
第四步，用褐板将织好的褐子拉紧

图四　裕固族褐子织机使用过程示意图

图五　裕固族褐子织机解析图

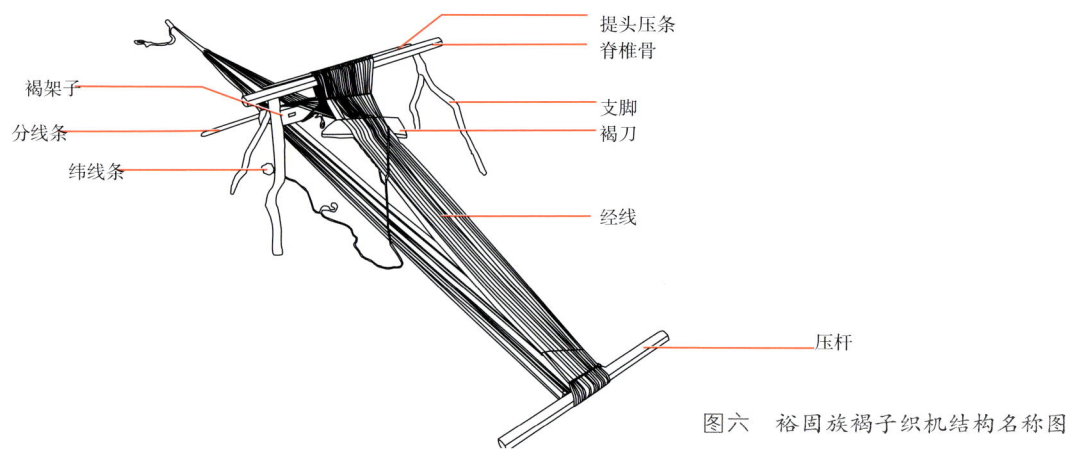

图六　裕固族褐子织机结构名称图

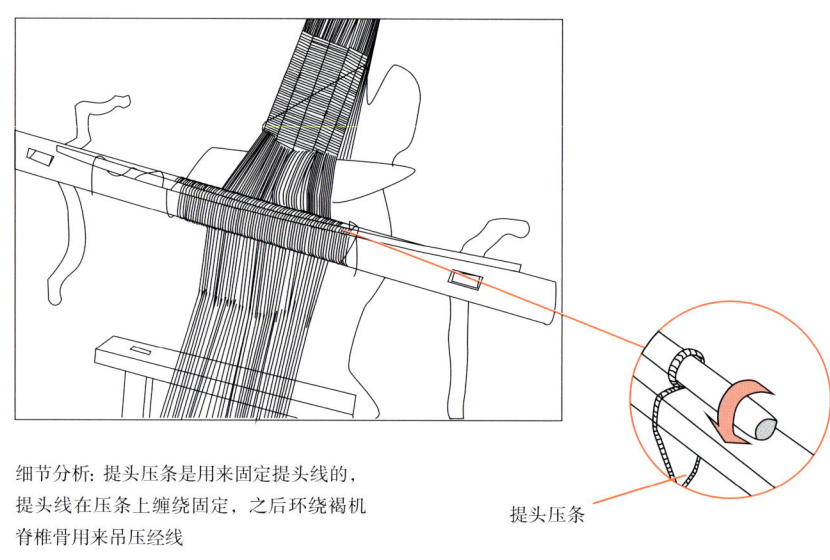

细节分析：提头压条是用来固定提头线的，提头线在压条上缠绕固定，之后环绕褐机脊椎骨用来吊压经线

图七　裕固族褐子织机局部分析示意图 1

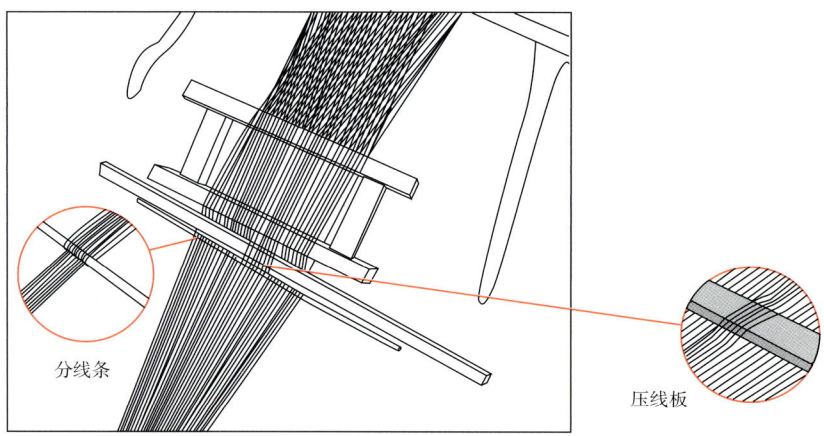

细节分析：分线条和压线板。分线条的作用是为了分离或组合上下两组经线。压线板则是在两组经线交叉穿过时用来压线以稳固经线

图八　裕固族褐子织机局部分析示意图 2

图九　裕固族褐子织机效果示意图

图十　裕固族褐子织机使用情境图

第六章 裕固族传统手工艺

裕固族刺绣

图一　裕固族刺绣主图

　　该案例是裕固族女子服装衣领及袖口绣片，由裕固族文化传承人柯璀玲老师提供。

　　服饰图案是一个民族文化心理的一种视觉外化，在一定程度上体现了该民族民众的宗教信仰、心理需要以及人生追求。裕固族在长期的生活实践与历史传承中形成了兼收并蓄而又具有独特视角的图案审美意识，其中对刺绣图案的分析可以使我们对该民族在其文化发展过程中探索美、创造美的艺术轨迹窥见一斑。

　　此案例主要采用了平绣和攀绣的刺绣工艺，图案源于自然题材，主要包含了花卉、植物组合形成的蜜蜂图案、动物牙齿纹及彩虹纹。植物与动物是裕固族刺绣艺人最善于表达的自然题材，这一方面由于裕固族地处广袤的祁连山北麓，雪山、草甸、高原气候的瞬息变化给热爱生活的裕固族人无限的灵感；另一方面则是与原始崇拜有关，裕固族相信世间万物皆有灵，所以，植物的茎、叶、花，昆虫类的蜜蜂、蝴蝶，动物类的鹰、鹿、马、羊，鸟类的乌鸦（汉人认为乌鸦是不吉祥之物）、鸽子以及河流、彩虹等都成为裕固族服饰图案的创作题材。在造型上，主要以自然原型为依据，采用想象、添加、正负形相互借用等多种艺术手段。裕固族从服饰到其他的装饰图案多为无根的植物图案，而"无根"正是裕固族人远离故乡的飘零感和失落感的最终诠释。源自"万物皆有灵"的原始崇拜，雨后湛蓝天空中的彩虹、人与牲畜赖以生存的河流、代表着勇猛与力量的动物牙齿等自然物，被以简练单纯的线条归纳概括，造型具有朴素而不失生动的特点。此外，裕固族服饰图案造型还具有正负形相互借用的艺术特征，如植物与植物组合之后形成的复形是动物的眼睛，不仅展现出创作者敏锐的观察力、丰富的想象力，更展现出裕固族特有的图案造型特点。

图片来源
图一　周涛　摄影
图二至图九　伊尧尧　制图

图二　裕固族刺绣线描图

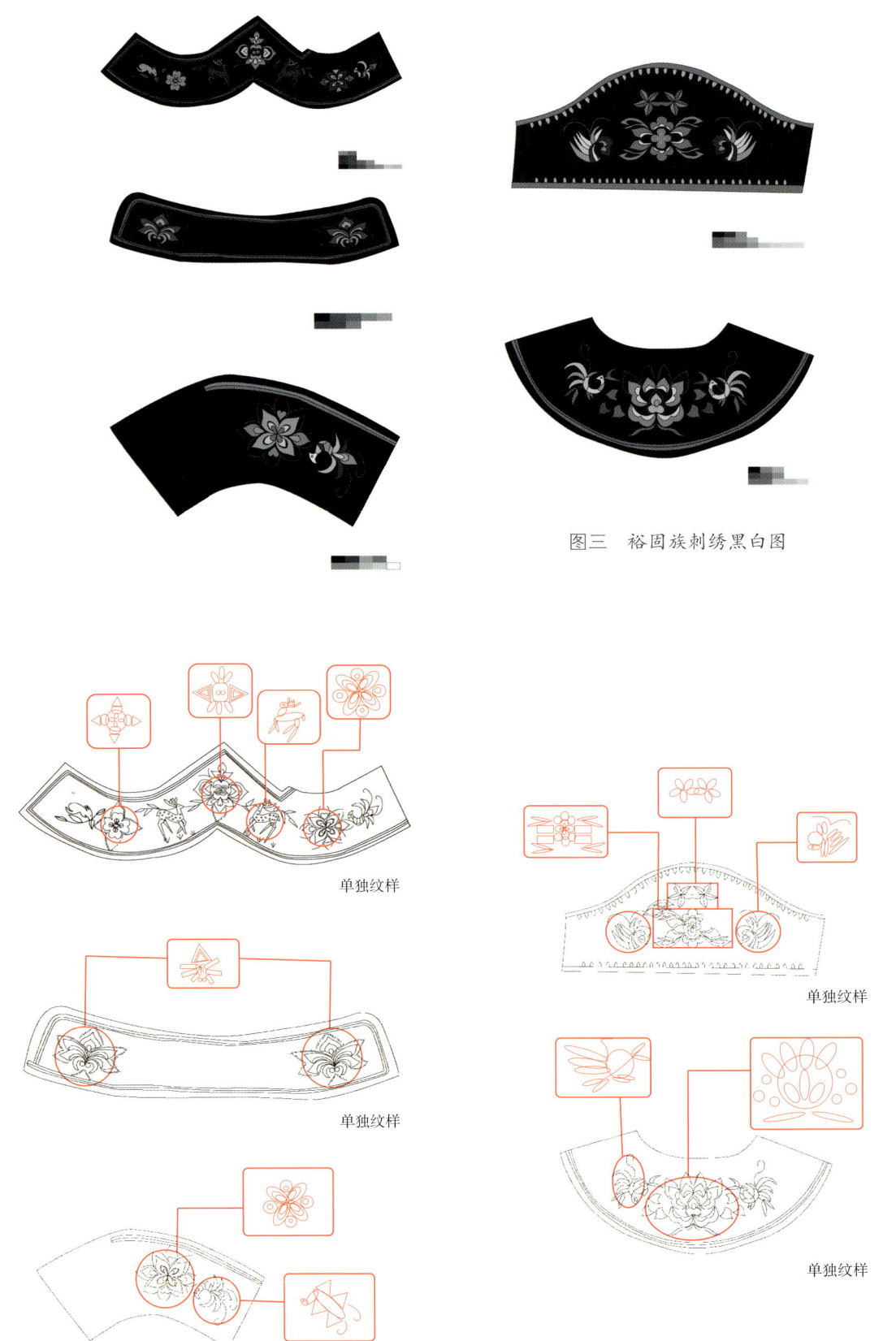

图三 裕固族刺绣黑白图

单独纹样

单独纹样

单独纹样

单独纹样

单独纹样

图四 裕固族刺绣纹样分析图

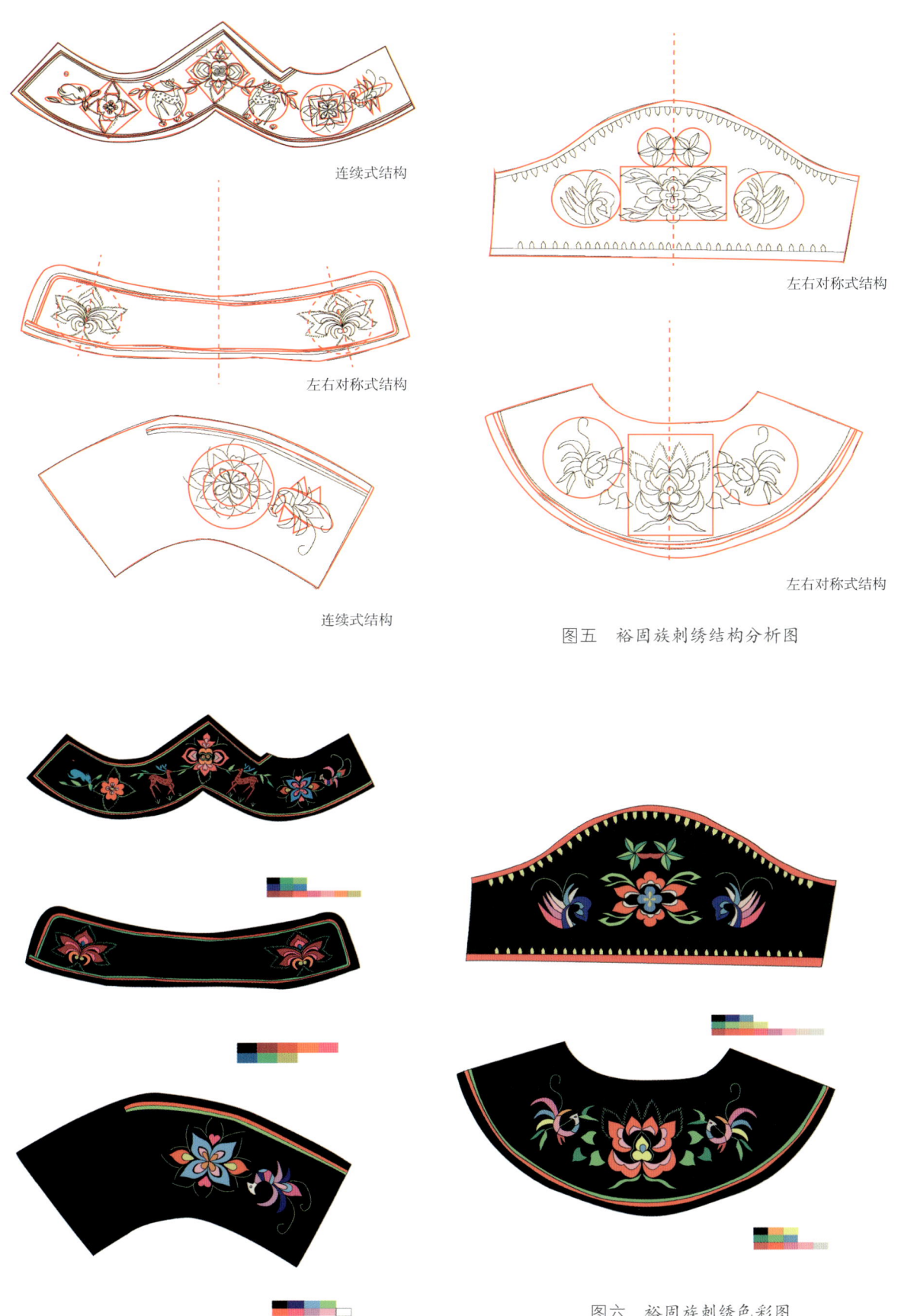

图五 裕固族刺绣结构分析图

图六 裕固族刺绣色彩图

第六章 裕固族传统手工艺

183

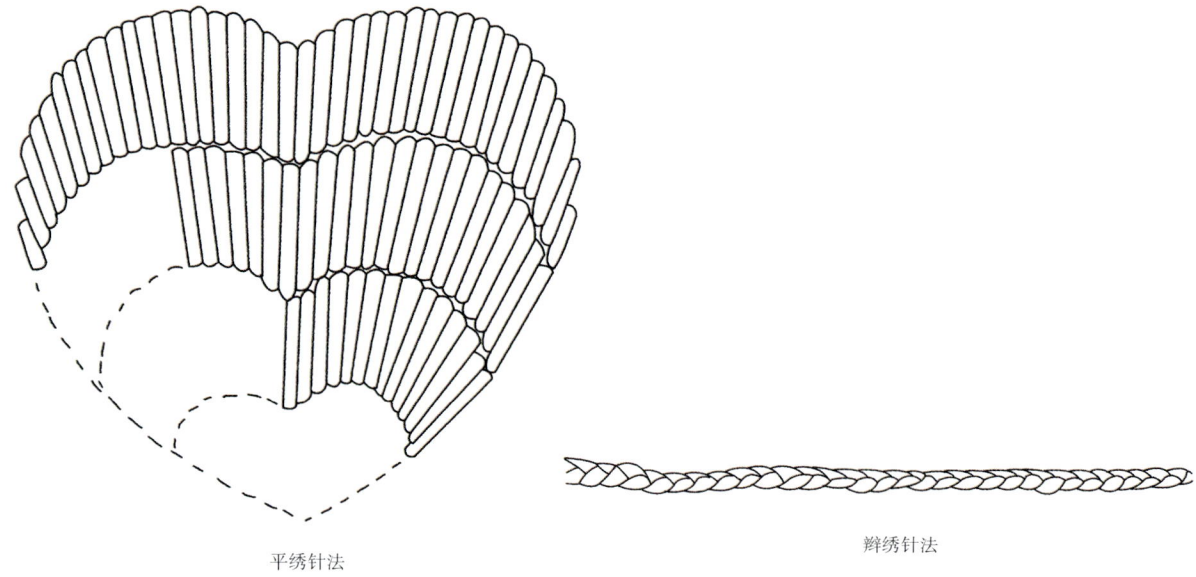

平绣针法　　　　　　　　　辫绣针法

图七　裕固族刺绣工艺分析图

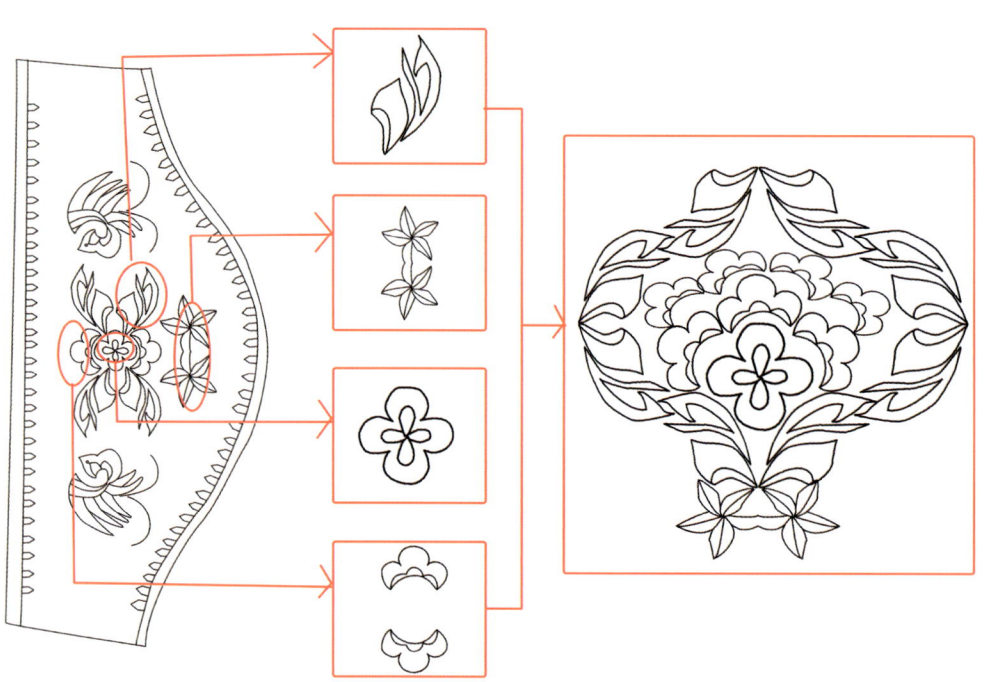

图八　裕固族刺绣元素提取图

图九 裕固族刺绣元素应用效果图

第六章 裕固族传统手工艺

裕固族马褥子

图一　裕固族马褥子主图

"马褥子"一词是民间对多种栽绒编织物的俗称，裕固族语称之为"被捎"，尺寸约130厘米×70厘米。裕固族是马背上的民族，逐草而居，常年游牧，马褥子就是顺应高寒草原气候的产物。白天牧民在草原上行走时，把马褥子搭在马背上当鞍垫使用；晚上休息时则用其做被褥铺盖来御寒。马褥子上层为羊毛编织，绒厚保暖；下层用粗布缝制成方形口袋，用来承装小件物品。

传统的马褥子为手工编织，主要工艺流程包括：绕线、拉活、绑综、匀活、编织、平毯、洗毯、剪花。通过倒8、正8字扣的织法把彩色的纱线绕在经线上，每绕一扣用刀具把纱线割断，毯面呈现的效果是层层纱的断面，通过不同色彩的纱线断面组成所要编织的图案。

此案例图案内容富有浓厚的宗教色彩。藏传佛教吉祥八宝图案（金轮、胜利幢、吉祥结、法螺、妙莲、宝瓶、金鱼、宝伞）经过装饰变形后作为画面的主要元素重复出现，如：如意角饰、吉祥如意纹、八宝吉祥结纹、宝瓶等，有祈福和寓意平安吉祥之意。此外，"文房四宝""暗八仙"也是马褥子上经常出现的图案。色彩方面主要采用了蓝、白两色，这种蓝白配色表达了裕固族人对蓝天白云自然美的喜爱；色彩简洁明快、对比鲜明，体现出裕固族人豪放热情的气质和特点。

图案艺术与审美意识直接相关联，是审美意识的集中体现，裕固族图案不仅反映了本民族的审美意识，更是民族文化、信仰的集中体现。对于没有文字的裕固族而言，该民族的图案研究成为了解该民族文化、历史、

图二　裕固族马褥子线描图　　　　　　　　　图三　裕固族马褥子黑白分析图

信仰的重要途径之一。随着中国现代化进程的加快和市场经济在广度、深度上不断向前发展，面对外来文化的强烈冲击，一些珍贵的民族文化遗产特别是非物质文化遗产正面临着消亡的严重危机。因此，对裕固族传统图案的传承、保护与创新，具有深远的意义，为此，在该案例的分析中，除了尽可能准确地做到工艺还原之外，我们从马褥子上的图案入手，通过造型、色彩、构成元素等方面向读者展现裕固族图案的特征，并且从裕固族传统图案在现代设计中应用的角度，通过提取元素、创意变化、应用效果等来思考传统图案创意应用的问题，进而抛砖引玉，以期有更多的专家学者投身到裕固族传统图案的研究与保护工作中来。

图片来源
图一　高林俊.中国裕固族传统文化图鉴[M].北京：民族出版社，2010:68.
图二至图九　丁泽新　制图

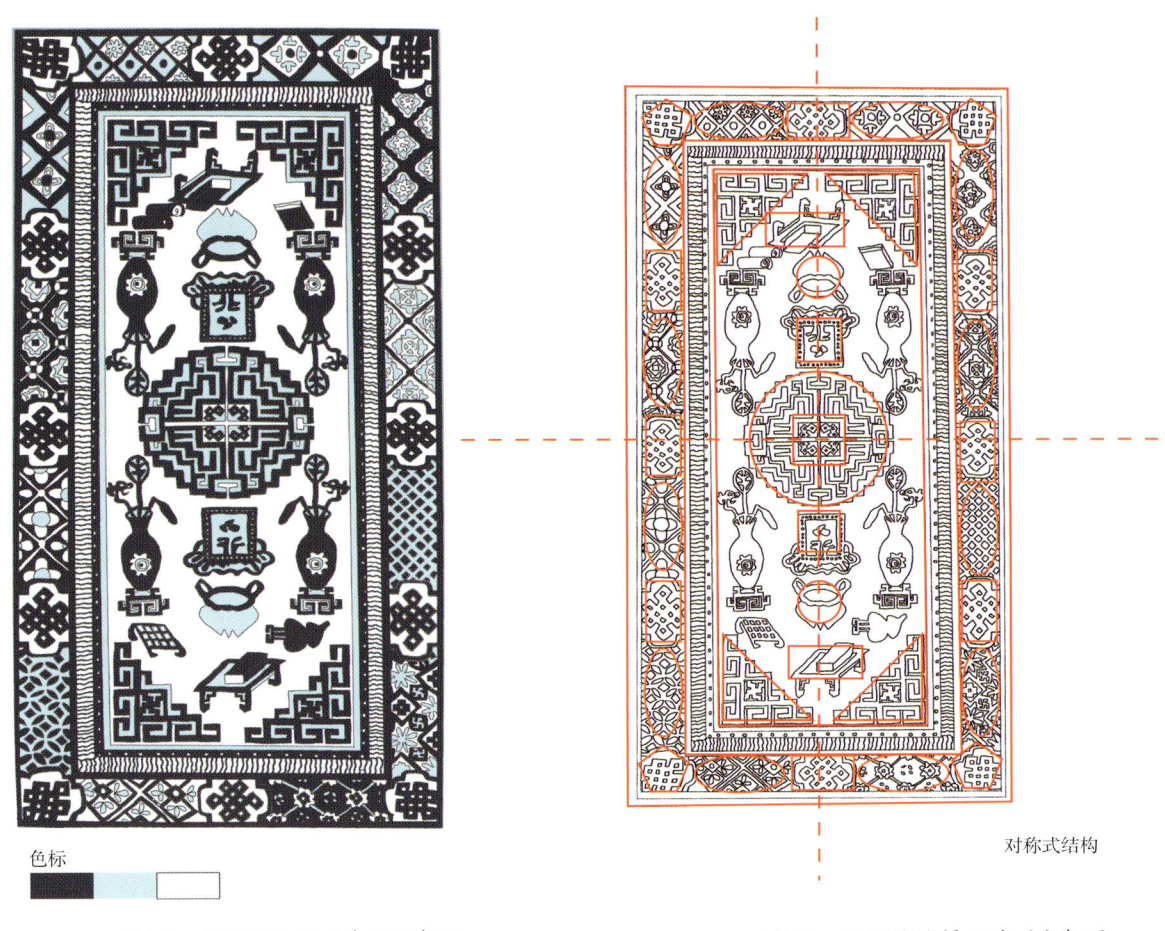

色标

图四　裕固族马褥子色彩分析图

对称式结构

图五　裕固族马褥子造型分析图

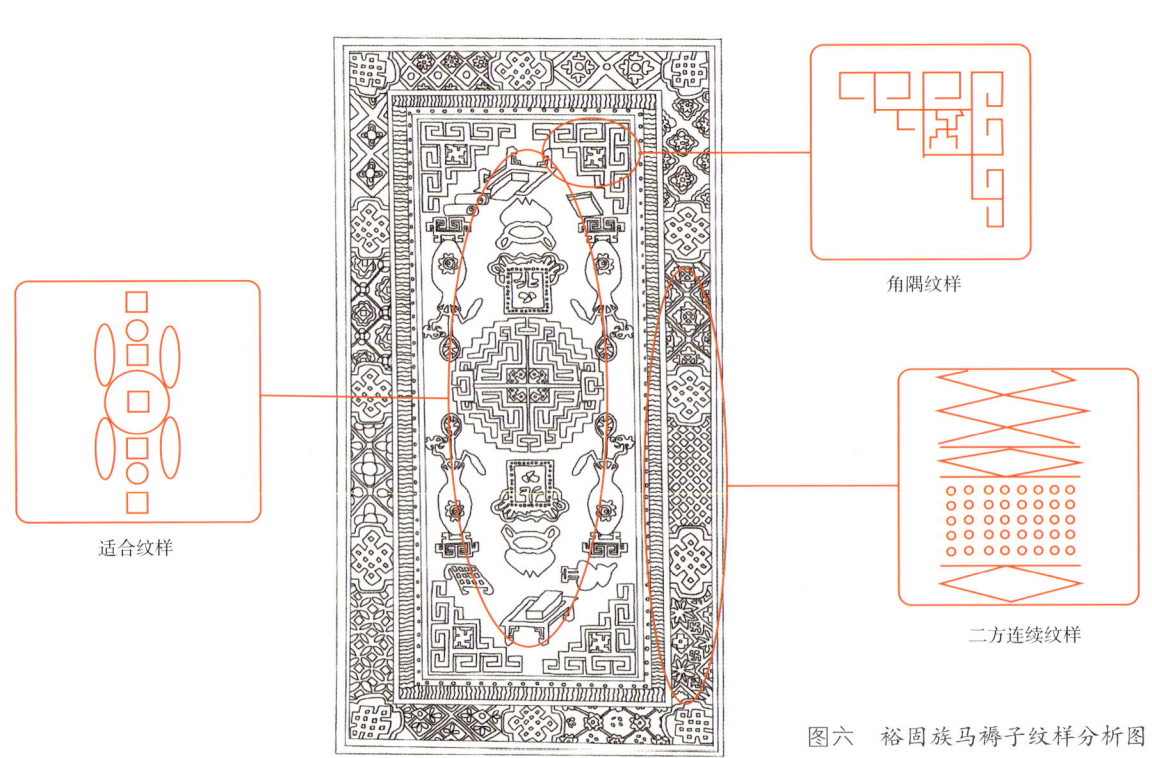

角隅纹样

适合纹样

二方连续纹样

图六　裕固族马褥子纹样分析图

中国少数民族设计全集·裕固族

188

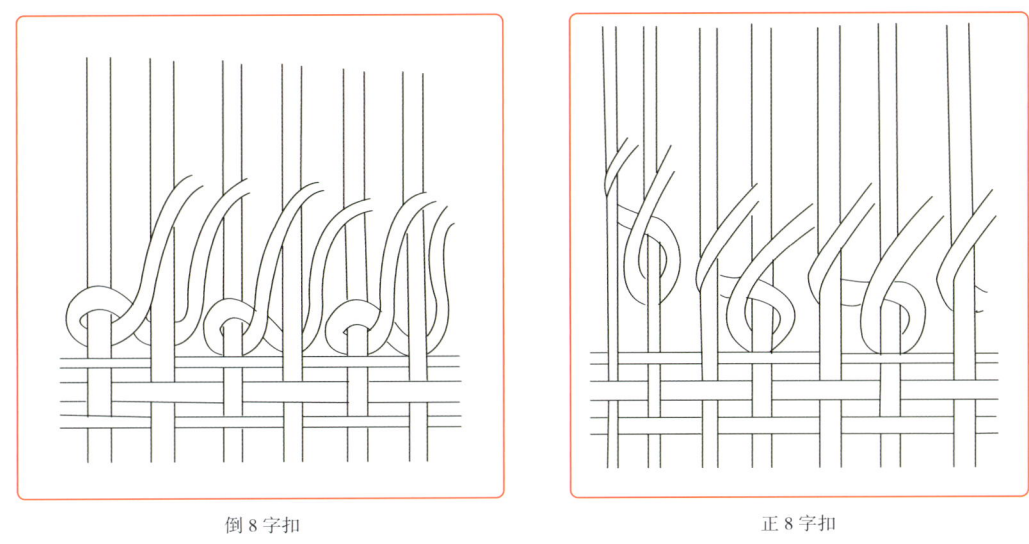

倒 8 字扣　　　　　　　　　　　　　正 8 字扣

图七　裕固族马褥子工艺分析图

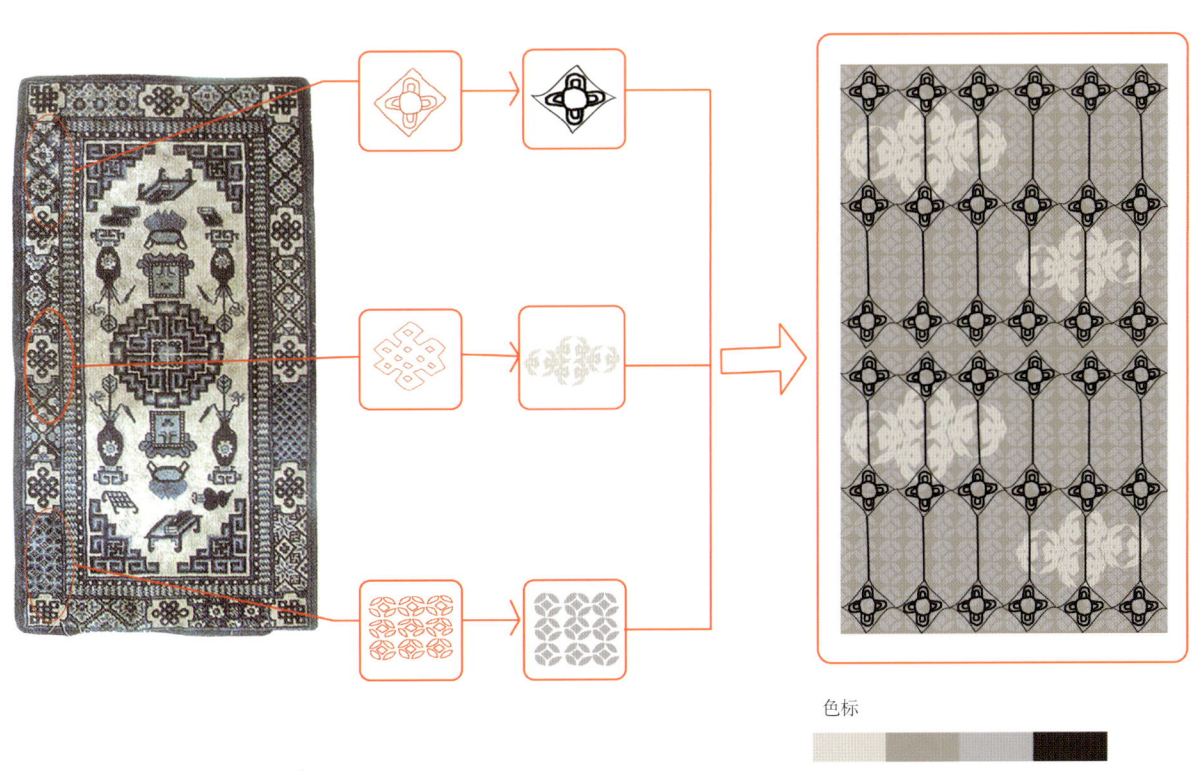

色标

图八　裕固族马褥子元素提取步骤分析图

图九　裕固族马褥子元素现代设计应用效果图

裕固族马鞯

图一　裕固族马鞯主图

马鞯，马鞍子下面垫的物品，为左右对称两块，垂在马背两旁，主要用于挡泥土。裕固族马鞯单片的尺寸约为60厘米×70厘米。传统的裕固族人骑马放牧，马是最重要的交通工具，因此，马鞍与马鞯的舒适程度与好坏对放牧者和马匹有着极为重要的意义，在实用性的基础上，鞍鞯的材质又体现了主人的身份和地位。

传统的马鞯为手工栽绒，因此人们把织毯艺人称为"栽毛匠"。马鞯的主要制作工艺流程与马褥子的工艺相同，包括绕线、拉活、绑综、匀活、编织、平毯、洗毯、剪花。传统工具包括：简易机梁、剪、刀等。马鞯制作程序复杂，做工精致细腻，采用"8"字结扣技法，即在棉经线上拴结羊毛纱线，栽绒高度不低于10毫米，具有绒毛挺括、毯背牢固的特点。造型上借鉴地毯设计的格式标准，即：四周围绕三边（外边、大边、内边）；内花；中心配福、寿、万字等团花。在色彩上以蓝色为主要色调，兼以紫红、白、黑等色，色彩对比强烈又协调。纱线就地取材，由生羊毛纺织而成，传统的纱线为天然植物染色，如：大黄叶为浅黄、大黄根为深黄、板蓝根为蓝色，茜草根为朱红，为了实现色彩的丰富性，现在多用酸性染料进行染制，染色的羊毛纱线色泽柔润、自然。裕固族图案文化是在逐渐融合了外来民族信仰、文化之后的艺术表达，其内容丰富、寓意深远，既描绘出裕固族高山草甸的地理环境和以游牧、半游牧为主的生产方式，也反映出裕固族虔诚的宗教信仰和多元的审美情趣。

此案例外边采用了裕固族特有的五彩滚边装饰手法，是裕固族对彩虹崇拜的体现；大边为福寿不断纹样，该纹样多用于裕固族服装的领子，纹样通常由一根线循环连续不间断地刺绣完成，寓意福寿连绵不断之意；

角花与中心团花由工字回形纹与植物纹样组合而成。色彩以深蓝为底，渐变的浅蓝与明亮的白色为辅，色彩纯净而通透，表达了裕固族人对蓝天白云的喜爱之情。

图片来源

图一　高林俊.中国裕固族传统文化图鉴[M].北京：民族出版社，2010:68.

图二至图九　伊尧尧　制图

图二　裕固族马鞯线描图

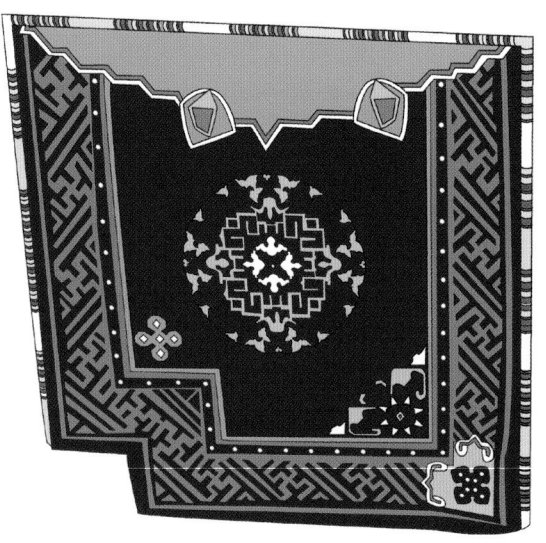

色标

图三　裕固族马鞯构成分析图

色标

图四　裕固族马鞯设色分析图

左右对称式结构

图五　裕固族马鞯结构分析图

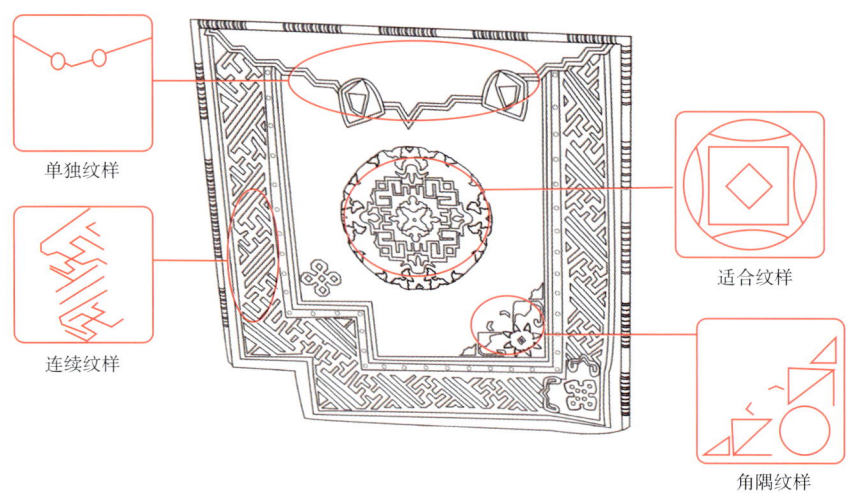

图六　裕固族马鞍纹样分析图

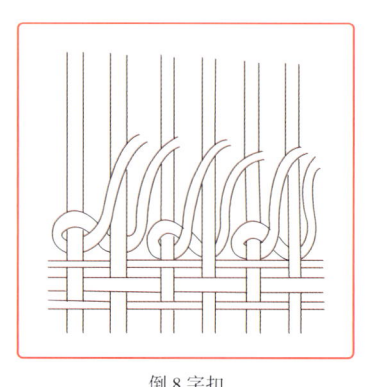 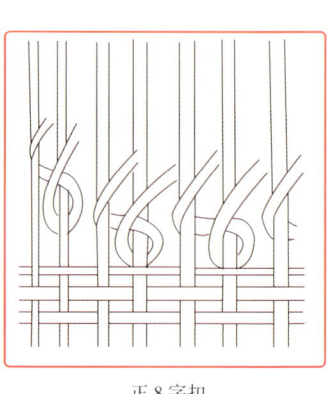

倒 8 字扣　　　　　　　　　正 8 字扣

图七　裕固族马鞯工艺分析图

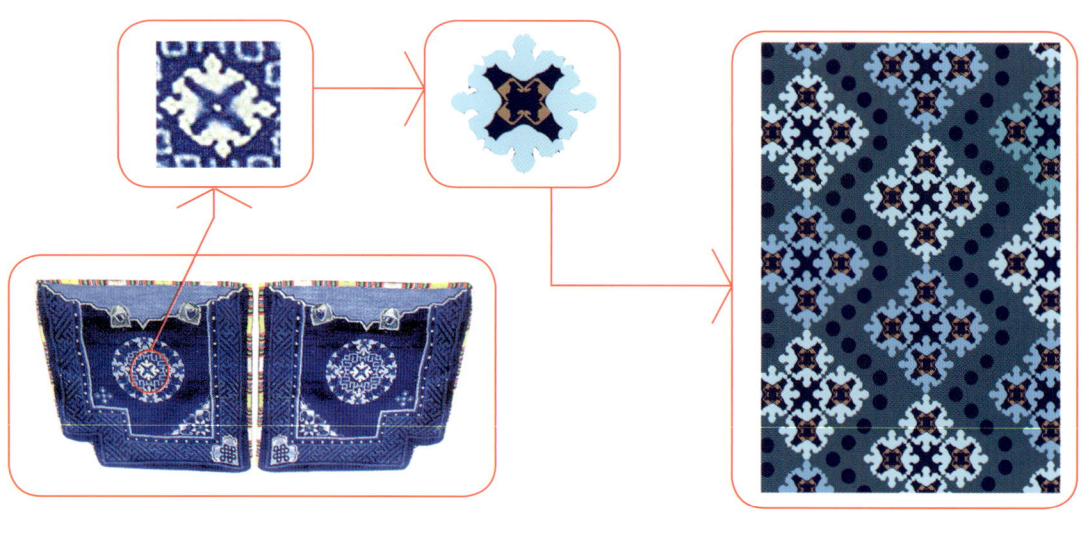

图八　裕固族马鞯元素提取图

色标

图九 裕固族马鞍元素应用效果图

裕固族皮雕

图一　裕固族皮雕主图（作品《打酥油》）

　　裕固族是游牧民族，以畜牧业生产为主，因此，其生产、生活用具大部分来自畜牧产品。皮雕工艺是裕固族传统手工艺的一项重要内容，是裕固族畜牧生活的重要反映和生产生活习俗与审美观结合的产物，其原料主要以牛皮为主。工艺流程主要如下：1.将生牛皮加工制成香牛皮。2.根据设计意图起线稿。3.用刻刀划出图案轮廓线条。4.使用敲打工具在图案纹样上敲打出基本轮廓及阴影。5.根据图案特点在皮革上进一步装饰（如采用镂空、染绘等手段）。6.缝制、完成。传统裕固族皮雕以实用物品为主，如马鞍、皮靴、刀鞘、水袋、酒具、包等，其造型简洁、粗犷。现代皮雕在保留传统工艺的基础上，因皮雕种类不同，其工艺也不尽相同。以皮雕手包为例，其主要工序包括画稿、雕刻、打孔、挖槽、倒角、打磨、上油、抛光、缝线等工序，其中雕刻又有不同的刀法与技巧。随着工具的不断改进，现代皮雕工艺及艺术品在保留皮革原始野性的基础上雕工复杂、肌理丰富，并根据需求染色、彩绘，装饰纹饰优美流畅，风格有的粗犷豪放，有的细腻精美，皮雕种类更具丰富性。

随着现代化的进程以及各民族文化的交融，肃南裕固族的传统文化已经濒危灭迹，皮雕工艺亦是如此。

图片来源

图一、图二　柯璀玲提供
图三　雨燕提供
图四、图五　伊尧尧

图二　皮雕作品《打酥油》线描图

图三　裕固族皮雕传承人柯璀玲制作皮雕示意图

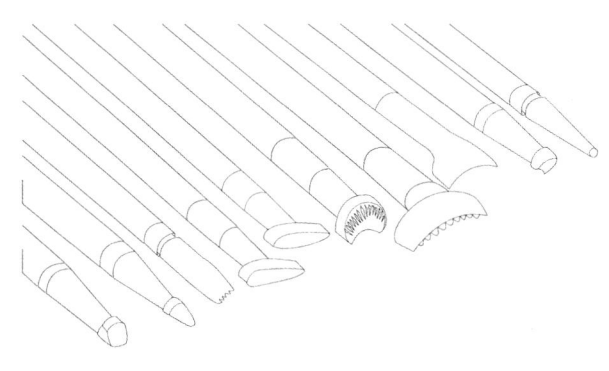

图四　裕固族皮雕制作工具

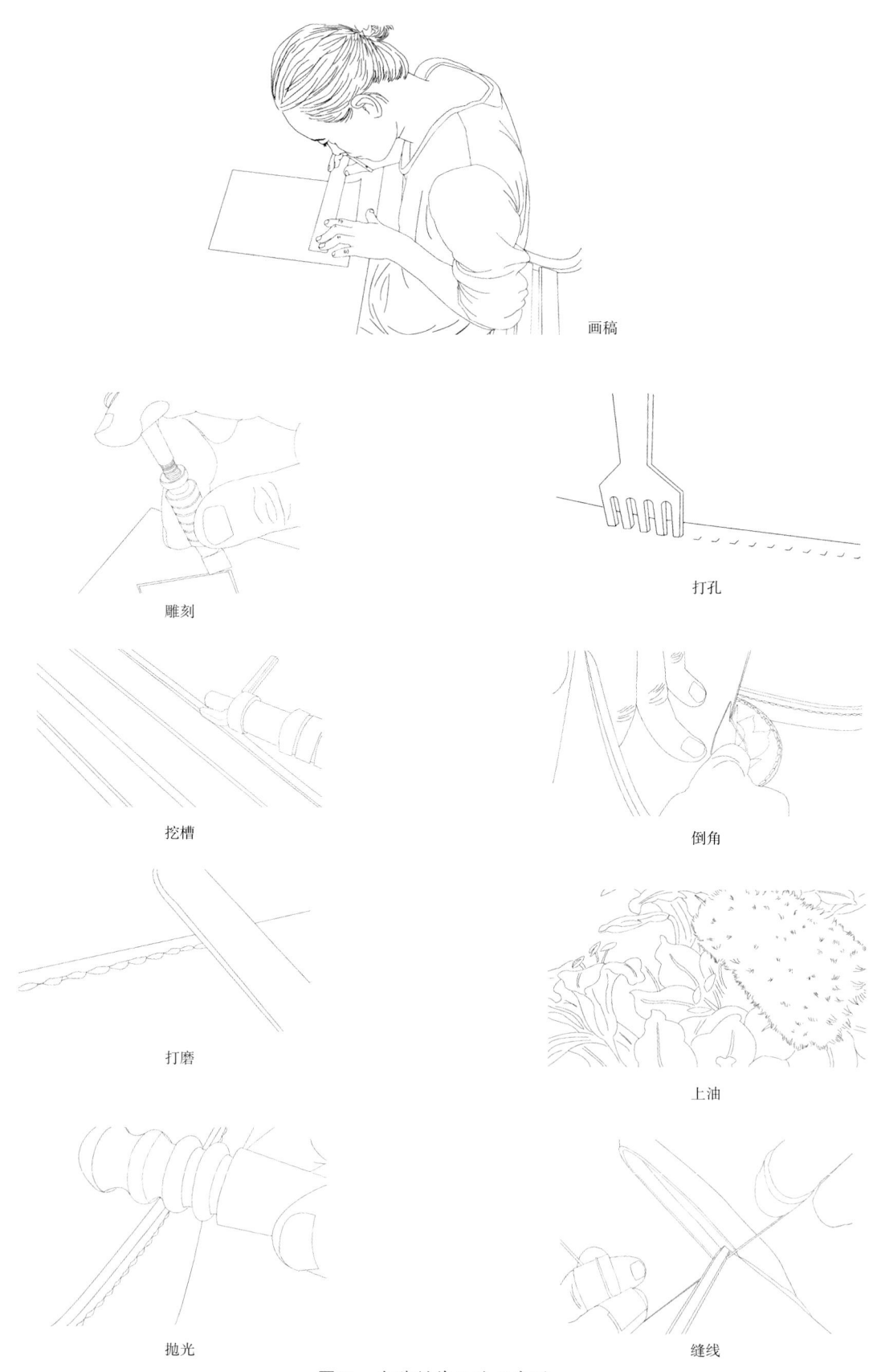

图五 皮雕制作工艺示意图

第七章 裕固族传统民俗和宗教造像

裕固族礼仪

图一 裕固族礼仪主图

　　裕固族有着悠久的历史和独特的文化，在人际交往中非常注重礼仪，他们厚道、热情，待人接物处处体现出裕固族人尊老爱幼、与人和善的优良传统。裕固族与人交往有专门的礼仪要求和处世之道，他们会用这些礼仪来衡量一个人的道德水平，同时也成为教育子孙后代如何做人的标尺。因此，裕固族人所形成的独特礼仪就体现在生活的方方面面，并作为民族的文化名片代代相传。

　　裕固族人生性豪爽豁达、热情好客，无论平时与人打招呼还是在交友待客方面都非常注意礼节。按照裕固族的传统礼俗，平时在行走、就座时，姿势要端正；对人说话要谦虚、热情、恭敬；做事要讲信用。在家中，晚辈对长辈要恭敬，服从长辈的安排；吃饭时要先双手端给长辈，待长辈端碗后自己才可以吃；在路上遇见长辈、客人要说"赛牙什毛"（您好），要摘下帽子以表尊重，并且晚辈要主动让路。裕固族人为了表示对对方的尊重，根据老幼尊卑等都有不同的称谓，例如有亲属关系的年老的大爷、大奶，统称"阿瓦尕"、"阿妮尕"；年龄相近或相仿者称"阿哥"；年小者可直呼其名等等。

　　裕固族待客真诚热情。有客人来到家中，除未出嫁的女子要回避以外，其他人都要出门迎接客人，并为客人牵马、提包，迎接客人进屋。假如客人带了枪支、弹药或生皮、生肉是不能拿进帐篷的，包括穿红衣、骑红

图二 裕固族礼仪·向客人敬献哈达图

马的人也是不准进帐篷的。这是由于裕固族信仰佛教的缘故。据说他们信奉的"毛神"就是穿红衣、骑红马的,因此有这样的禁忌。如果有贵客到访,要敬献哈达和洗尘酒,老人会在门口把贵客让进帐篷,安排客人坐在左侧面朝门口的贴地板床上,这是贵宾席。喝奶茶是裕固族人的重要习惯,民间有先敬茶后敬酒的传统,因此裕固族人要先请客人喝奶茶,然后才用手抓羊肉和青稞酒待客。主人在敬茶时要双手端茶,并及时为客人续茶,但不宜太满。在献肉过程中要根据客人的身份、社会地位及与主人家的关系,将肉分成头等、二等,宰一只羊共分十二份,把羊尾巴肉、羊背子肉献在主客面前。裕固族人好酒,吃完肉后要向客人敬酒,按照长幼尊卑、身份的不同依次进行。他们有个老规矩,就是向客人敬酒要千方百计地把客人灌醉,以尽地主之谊。裕固族人敬酒都是敬双杯。无论在场的有多少个人,只有两只小酒杯。此外,裕固族有猜拳饮酒的习俗,程序复杂,花样繁多。辞别时也要献上马酒,以酒、歌送别。离开时,客人要牵着马走一段路,等主人回去了再上马。

裕固族除了接待客人方面有礼仪外,他们访亲会友、探望长辈也有相关的礼仪习惯。到长辈、亲戚家拜访要带些礼品、哈达,要恭敬礼貌,举止得体,说话注意分寸。礼仪基本上与接待客人是相近的,也要经过饮茶、吃肉和喝酒几个过程,到主人家门前要提前下马,对迎接的主人要摘下帽子表示尊敬或要弯腰谦让。敬茶时要双手接碗,先放在桌子上,等其他人都接碗后再端茶碗饮茶。吃肉时要将骨头上的肉吃干净,以表示对主人劳动成果的尊重。敬酒过程中,客人要跪坐或站立用双手接过酒杯。为表示对习俗的尊重,首先要用无名指沾酒三下洒向天空,表示敬天、敬地、敬祖先。饮酒时要在杯中适当留一点,表示祝愿主人家的牛羊成群、年年有余。出门时要向主人打招呼,再从其他人侧后面离开。

图片来源
图一、图三、图四 伊尧尧 制图
图二 周涛 摄影

图三 裕固族礼仪·向客人敬酒情境图

图四 裕固族礼仪·客人接过酒杯场景图

裕固族节庆

图一　裕固族节庆主图（千盏酥油灯）

裕固族的节日主要有春节、剪马鬃节和藏传佛教的宗教节日。

春节

春节和汉族的习惯一样，也是裕固族一年中最重要的节日，一般节期为五天，从正月一日到五日，有的地方要持续到正月十五。每年的春节，裕固族人都有祭祖的习俗。过节前，先要请喇嘛诵经祈福，还会准备一些酥油、炒面、羊肉等祭品再洒上酒，一起烧掉，以表示对祖先的怀念。

每当春节之前，家家户户要拆洗衣物，帐篷内外都清扫干净，要准备节日食品，还要准备鞭炮、酥油灯和蜡烛。腊月三十日下午，人们还要选一块干净的空地点燃两堆火，然后放鞭炮，驱赶牲畜从火堆中间走过，以示在新的一年里人畜兴旺。从除夕到正月初五，帐篷及畜圈内外都要挂上酥油灯，彻夜通明。以这样的方式驱逐凶神恶鬼，使其不敢接近人畜，祈求人畜平安。从这天起要将刀、剪、扫帚都收起来，直到初五以后才可以拿出来。除夕夜，全家人围坐在一起吃年夜饭，饭后聚在一起通宵达旦地欢歌起舞。年初一拂晓，要进行敬天神活动，每家要有一人端一碗酥油奶茶，用柏树枝蘸上，围着帐篷洒向天空，表示迎接喜神。然后放鞭炮、烧香、点酥油灯，全家要向佛像叩头，紧接着晚辈要给长辈拜年，老人要给孩子压岁钱。

清晨吃过饺子，喝过奶茶，便穿上新衣，

戴上新帽，走亲访友，相互拜年祝福。拜年时要向亲朋长辈送上礼物，有肉方子、糖、红枣等，要用哈达对角折成三角形盖在礼品盒上面，以示吉祥如意。长辈收到礼品后要给送礼者年份钱作为回礼。这种走亲访友的活动一直持续到正月初五才结束。春节期间路遇熟人，要互相问候，首先要问牲畜好、草场好，然后再问家人好，相互问候祝福。在过年的这半个月里，对于违反规范者，头目也会放宽政策，以示宽厚仁慈。

剪鬃毛节

对于一直以游牧为生的裕固族人来说，有一匹好马是一种莫大的荣誉。裕固族谚语："马驹剪鬃才算马，娃娃剃头才成人。"因此，当小马驹长到一周岁时，就要隆重举行第一次剪鬃仪式，这样的仪式包含着牧民对生活的美好祝愿。

剪马鬃节节期在每年农历四月中旬择日，为期一到两天。剪马鬃开始之前主人要邀请亲朋好友前来帮忙，准备酥油、奶茶、青稞酒、手扒肉等食品，事先要准备一个盘子，里面有座用炒面和酥油捏成的面团垒成的7至8层小塔，从塔上向下浇酥油，再在盘子的四角放四块切好的酥油。塔表示中心，四块酥油代表四面八方；同时要准备一把锋利的剪刀，剪刀把上系一条吉祥的白色哈达。准备工作完成后，主人要给马驹装饰一番，由二人从左右两侧牵来马驹，主人会邀请客人中有经验者执剪，客人之间互相推荐，被请的人要自我谦让一番，最后，由一位公认的既善剪鬃又会歌舞的人开剪。他一边唱《剪鬃歌》，一边往马驹的前额和鬃毛上抹鲜奶、酥油。剪下的第一绺鬃毛，要亲自送进帐篷，敬献给"毛神"，祈求"毛神"保佑。剩余的鬃毛必须由其他客人来剪，不可一人剪完，剪下的鬃毛收起来备用。持剪者要边剪边唱，众人合唱。

主人家所有的满周岁马驹剪完后，大家进帐篷，主人以酒肉招待宾客，十分欢愉。客人热情赞扬主人治家有方，牲畜兴旺。饭后，主人骑上刚剪过鬃的小马驹到草原上串帐篷。每到一个帐篷，都会受到热烈的夸奖和赞美，祝愿主人今后一切吉祥如意。

正月大会

正月大会是裕固族宗教节日中最大的一次聚会。大会的日期根据部落的不同有所区别，一般都在农历正月十日至十五日举行。在这一天男女老少都身着盛装，到寺院祈求平安。寺院僧众戴面具，装扮成马、牛等形象，跳古老的祭神舞，还要炸果子、宰羊款待参加者，并向人群抛撒红枣，表示吉利。有时还举办酥油花灯会，用酥油和面团做成各种各样的花卉、人物等样式的花灯，惟妙惟肖，栩栩如生。

四月斋会

裕固族受到藏传佛教的影响，信仰藏传佛教中的格鲁派，因此在寺院中举行的宗教节日中，各种礼仪活动有明显的藏族特色，四月斋会就是典型的例子。

斋会，在裕固语和藏语里都是闭斋之意。选在农历四月十四至十六日在各大寺院举行，因为四月十五这天是释迦牟尼佛出胎、成道、涅槃之日。人们相信在这样特殊的日子里做好事，功德会远远超过平日。

四月斋会的主要内容是闭斋、转经轮和念嘛呢。过去是整个裕固民族都要斋戒，十四日晚至十六日早为闭斋日。现在更多的是寺院僧众闭斋两天，禁闲谈，忌食荤菜及葱、姜、蒜等食物，仅喝酥油茶，喝时先漱口。十五日是特殊的日子，众僧和裕固族民众会穿上节日的盛装，在寺院转动经轮，默默地念嘛呢，祈求平安。十六日早上，人们从各地来到寺院，僧人念经后吃开斋饭团。凡大会期间去寺院的人，都能吃到可消灾驱病、带来好运的开斋饭团。

六月大会

六月大会俗称"过会"，各寺院会期时间有所不同，大多在农历六月初一至十五日举行。在这几天牧民要请喇嘛念平安经，并上山祭鄂博。祭鄂博也是六月大会的主要活动之一，人们手拿鄂博杆和清茶，到规定的地点祭神，边向山上洒清茶，边祈求山神保佑。这种祭祀的形式也是裕固族先民最早信仰萨满教中自然崇拜的遗俗，一直影响着这里的居民。

九月大会

九月大会是裕固族的传统节日，也是裕固族纪念藏传佛教格鲁派创始人宗喀巴逝世的宗教节日。流行于甘肃肃南裕固族自治县。通常在农历十月廿四至廿六日举行，也称"十月大会"。赶会时，人们汇集寺院，在摆放祭品和供品前上香叩头，喇嘛念经，并由专人吹唢呐，敲锣鼓，以示迎祭。寺院还以手抓肉、馍馍等招待大家。节前寺院墙壁及门窗都刷成白灰色以示纪念。

裕固族很多的传统节日都受到藏传佛教宗教节日的影响，带有浓郁的宗教色彩。

图片来源

图一 高林俊.中国裕固族传统文化图鉴[M].北京：民族出版社,2010:68.
图二 伊尧尧 摄影
图三 伊尧尧 制图
图四 万建军 摄影
图五 郭宗平 摄影

图二 剪马鬃之前

图三　剪马鬃情境图

图四　剪好鬃毛后的马

图五　四月斋会上转经轮图

裕固族婚俗

图一　裕固族婚俗中戴头面图

　　裕固族是一个拥有独特习俗的民族，裕固族主要源于古代蒙古族和回鹘民族。1954年以前，裕固族当地普遍存在着古老的婚姻习俗，裕固族有养女以养老的习俗，女性在经济、社会及家庭中占有重要位置，因此家中有女儿的一般都不会出嫁，通过赘婿婚、"帐房戴头婚"和"勒系腰婚"等婚姻形式，把她们留在身边。这些婚姻的形式体现了裕固族母权遗俗的文化现象。随着《中华人民共和国婚姻法》的广泛宣传，逐步废止了旧的婚俗，裕固族青年男女获得了婚姻自主的权利，但仍然有一些婚礼习俗被继承下来。

　　婚礼举办前有很多讲究，第一要设宴款待跑腿请客的人。跑腿的人要带上男女方的哈达去邀请客人。要根据被邀请人的身份不同用不同的形式邀请；第二在彩礼方面也有明确的要求，女方提出的彩礼要求，男方不可以当面拒绝。男方答应彩礼的条件后，女方便同意许亲。许亲后，如果男方对于彩礼的要求不能承受，就要多次前往女方家中，请求减少礼品，直到男方能承受为止。

　　裕固族的婚礼仪式繁多而隆重，婚礼分

两天进行，第一天在女方家办，第二天在男方家办，而且男方家要比在女方家办得更隆重才可以。裕固族婚礼，一般每一个环节都要唱喜庆歌，因此双方都要事先请好歌手。

完整的婚礼一般都要经过以下的仪式：

提亲

男方年龄一般 15—18 岁，女方 14—17 岁就可以提亲。选定日子后，男方需要请双方都认可的有威望的媒人，带一些提亲的礼品前往女方家。双方都要经过舅舅的同意，舅权是裕固族母系社会的基本特征，舅父对外甥家的事务处理有权威性。作为母权遗俗的舅权，在今天的裕固族文化传统中仍然存在。

许亲

女方父母如果同意，会收下彩礼，进一步商量结婚的事宜；如果拒接，男方要请媒人和男方代表再次去往女方家商量彩礼的事情。

定亲

彩礼事宜商定后，要请喇嘛根据男女方的生辰占卜，然后送哈达订婚。两家要商量婚礼的具体日期，并进行婚礼的准备事宜。喇嘛的占卜和送哈达都是受到了藏传佛教的影响，按照其习俗来进行的。

裕固族人的婚姻观念中仍存留着萨满教祖先崇拜的遗俗，并把这种习俗引入到婚俗当中，形成了婚前祭祖的习俗。但是祭拜祖先的活动不会在婚礼当天举行，双方在订下婚期后，在婚礼的前一天或几天，由新郎新娘分别在自己家中祭祖，祭祖的主要形式也是在父母的陪同下，到本族祖先的坟前举行祭拜仪式。祭祖过程中要向祖先"说明"即将成婚者的姓名等，然后叩首祈求祖先的保佑，希望婚姻幸福美满。

娶亲

娶亲当天，男方家派多人到女方家娶新娘，称为"娶亲"。下午 6 时左右，女方家开始款待宾客，并由女方的代表歌手演唱《艾特恩》（婚礼曲），劝慰新娘之歌《当给子志》，代表新娘向家人诉说心中的忧虑。代表男方的歌手唱向来宾敬酒致谢的歌。娶亲来的代表要依次向来宾敬酒，并邀请客人们第二天前往男方家参加婚礼。接着宾客饮酒歌唱，尽情欢乐。

戴头

戴头是裕固族女子在婚前必不可少的仪式。姑娘出嫁当天，天快亮时，有两位"待尔池"（伴娘）为新娘梳妆打扮。新娘要穿上民族婚礼服装，将原来的七股辫子梳成三条辫子，左右辫由耳后垂在胸前，一条在背后。头面常用银牌、玉石、珊瑚、玛瑙、海贝等编制而成，系在新娘的发辫上。举行"戴头"仪式时，邀请的歌手或伴娘代表父母亲在一旁唱动情的《戴头面歌》。举行完戴头面仪式后，新娘被迎入另一顶小帐篷，做好出发的准备。伴娘为新娘换好装饰，新娘要用纱布遮面，以表示害羞。

送亲

戴头面仪式结束后，新娘的舅舅和父亲、亲朋好友及本户族的人要送新娘到男方家完婚。临行时，姑娘依依惜别，歌手要代表新娘唱谢别父母、劝说新娘等内容的歌曲。

新娘脸上蒙蓝色纱布遮面，骑上白色骏马，她的哥哥、姐姐、弟弟或者妹妹和新娘同骑一匹马，把新娘拦腰抱住，送亲的队伍开始向新郎家出发。送亲和迎亲的队伍汇集在一起，一路上要唱安慰新娘的歌，路遇人家要避道而行。

打尖

在送亲队伍前行途中，男方家要委托几个能说会道且骑术精湛的人铺一条毡毯，摆上羊胸肉以及一些美酒，手拿哈达在此恭候，男方恳求除新娘以外的送亲者下马歇息，围坐在毛毡前，由长者敬天敬地并将酒洒向四周，然后由送亲者敬酒、献哈达，称为"打尖"。

裕固族婚礼中，在迎亲过程中所进行的敬酒、献哈达等，是受到裕固族旧时习俗的影响而形成的。在新中国成立前的裕固族婚俗中，要求的是氏族外婚制，也就是要求一个氏族的男子必须到较远的其他部落中寻求配偶，并在女方家住下来。随着父权观念的加强，婚姻逐渐从母权下的从妻居住向父权下的从夫居住转变。"打尖"这种习俗也被保留了下来。

踏房

裕固族婚俗中专为新娘提供休息的小帐篷，被称为"道尔朗"，又称"道尔昂"。它既存在于现今的裕固族婚礼中，同时又是从前"帐房戴头婚"中的礼俗。但是它们的作用、意义却有所不同。在现在的婚俗中，迎亲队伍到了离新郎家的帐篷二三百米远的地方时，女方家指定二到八人做骑手（必须是双数），绕着男方家的"道尔朗"转三圈，察看男方家的酒宴情况，并力图把小帐房"踏倒"，围众客人大声疾呼助威。而男方家也事先早已安排人躲在小帐房内大声喊叫，防止马的靠近，以免小帐房被女方家送亲队伍"踏倒"。此仪式以男方家集体出动，抓住对方马缰为结束。

新娘要先进入"道尔朗"中休息。迎亲队伍返回后，除新娘和伴娘以外所有人被请进男方家接受热情款待。按照以前的习俗，新娘要在"道尔朗"中过一夜，第二天才可以到男方家中，现在的习俗中，新娘只是在"道尔朗"中暂时休息。

20世纪50年代以前的"帐房戴头婚"中，进行仪式的只有女子，没有明确的男子，仪式结束后，就代表女子已经结婚，有了社交自由。在这种从妻居的婚姻中，女子占有主导地位，他们的家庭生活是不稳定的。

"道尔朗"在整个裕固族的婚俗中，都是和女性有关的，都是为戴头面的女性设置的。现存的"道尔朗"起源于古老的从妻居母权制婚俗，是直接受"帐房戴头婚"的影响而产生的。今天的"道尔朗"反映着以前的旧婚俗，并遗存于现今的婚俗文化中。

接新娘

休息片刻之后，要举行送交新娘仪式，婆家门前，迎亲的人们吹起喜庆的海螺，拉起洁白的哈达，夹道迎亲。新郎家举行隆重的"交接新娘"仪式。

打茶

新娘在婆婆的指导下熬奶茶，勺把系白哈达，新娘亲手用勺搅动几下奶茶，以表示让客人们喝上新娘精心准备的奶茶。

验茶

新娘在娘家人的陪同下，先向佛龛敬献哈达，磕头作揖，然后再取酥油茶双手递于婆婆，事毕，新娘要再次回到小帐篷。

过火堆、射箭仪式

这是一种辟邪、求福的仪式。男家在门前点燃两堆火，新娘在伴娘的陪同下从小帐房走出，并从两堆火之间走过。在新娘过火堆的同时，新郎站在火堆的另一侧，向新娘射出一支用红柳条做成的软箭，以射中新娘腰部以下为吉。新娘要把蒙在脸上的面纱扔进火堆，弓箭也要由男方家人扔进火堆。裕固族婚俗中所形成的这种过火堆的形式，主要是萨满教中自然崇拜的产物。认为火是世间最圣洁的东西，具有超自然的魔力，能够辟邪、除魔，还可以净化人的心灵，消除灾难。

冠戴新郎

在经过了新娘跨火堆和新郎射箭仪式后，就要进行庄重的"冠戴新郎"仪式，也就是给新郎更换新装。这种仪式又称为"阿斯哈斯""尧达曲格尔",意思是"赠送尧达"。"尧达"是一段绵羊后腿骨,剥皮煮熟后在上面缠上黑白两色羊毛。仪式中,要将"尧达"与两碗鲜奶和酥油放在一个盘中,端在两位新人面前。在为新郎换装的同时,要高声朗诵赞颂之词《尧达曲格尔》,恭祝新人的爱情如酥油般纯净、香甜。最后要将"尧达"作为结婚的信物插在新郎腰间。

在裕固族的文化中,"尧达"习俗最主要的是表现在婚俗文化中,但是追根溯源,对"尧达"习俗的沿用是在20世纪50年代以前,裕固族民间每年举行祭祀"顶格尔汗"的仪式。仪式上,大家把羊肉吃完后,巫师要将羊后腿第二节骨头制作成竖笛,也称为"尧达普地什"。有巫师吹奏"尧达普地什",然后其他人捡起其他的羊骨,到达指定地点将其扔掉。在祭祀当中将"尧达"作为竖琴,主要原因是他们认为"尧达"是神奇之物,天神可以听到"尧达普地什"的声音,这也是萨满教中自然崇拜的内容。原始宗教中的"尧达普地什"和现今婚俗中的"尧达"有相似之处,都赋予了"尧达"一定的魔力,是吉祥之物。在婚俗中"尧达"又增添了几种象征的含义,分别是:一、它是婚姻关系的合法凭证,是两性关系的象征;二、"尧达"的获得也代表着已经成人,可以成家立业,组织自己的家庭,同时肩负着繁衍子孙后代的使命。

献羊背

按照前来参加婚礼的客人的身份、辈分,把整只羊分为头背、二背、三背献给客人。头背一般要献给喇嘛、新郎新娘舅舅等;二背献给辈分最大的长者;三背是总管、伴郎、伴娘等。大家互相敬酒、唱歌,开始宴席。

裕固族婚俗是整个民族文化的一部分,它包含了生活的方方面面,涵盖了整个民族的历史文化的变迁,不同时期婚俗文化的变化和继承,以及各民族之间的相互影响,萨满教和藏传佛教对裕固族婚俗的影响,两种宗教在婚俗中的融合等等都得到了很好的表现。

图片来源

图一至图六　肃南裕固族自治县裕固族文化研究室
图七　伊尧尧　制图

图二　裕固族婚俗中的戴头面图

图三　裕固族婚俗中的送亲图

图四　裕固族婚俗中的打尖踏房图

图五　裕固族婚俗中的新娘扬茶图

图六 裕固族婚俗中的新郎射箭图

图七 裕固族婚俗中的冠戴新郎图

裕固族丧葬

图一 裕固族丧葬主图（点油灯）

　　裕固族人的风俗习惯反映在他们生活的方方面面，丧葬仪式就是其中之一。裕固族人的宗教信仰也体现在丧葬习俗中。

　　历史上，裕固族的丧葬方式主要有火葬、天葬和土葬等几种。火葬在藏传佛教中的地位很高，过去只有喇嘛才能进行火葬。新中国建立后，国家大力提倡火葬，裕固族地区开始广泛实行火葬。裕固民众认为火与人的生命及灵魂相关，通过火化这一形式，人的灵魂才能升入天国，否则就会变成鬼魂四处游荡。

　　火葬仪式

　　火葬主要流行在裕固族西部地区，要经过收尸、停尸、送葬等程序。葬地要由喇嘛选定风水好的地方。在火化地，事先已经挖好十字形沟槽，并在其上架上木柴，呈现"井"

子状，然后脱掉尸体的外衣，将尸体头南脚北、面朝东方放在柴堆上，并在木柴上洒上酥油和白酒，由亲友中的一人或喇嘛点火，喇嘛围绕柴堆边走边念经，祝愿死者能够早日升天或转世。

在烧尸体的火堆旁边要再点燃两堆火，要将停尸时献过的食品等供品投入其中一堆火中烧掉；另一堆火要将死者临终前穿过的衣物全部烧掉。

送葬者要等到整个柴堆燃烧完方可回家，且从家门前专门点燃的火堆上跳过才可以进入家门，否则会被认为不吉利。火化后的第3天，由死者的女性亲属前去把燃烧后的死者的骨灰拾回来，在拾骨灰的过程中，必须用筷子从死者的脚趾骨开始拾，依次放入白布口袋中，最后将头骨放在最上面，用五色线把袋子口扎住，形成宝瓶状。然后按死者的年龄辈分埋进自家的坟场内相应的位置，在骨灰包上做一个直径大约1米、高20厘米的圆形土堆，形状类似蒙古包，然后从土堆底部一层一层往上面压白石头。

土葬

土葬与火葬、天葬的收尸、停尸、送葬都是一致的。土葬在挖穴时要根据死者身体情况而定，墓穴深一般在2.1米左右，要留下放柏树枝的地方。

在葬人过程中，遗体向右侧躺，周围放宝瓶、八宝碗（有花纹但不能有龙、麒麟、狮子、老虎）。在碗里盛满葡萄干、枣、红糖、白糖等，放在宝瓶的前面。遗体上面盖白布，再放上柏树枝，遗体周围也要用柏树枝填满压实，其他步骤与火葬一样。

无论是哪种丧葬仪式，在葬后的49天

图二　裕固族丧葬中僧人念经超度亡灵图

内亲属都要戴孝，即在帽子上缝一指宽的白布。死者家属不能杀生，男不剃头，女不梳头。在第49天，要一直点着酥油灯直到自己熄灭。每天念经前要拣白石头，在葬后第3天、第7天、第21天、第49天去祭祀的时候带上拣来的白石头，放于死者墓葬处。

裕固族有着丰富的民间文化和独特的风俗习惯。他们深受藏传佛教的影响，佛教认为生命是轮回的，人的死亡并不是生命的终结，而是一个崭新的开始，因此，裕固族丧葬仪式也都由佛教来指导，有浓郁的宗教色彩。同时也是我国的文化瑰宝，为研究民族民俗文化提供了珍贵的资料。

图片来源

图一至图三　杨永贤　摄影

图三　裕固族丧葬中烧祭祀物场景图

裕固族体育

图一 裕固族体育主图（摔跤）

裕固族部落一年一度都要组织祭祀鄂博及民间婚礼等活动，在这些大型的集会、庙会、祭祀、婚礼喜庆活动结束以后，年轻人都要相约进行摔跤、赛马等体育活动，意为迎接喜神，这也是草原上开展传统民族体育活动的好机会。

摔跤

裕固语称为"玛勒啊拉斯"，是裕固族传统的体育娱乐活动。它既是一种力量的角逐，更重要的是技巧、智慧和毅力的较量。

过去，裕固族把摔跤视为一种民间赛事，参加比赛的摔跤手共摔三次，两次或三次赢者为胜。对胜者没有奖赏，但胜者被牧民视为好汉子，裕固族称为"巴特尔"。获胜的小伙子受到人们的赞誉，自然会格外受到姑娘们的青睐。

摔跤运动以自愿报名或由众人推荐摔跤手的模式进行，双方人选确定后，主持人说："依勒玛勒啊噢什，依采尔沟什卡丢尔特。"含义是：一个马鞍子，是用四块木板做成的，好汉子的本事只拼三次。比赛开始后，双方侧身抱好对方的腰，双方都认为抱好后，主持人宣布开始。比赛中，可以用腿绊倒对方，可用极低的姿势压倒对方，可用收拢双臂勒紧对方腹部，使对方难以呼吸，也可用僵持的办法稳住自己的阵脚，以消耗对方的体力。谁先将对方摔倒则为胜。

赛马

裕固族在历史上是游牧民族，孩子在襁褓中就由他们的父亲背或抱着骑在马背上。所以裕固族人和马有着很深厚的感情，谁家要有一匹骏马，就感到荣幸和自豪，会受到别人的称赞和羡慕。

裕固族赛马分为走赛马和奔赛马两项，走赛马主要是比马的走式，奔赛马主要是赛速度。赛马获胜者要披红挂彩，还要给予一定的物质奖励。比赛夺得前三名的骑手和马，要披红挂彩，奖品多为马鞍具、茶砖、哈达之类。

裕固族在传统节日、庙会、祭祀、婚礼等重大场合都要举行赛马活动。平时，青年男女走到一起，为了比试骑术高低、坐骑优劣，经常自发即兴比赛。大家议定一座山、一棵树或一户人家为终点，一人吆喝，众人扬鞭骏马飞奔，赛马就开始了。正规的赛马活动则由行政单位组织，少则数十匹，多则上百匹，场面蔚为壮观。

拔棍

拔棍是裕固族小伙子在牧场上进行的一种民间体育运动。夏季草原牧草茂盛，羊群不会跑散，放牧的小伙子往往聚集到一起，通过拔棍一决胜负。

拔棍时，两人面对面伸腿坐地，双脚相蹬，拿一根结实的木棍横在中间，两人双手紧握木棍，号令"开始"，便使劲往自己怀里拔棍。只要先把对方的臀部拔离地面，就算胜利。胜者洋洋自得，败者将受到挡羊、赶马的惩罚。拔棍方法简单，所用棍棒随处可寻，又不需要大的场地，所以，深受裕固族男子所喜爱。

抱石牛

节庆集会的时候，除赛马、射箭、摔跤外还常抱石牛角力。即抱起规定的石牛按既定的路线前行，胜出者进入下一轮，抱起更大的石牛再角力，最后胜出者为冠军。

拉爬牛

两人背对背爬下，用一根绳子套在双方的肩上和腰上，两人朝相反方向用劲拉，前进者为赢。

顶杠子

双方各执杠子的一端，顶在各自的肩窝，手持杠端用力顶，前进者为赢。

裕固族的传统体育不但是各民族群众健身和娱乐的重要手段，同时也是群众在一些重大民俗活动中的主要内容，它已经成为人们现代生活的一部分。

图片来源

图一　徐露　　　制图
图二　税洁　　　制图
图三　宋昊益、王浩　制图
图四　邢云娜　　制图
图五　郑建林　　制图
图六　祁雨蒙　　制图
图七　范雪慧　　制图

图二　裕固族体育——摔跤

图三　裕固族体育——赛马

图四　裕固族体育——拔棍

图五　裕固族体育——抱石牛

图六　裕固族体育——拉爬牛

图七　裕固族体育——顶杠子

裕固族小孩剃头

图一　裕固族小孩剃头主图

　　裕固族是一个崇尚礼仪的民族，小孩年满3岁时都要剃头，这不仅是一种习俗，更是人生起步的一个最为重要的仪式，因此极受重视，办得也非常隆重。裕固族的剃头仪式举行的时间和内容因地而异。

　　整个剃头仪式分步实施，有请客、祭祖、敬神、念经、待客、赞辞、剪发、搭礼、戴帽等过程。

请客

　　裕固族小孩出生后直到3岁，不剃（剪）头发，到了3岁才举行隆重的剃头仪式。小孩剃头前，要先请喇嘛按其属相选定吉日，时间一般为农历正月至五月，一般不过夏至（六月下半月和下半年是万物凋谢的时候，裕固族人认为小孩剃头就意味着进入了童年，是成长的阶段，所以不在六月十五日以后剃头）。日期选定后，准备请客。主人要提前半个月邀请参加仪式的客人，客人多以直系亲属为主，也请部分朋友或者是看望过小孩的人。邀请时要先献哈达、装烟，然后口头说明日期及事由，现在则多改为送请帖。裕固族招待客人主要用手抓羊肉、烧壳、烧饼、油饼、奶茶和青稞美酒。吃完手抓羊肉，就开始敬酒，由孩子的爷爷奶奶、父母、舅舅舅母、大伯叔叔等向客人依次敬酒。裕固族有句谚语"大事小事，一顿饭事"，吃完饭宴席也就结束了。

祭祖

裕固族非常敬重祖先，无论是剃头还是婚礼，都要在举行仪式的前一天，先将刚出锅的肉、馍放在高处，准备祭祖。祭祖时先点燃两堆火，一堆烧羊肉，另一堆烧馍、面、糖果等物，其意是祖先为大，在宴席前先将食物敬给祖先，表示永远怀念祖先。

敬神

裕固族人崇拜自然，认为万物有灵，人世间的一切都是大自然赋予的，是神的恩赐。因此，举行剃头仪式的那天早上，要在帐篷附近的高处点燃柏香，向大自然和神表达个人的祝愿和崇敬之情。

念经

裕固族信仰藏传佛教，家中遇红白事都要请僧人念经。一般都是头一天就将僧人请来，当天晚上要念一阵经，第二天一大早起来再正式念经。仪式开始后僧人坐在主要位置，面前摆着用奶拌好的炒面，炒面要将盘子填满，再用炒面做一个四方形墩，放在盘子正中，用酥油盖住，四周放上红枣、葡萄，方墩上面用酥油做成太阳、月亮、星星的样式，表示对大自然的崇拜。

赞辞

客人到齐后，就要举行剃头仪式，先由主持人演说。演说词是世代相传的专门词语。

剃头时所用酥油、牛奶、羊毛有其特定的含义及象征意义：酥油像黄金一样贵重，象征辉煌；牛奶像白银一样柔和，象征和睦；羊毛像白玉一样洁白，象征纯洁。

剪发

赞辞开始后，孩子的父母一个抱孩子，一个手拿碗边涂有酥油的酸奶碗，做好剪发准备。在裕固族的传统中，剃头先由舅舅开剪，男孩从左边开始剪，女孩则从右边开始剪。开剪前先蘸一点奶或者酥油，抹在孩子的前额上，然后剪下一束头发，接着所有参加者依次开剪，把剪下的头发放入盘中，剪完后收入专门缝制的袋中，放在佛像旁边。

搭礼

裕固族小孩剃头仪式不仅家人重视，亲戚朋友也非常关注。客人们拿起剪子剪发时，就要说明自己的礼份。舅舅、大伯、叔叔有的送马，有的送牛，其他亲戚有的送羊，也有的送钱。

戴帽

过去剪头实际上是大致剪一下，头发有长有短，在后脑勺留下一些头发，这叫"留帽盖"，留下的长发以后再剪。现在用理发剪剪掉全部头发，然后将帽子戴上。

裕固族的剃头仪式，是萨满教与藏传佛教并存的反映；是新中国成立前母权社会制度习俗的遗留；是裕固族人对自己的后代健康茁壮地成长的希冀和祝福。因此，裕固族给孩子剃头是家庭中最受重视、最喜庆的事情，该习俗一直流传下来。

图片来源

图一　郑建林　制图
图二　范雪慧　制图
图三　孙功正　制图
图四　钱耀东　制图
图五　王春阳、李银帅　制图
图六　万建军　摄影
图七　郭婷娟　摄影

图二 裕固族小孩剃头仪式中僧人念经图

图三 裕固族小孩剃头仪式中的四方形墩炒面

图四 裕固族小孩剃头仪式中
主持人演说图

图五 裕固族小孩剃头仪式中的剪发图

图六 裕固族小孩剃头仪式中的搭礼图

图七 裕固族小孩剃头仪式中的戴帽图

裕固族祭鄂博

图一 裕固族祭鄂博主图

祭鄂博是甘肃肃南裕固族自治县境内裕固族隆重的民间祭祀活动之一。它是原始的萨满教中典型的万物有灵的祭祀观念的体现。裕固族举行这项活动主要是为了祭拜山神，目的是躲避灾难，祈求风调雨顺、生活安定。后来随着藏传佛教的传播，祭鄂博被藏传佛教所同化，现在的祭鄂博是萨满教的遗存同藏传佛教相结合的产物。裕固族歌谣："斯格才熬老熬非，百楞才熬来熬来。"意思是：家家门上有亲亲，每个山垭腰上有鄂博；民歌《萨娜玛珂》中"我的骨头变鄂博，从此我离开人间登云端"，都提到了鄂博，由此可见，祭鄂博表达了人们对美好生活的向往。

祭鄂博是裕固族传统宗教节日的一部分，大多是在六月大会中举行的一种仪式。在祭鄂博之前，鄂博周围都要扎起白帐篷，请喇嘛念经祈求平安，并向全部落每家每户通知祭鄂博的时间。祭鄂博的地方人们都会选择在山顶或两山连接的山腰，讲究地形要好，既能进财又能御敌。地方选好后，各部落根据当地条件，有的用檩条粗的木料制作一个长方形的木架栽到地上，中间立一高高的旗杆，杆上挂满写着藏经的嘛呢旗；也有的用石块堆砌成长方形的石堆，上挂嘛呢旗；有些在鄂博旁边砌起煨桑的香炉，有的在平地堆一高台煨桑，祭祀的形式多样。与此同时要准备好聚宝瓶，里面装有能出苗的五谷杂粮、金银财宝、长年不竭的泉水，瓶口用红布包住，用五色线扎紧。

祭鄂博当天早上，部落的男女老少穿戴崭新的衣帽，马匹佩戴新鞍，背上煨桑用的柏树枝，用新白布包上青稞、曲拉、茶叶、酥油，带上牛奶和酒。等待喇嘛念完经后，祭祀的人们开始上山，人人都往高处望，往高处走，代表着从此不走下坡路。人们走到鄂博附近，拿起木制尖头的木橡（意为箭）在木杆上用红绿油漆画上木纹。拿上箭，等待插箭令发出后，人们都把箭插上鄂博，然后开始围着鄂博转圈并在鄂博根底堆上石块，把拿来的粮食倒入煨桑台，把柏香点燃，顿时鄂博周围香烟缭绕。人们围着鄂博转圈磕头，有人把牛奶或酒倒入煨桑台，有人把熬好的奶茶边走边洒向天空，骑马者骑在马上边围着鄂博转圈边高喊"拉衣尔加老、拉衣尔加老"，洒茶和奶子者也喊"超噢、超噢"，意为让神喝茶。

祭鄂博插箭，是为了给山神送去战斗武器，让山神保卫祭祀者人畜平安，人们用此祈求幸福平安祥和。在此期间要请喇嘛念三天经，前两天念经祭财神，祈求财源茂盛，人人平安。每家都去人祭祀，有的带上白帐篷，全家人去住两三天。祭鄂博时，人们自带细毛绳，一头拴在旗杆上，一头固定到地上，上年纪的老人把揣在怀里的布条、白羊毛、马尾、牛毛，一撮一撮拴到从鄂博拉过来的绳子上。希望人与自然的纽带连接能够永恒。

祭祀结束后，年轻人一起赛马、摔跤、赛跑，意为迎接喜种。

从以上祭鄂博的整个过程可以看出，藏传佛教的色彩浓郁，自始至终都请喇嘛念经，幡杆上挂满了嘛呢旗，说明了宗教之间的互相影响，民俗文化的互相融合，萨满教与藏传佛教互相吸引和利用。

图片来源

图一、图七　肃南裕固族自治县裕固族文化研究室提供
图二　徐　露　制图
图三　武潇冰　制图
图四　程婷婷　制图
图五　孙功正　制图
图六　王政德　摄影
图八　赵爱民　摄影

图二　裕固族祭鄂博活动中的木架

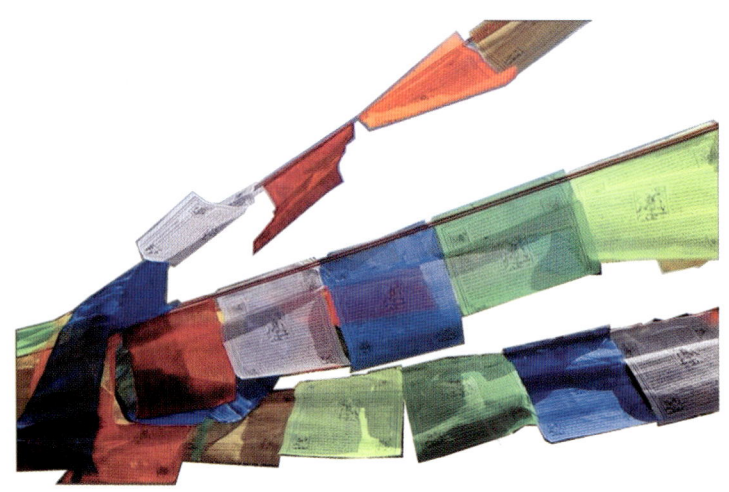

图三　裕固族祭鄂博活动中写着藏经的嘛呢旗

图四　裕固族祭鄂博活动中的高台煨桑情境图

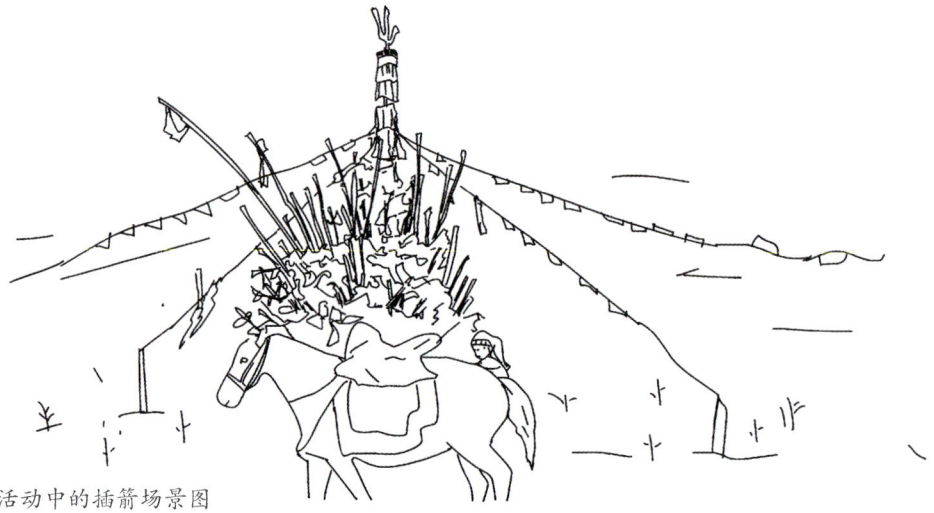

图五　裕固族祭鄂博活动中的插箭场景图

图六 鄂博周围香烟缭绕

图七 转鄂博情境图

图八 祭鄂博活动后的赛马活动

裕固族寺庙

图一 裕固族寺庙主图（景耀寺）

　　裕固族生活中最能体现其宗教信仰的就是寺庙，裕固族的每个部落都有属于自己的寺庙，喇嘛或头目通过开展各种宗教活动来维持对部落的统治。裕固族地区寺院的僧人在宗教节日和有其他佛教活动时待在寺院，其他时间大多在家从事畜牧业生产活动。

　　裕固族的寺院主要有景耀寺、长沟寺、康隆寺、明海寺、黄番寺、红湾寺、文殊寺、马蹄寺等。

景耀寺

　　景耀寺是裕固族地区最早的藏传佛教寺院，又称金窑寺、经窑寺，位于大河乡境内榆山脚下，建于清顺治年间（1644—1661年）。由于建寺前，先在高山的悬崖峭壁上开凿石窑洞，把佛经放入洞内，取名为经窑寺；后来又在洞内安放了镀金佛像，更名金窑寺。

　　景耀寺的住持是长毛喇嘛。据说是因为他少时得到感化，放下屠刀成为喇嘛，长期在山洞中拜佛念经，修身养性，不剃头、不刮脸，头发齐腰，牧民们都叫他长毛喇嘛。景耀寺鼎盛时有僧人三四百人，有活佛、法台、僧官、提经。1958年寺院被摧毁。至今在红沙岩崖壁20多米高处还有40多个石窟。坐南朝北，横向排列，大部分的佛像和壁画已被破坏，但也有极少数的石窟被保存了下来，有佛像、菩萨和经变图，也有残存的藏传佛教格鲁派创始人宗喀巴画像。这些遗存下来的壁画为研究裕固族早期宗教发展提供了珍贵的图像资料。1988年该寺被定为县级文物保护单位。

长沟寺

长沟寺又称"巴郎日朝"，位于大河乡西岭村，属于裕固族亚拉格部落寺院。清雍正十一年（1733年）兴建，历经53年完工。长沟寺风景秀美，气候宜人。

关于长沟寺的建造经历不得不提到景耀寺。随着人口的增多，牲畜的繁衍，裕固族的牧民开始向雪山方向迁徙。景耀寺的四喇嘛在行至长沟时天色已晚，便在此地休息，次日清晨，喇嘛发现此地的风景优美，十分迷人，这里避风向阳，古树参天，他们认为这里是建寺的最佳地方。四喇嘛回到景耀寺后将他们的所见告诉众僧，认为在长沟建寺便于夏秋两季在此居住的牧民开展佛事活动，于是从雍正十一年（1733）开始修建。长沟寺的石碑上记载了修建寺院的经过，并详细记录了众僧、头目和牧民捐助者的姓名和捐款数额。

长沟寺刚建成时由景耀寺的喇嘛来管理，夏秋之际，大多数僧人随牧民迁至长沟寺，春冬季节又回到景耀寺，后来，两寺分开各自管理。长沟寺僧人逐渐增多，香火甚旺，开展的宗教活动也开始增多。

长沟寺僧人最多时达500余人，后来逐渐减少。1958年寺院被摧毁，后经数年募捐，不断修建，现今寺院富丽堂皇，居裕固族众多寺院之首。三层重檐歇山顶的大经堂，彩绘壁画，塑像造型十分精美。

康隆寺

康隆寺，别名"霍尔·达果贡巴"或"旦勾贡巴"，意为"裕固马头寺"，位于康乐乡大草滩村。据史料记载，康隆寺始建于清康熙年间（1662—1722），距今300多年历史。据传，因康熙皇帝在寺庙竣工的时候将靴子留在寺中而得名，寓意隆盛兴旺。是裕固族寺庙中规模较大的寺院之一。

康隆寺寺院坐西向东，依山而建，有大经堂、居巴扎仓和措钦扎仓三大建筑，有喇嘛衙门、大头目衙门和护法楼、藏经楼、广普茶房、嘛呢转轮和僧房百间。大经堂大约可容纳500僧人念经。

抗战期间，由于战争原因，大经堂被大火烧毁，后又重建，1958年寺院被拆除并烧毁。中共十一届三中全会后，振兴民族宗教，在当地政府和僧人群众的共同努力下，在原地重修康隆寺。

明海寺

明海寺又称冰草寺、滨沟寺，建于清顺治年间（1644—1661），位于明花乡南沟村。属于藏传佛教格鲁派寺院，由长毛喇嘛管辖。寺内建有二层重檐歇山顶经堂10间、寺庙前廊80多间，1958年被拆毁。1986年开放并重新修建。1996年底明海寺再次维修、新建和扩建，1997年正式开光。每年的宗教节日都会举办各种活动，但由于明海寺人烟稀少，地方偏远，因此，参加宗教活动的人不是很多。

黄番寺

黄番寺也叫古佛寺，是鄂金尼部落从明末一直供奉的寺院。黄番寺曾经负有盛名，有僧人四五百，在清同治年间遭遇战乱，迁至青大坂沟一代，光绪年间又迁到夹道沟的唯拉沟南台上，因此后来又称为夹道寺。

夹道寺新寺是藏、汉混合式的建筑，共3层32间房。第一层是诵经的大经殿，中央是1米多高的柏木制成的三宝佛；第二层是护法殿；第三层是金顶。

红湾寺

红湾寺又称"隆赛日朝"，位于县城红湾寺镇，属于西八格家部落，为藏传佛教寺院。红湾寺建于清代，最早选址在松木滩东沟，据说动土当天，乌云密布、大雨倾盆而来，只好作罢；后又选址在西柳沟，但一直不兴旺；最后活佛选址在红湾滩，认为是吉祥之地。

寺院分为上下两层，飞檐高翘，砖墙瓦顶，建造精巧。自此，寺院香火旺盛。1930年后，红湾寺成为文殊寺的附属寺院，由文殊寺的活佛顾嘉堪布管理。1958年，寺院被毁。现红湾寺所在地已成为自治区的政治、经济、文化中心。

文殊寺

文殊寺，又称"嘉祥贡巴"，位于祁丰藏族乡文殊沟。寺庙创建于唐贞观年间，距今1500多年历史。前山和后山寺院建筑360余座，70余院，石窟70余座。清乾隆年间进行修缮，1958年部分遭到破坏，1978年开始逐步修建。现成为开展佛事活动的重要场所，2001年被评为全国重点文物保护单位。

莲花寺

莲花寺始建于清代，距今200多年历史。位于明花乡莲花草原，属呼朗格家部落。清末左宗棠西征时，寺院被毁，后又重新修缮。寺院住持顾嘉堪布，有僧人17人，班第7人。寺院毁于1958年。

慈云寺

慈云寺又称为水关寺，始建于清光绪年间（1875—1908），位于今大河乡水关西岔河村，有裕固族、藏族僧俗民众敬奉香火。1958年被毁。

转轮寺

转轮寺又称为罗尔家寺、青龙寺，始建于清代，位于今康乐乡青龙隆丰村，1936年被毁坏。据1955年统计，有僧人5人，班第7人。1958年被彻底拆毁。

裕固族各部落的寺庙，承载着裕固族人具有民族特色的宗教文化。

图片来源

图一至图六、图八　肃南裕固族自治县县委、县政府提供
图七　胡钢锋　摄影

图二　裕固族长沟寺

图三 裕固族康隆寺大经堂一角（1907年）

图四 裕固族康隆寺八宝塔（1982年新建）

图五 裕固族康隆寺（1982年新建）

图六　裕固族明海寺

图七　裕固族红湾寺

图八　裕固族文殊寺

裕固族马蹄寺石窟

图一 裕固族马蹄寺石窟主图

马蹄寺，属于藏传佛教格鲁派青海东科尔寺的属寺。自建寺以来，香火就极为鼎盛，最盛时僧众可达千余人，新中国成立初期僧众尚有50余人，可见历史上马蹄寺的辉煌。

经过一千多年的积累，马蹄寺持续着它的辉煌，尤其在石窟艺术方面，与敦煌莫高窟、永靖炳灵寺石窟和天水麦积山石窟并称为甘肃省内四大石窟。马蹄寺由胜果寺、普光寺、金塔寺、千佛洞、上观音洞、中观音洞和下观音洞组成，其中以普光寺、金塔寺和千佛洞的石窟造像与壁画最为精美。

普光寺也称北寺，位于马蹄山中部坐西向东的悬崖下。有洞窟9个，大小窟龛30个，洞窟均开凿于元代。洞窟主要有三十三天、藏佛殿、马蹄殿等。三十三天石窟呈宝塔形开凿于百米高的岩壁上，它也是马蹄寺石窟群的标志性建筑。窟内供奉绿度母菩萨。该洞窟距地面42米，一共排列5层，21龛窟，其内有一"之"字形栈道直通窟顶。在石窟开凿史上具有极高的科学价值和艺术价值。

藏佛殿深33.5米，宽27米，高15米。石窟由前堂、拜殿、甬道等几部分组成。石窟内部前宽后窄，平面呈"凸"字形。前堂为横长方形，券顶。拜殿为竖长方形，内设有佛堂。藏佛殿的前堂和拜殿都凿有佛龛，前堂左右壁上、后壁两边和拜殿入门两侧各开有佛龛，但绝大多数佛龛中已经没有了佛像。藏佛殿甬道上的佛龛内佛像基本保存完好，这些佛像造像皆宽额螺发，头顶较平，面相扁圆，躯体浑厚。三十三天石窟和藏佛殿在我国石窟史上占有重要地位。

金塔寺位于距离马蹄寺东南24公里处的大都麻河西岸。石窟开凿在距离地面60米高的悬崖上，上下由210级石阶相连，窟内造像为北凉时期作品。金塔寺石窟呈东西双窟，东窟中心塔四面分三层开龛造像，有

第七章 裕固族传统民俗和宗教造像

释迦牟尼像、弥勒像、迦叶、阿难塑像；西窟中心塔西面中层塑有思维菩萨。最有特色的是采用了极富难度的高肉雕技法，塑造大量的泥塑飞天菩萨造型。飞天菩萨以各种不同的形式展现出赞礼、奏乐、歌舞等优美形态，且形态各异，造型生动，有的安详沉静，有的含蓄庄重，这些塑像个个生动活泼，充满生活情趣。不仅如此，众佛的服饰造型也各有千秋，极具诗意的柔软线条服饰的丝绸质感，具有极高的艺术价值。

千佛洞在马蹄寺的西岸，根据石窟的分布情况可分为南、中、北三段。南段包括第一、二、三、四窟，中段有第六、七、八窟，北段基本上是浮雕舍利石塔，共87座，大多为元、明两代修建。这些塔龛的造型相似，都是由塔座、塔身、须弥座、相轮、刹盘、塔顶构成，这也是马蹄寺石窟的特色之一。

千佛洞南段的一号窟呈平面方形，此窟称为大像窟。在大像窟的中央有方形塔柱，前部为人字披顶，后部塔柱与墙壁之间相接成券顶的形式。在大像窟中心柱正面龛内凿一大立佛，高肉髻，上眼睑呈弧线，下眼睑直线，鼻子平直，上嘴唇厚实，身披通肩袈裟，赤脚踏于石台上。

千佛洞二号窟平面构造大致与一号窟相同，中央凿方形塔柱，中心塔柱四面均开龛造像，均塑禅定坐佛三身。千佛洞二号窟中心柱每面分四层开龛造像，下层开凿圆形龛，其内坐佛现已不存在。二、三、四层都开长条形浅龛，均有坐佛三身，坐佛或右袒袈裟，或通肩。

千佛洞三号窟平面接近方形，正、左、右三壁均开一个圆拱形浅龛。这种类型在马蹄寺石窟群中是唯一的。

千佛洞四号窟平面接近方形，只有正面和后面开龛，左、右不开龛，同样是中心塔柱窟，塔身正面开一大龛，塑一佛二菩萨。塔身后壁开长方形龛，窟室左右壁前部各开一大龛，残存一立佛。

马蹄寺是中国河西走廊的佛教圣地之一，早期崇信汉传佛教，元代以后藏传佛教在此兴盛，汉传和藏传佛教同时并存。气势恢宏的三十三天石窟，金塔寺的高肉雕泥塑飞天，宏大的藏佛殿石窟，精巧的千佛洞石窟雕刻，都体现出佛教文化的源远流长，值得去深思回味。

图片来源
图一至图六　周涛　摄影
图七　伊尧尧　制图

图二　裕固族马蹄寺绿度母菩萨图

图三 裕固族马蹄寺藏佛殿局部

图四 裕固族马蹄寺藏佛殿内景

图五 裕固族马蹄寺藏佛殿甬道上的佛龛

图六　裕固族马蹄寺千佛洞全景

图七　裕固族马蹄寺千佛洞舍利塔龛线描图

声　明

　　本书编写时收入的个别图片，因条件所限，未能同相关著作权人取得联系，获得授权，敬请谅解。请相关著作权人及时与编者联系，以便奉上稿酬。谢谢！